检察实务
典型疑难案例参考

周春林 主编

JIANCHA SHIWU
IANXING YINAN ANLI CANKAO

第二辑

中国检察出版社

序　　言

古人云：以铜为镜可以正衣冠，以史为镜可以知兴衰，以人为镜可以明得失。

编者认为，在法学的诸多形态中，唯有案例能最直接、最大限度地还原法律的最直接样貌。自 1986 年刚步入检察院至今，编者从事检察工作已有三十个春秋，中国法治建设的每一个进步，编者有幸身在其中。一路走来所经办、参与的案件不计其数，在遇到瓶颈和困惑时也是夙兴夜寐，辗转反侧，恨不得名人指路，高人授经。“有机会一定要写点儿检察实务方面的东西”这样的念头也随之产生，但由于时间、精力等各种原因，一直未能付诸实践。有幸与中国检察出版社合作编辑《检察实务典型疑难案例参考》一书，编者惊喜之际，从 2015 年开始，用了一年多的时间，在各方面的支持、配合下，精心整理，汇编出这本丛书，终于得偿所愿。

本书与其他案例集有所不同，它精选我市近年来多发的经典案例，按照刑法条文分门别类，极具现实指导性和可操作性。案例的作者都是在一线办案的检察官们，他们利用宝贵的业余时间，精挑细选，在浩如烟海的案例中选出多年办案经历中最为经典的案例，并用最质朴和简洁的语言从基本案情、分歧意见、评析意见三方面进行讲解、评述，通读全书，无一处拗口语句，不仅适合业内人士参考、交流，也十分适合非法律人士了解、知悉检察工作，从现实案例中学到点儿法律知识，寓教于乐。

星星之火，可以燎原。每一个案例都是燃起法治大火的微末草木，是法治中国建设蓝图的一星一点，但聚少成多，正是这星星点点的案例，最终点亮了一片片群星璀璨的法治中国天，这就是小案例对大法治的推动意义。书中一百多个案例体现的法律智慧如同散落在法治长河中的莹润珍珠，被编者精挑细选，而后用法治思维这条线一一串联。值得一提的是，本书的作者既有经验丰富的“老检察”，也有朝气蓬勃、与时俱进的青年干警。通读案例，尤其是青年检察官们撰写的评析意见，我们可以看到他们的严谨、创造力和进取精神。年轻检察干警身上所具有的这种力量与生机，让我们对“法治中国”建设更增信心，更添勇气！

在此，对支持和帮助本书出版工作的各位朋友表示衷心的感谢！希望本书的出版能够给大家带来些许帮助。当然，由于编者时间、能力有限，书中难免有疏漏之处，希望广大同仁和读者朋友们多多包涵，不吝赐教。

法治工作任重而道远，与诸位共勉。

河北省唐山市曹妃甸区人民检察院检察长　周春林

2016 年 7 月

目　　录

刑法总则适用

刑法分则适用

一、贪污贿赂犯罪

二、侵犯公民人身、民主权利犯罪

三、侵犯财产犯罪

四、危害公共安全犯罪

五、破坏社会主义市场经济秩序犯罪

六、妨害社会管理秩序犯罪

七、渎 职 罪

民法适用

刑法总则适用

案例1：该案系正当防卫还是防卫过当

一、基本案情

犯罪嫌疑人杨某某（批捕）、周某某（批捕）等人与边某某因琐事发生纠纷，杨某某等人预谋报复边某某，2014年6月3日11时许，犯罪嫌疑人杨某某、周某某纠集无业人员刘某、鞠某某、李某等四十余人，分乘十二辆汽车，将所乘车辆的号牌遮挡，统一发放衣服和作案工具，从唐山来到某工地，对边某某等人进行殴打，边某某等十余工人顺手捡起木棍、钢筋进行自卫，双方打斗过程中致使周某某头部、左胳膊受伤（轻伤），边某某头部受伤（轻微伤）。

二、分歧意见

本案对杨某某等四十余人定性为聚众斗殴没有疑问。但是公案机关也以涉嫌聚众斗殴罪对边某某提请审查逮捕，经审查认为，对犯罪嫌疑人边某某等人的行为定性存在两种分歧意见。第一种意见认为，犯罪嫌疑人边某某的行为不构成聚众斗殴罪，而属于正当防卫，不负刑事责任。本案中，杨某某等人纠集四十余人手持作案工具闯进边某某等人的施工工地，并对边某某等人实施殴打，如果边某某等人不及时进行自卫，人身势必受到伤害，由此可见，边某某等人的防卫行为是制止不法侵害所必要的，而且只造成一人轻伤的后果，根据《刑法》第20条的规定，并未超过必要的限度，造成不应有的危害，属于正当防卫，不负刑事责任。第二种意见认为，边某某等人的行为超过了必要限度，属于防卫过当，应当定性为聚众斗殴罪。理由是：边某某等人临时组织了十余名工人，手持木棍、钢筋等参与斗殴，造成现场混乱，而且把对方的人员打伤，防卫行为显然超过了必要限度，应承担刑事责任。

三、评析意见

笔者赞同第一种意见，本案犯罪嫌疑人边某某的行为属正当防卫。本案之所以产生两种不同意见，究其原因，是基于对以下问题的理解不同所致。一是主观要件和客观要件，二是起因条件，三是对象条件，四是时间条件，五是限度条件。因此要将此案定性准确，应从以下几方面把握：

第一，近代刑法理论认为，正当防卫是将本来应由法律保护的利益在法力所不能及的紧急情况下，赋予公民奋起自卫的一项正当权利，它本身意味着对国家刑罚权的一种补充。正当防卫不负刑事责任，必须要具备正当防卫的条件。我国刑法理论对正当防卫行为的构成条件作了必要的限制，即在主观方面特别强调正当防卫行为人的防卫意识。所谓防卫意识，是指防卫人在实施防卫行为时，对不法侵害者有确定的认识，并希望通过实施的防卫行为阻止不法侵害，保护合法利益的主观心理态度。正当防卫意识包括防卫认识与防卫目的两方面内容。防卫认识，是指防卫人对正在进行的不法侵害的认识，具体包括：一是不法侵害行为的存在；二是认识到不法侵害正在实施中；三是认识到不法侵害人；四是认识到不法侵害的紧迫性；五是认识到采取防卫行为可能造成的损害结果；六是认识到防卫行为所需要的手段、强度及可能造成的损害后果等。所谓防卫目的，是指防卫人通过防卫手段，制止不法侵害，保护合法权益的心理愿望。不具备防卫意图的行为不能成立正当防卫，如防卫挑拨、相互非法侵害行为、偶然防卫等。

第二，准确理解正当防卫的时间条件，即不法侵害"正在进行"的起始时间。对不法侵害开始的把握，在理论上存在两类观点：一是单一标准说。如着手说（即不法行为的开始就是不法行为的"着手"）、进入现场说（即只要不法侵害者进入侵害现场，侵害的危险就已存在，就是不法侵害的开始）。在实践中广为接受的为着手说。二是双重标准说。双重标准说采用一般与特殊两种标准确定不法行为的起始时间。一般标准为着手说，即着手就是不法侵害开始实行之时；特殊标准为紧迫标准，即对于那些严重危害人身安全和公共安全等暴力行为，虽然尚未着手实行，而只要临近着手，由于使合法权益面临着遭受不法侵害的紧迫危险性，就应将其视为不法侵害的开始。其一，客观方面不法侵害有一定积极的作为，且已经开始。其二，从侵害行为的程度上看，该侵害行为的对象已经受到现实直接的迫在眉睫的威胁，达到了如果无防卫措施，受害人的人身、财产权利将会受到损害的程度，对这一标准可简称为危险紧迫说。就本案来说，杨某某等人组织四十余人手持作案工具，闯进工地并对边某某等人已经着手实施殴打，侵害行为已经开始，且人身危险已经直接迫近。如果边某某等人不进行自卫，后果将不堪设想，因此边某某等人的行为属于正当防卫。

（河北省唐山市曹妃甸区人民检察院　高文良）

案例2：从一起教唆犯罪案中看盖然性教唆与实行过限问题

一、基本案情

2009年夏天，陈某某（女）与被害人张某某从事海产品运输生意，后因生意竞争对被害人张某某产生不满。于是，陈某某及其男友赵某某找到李某某商量让其找人教训被害人张某某。后陈某某、赵某某告诉了李某某有关被害人张某某的车辆特征、行走路线和出行时间。在此期间，陈某某为李某某担保所借的1万元高利贷也即将到期，当李某某询问陈某某被害人张某某车上是否有钱时，陈某某明确告知其被害人张某某收货的车上都备有1万多元钱。2009年7月11日晚上，李某某纠集多人，手持镐柄、砍刀等作案工具将被害人张某某驾驶的车辆拦下，通过语言威胁、镐柄殴打等手段威胁被害人张某某，同时打砸货车玻璃，强行拿走其账本三个，并当场将车内钱包中的1.78万元拿走。7月12日凌晨，李某某将三个账本以及其中的1万元现金交给陈某某及其男友赵某某，后陈某某将该1万元偿还了所借高利贷。检察机关以抢劫罪对陈某某依法提起公诉，人民法院以抢劫罪对陈某某判处刑罚。

二、争议焦点

陈某某的行为是否构成抢劫罪，其行为涉及盖然性教唆犯罪和共同犯罪中实行过限两个问题是本案的焦点。

三、评析意见

笔者认为陈某某的行为构成抢劫罪，具体理由如下：

第一，所谓实行过限，又称共同犯罪中的过剩行为，是指在共同犯罪中，由实行犯实施的超出共同犯罪人共同谋议之罪范围的犯罪行为。其具有以下特征：（1）实行过限行为首先必须是一种犯罪行为；（2）实行过限行为发生在共同谋议之罪的实施过程中；（3）这种行为是由实行犯基于本人的故意或过失单独实施的；（4）这种行为超出了共同犯罪人共谋之罪的范围。由于实行过限行为，是实行犯在实施共同犯罪过程中单独实施的超出共同犯罪人共同谋议的犯罪行为，其他共犯对这种行为在主观上没有罪过，因此，过限行为的刑事责任只能由该实行犯独自承担，其他共犯对此不承担刑事责任，而仅承担共同谋议之罪的刑事责任。

第二，认定是不是实行过限，总的来说，关键是看实行犯的实行行为是否超出了共同犯罪人的共同谋议之罪的范围，但是在司法实践中，由于共同犯罪的复杂性，共同谋议之罪的范围往往存在盖然性、模糊性、不确定性。因此，认定是不是实行过限，通常会有些难度和混淆，就需要运用证据和分析事实审慎加以判定。对教唆人和被教唆人共同犯罪的案件来说，主要是审慎分析教唆人的教唆内容。教唆犯是犯意的发起者，没有教唆犯的教唆，就不会有该罪行为的发生，特别是使用威胁、强迫、命令等方法的教唆犯，因此教唆犯在共同犯罪中起主要作用。在教唆犯罪的情形下，判定实行行为过限的基本原则是看被教唆人的行为是否超出了教唆的范围。在教唆内容较为明确的情形下，认定被教唆人的行为是否属于实行过限较为容易，被教唆人实施了超出教唆内容范围以外的行为，应分别追究不同的刑事责任。如果教唆犯的教唆内容较为概括的情形下，由于教唆内容不太明确，确定被教唆人的行为是否实行过限就较为困难。尤其是教唆者出于教唆伤害他人的故意往往使用诸如“收拾”、“教训”、“整他”、“弄他”、“搞他”、“摆平他”等内涵外延较为模糊的言语，在不同的语言环境中，不同文化程度、阅历背景的人所理解的含义往往是有分歧的。对于这种盖然性的教唆，实际的危害结果取决于实行行为的具体实施状况，但无论哪一种结果的出现都由教唆犯的授意引起，均可涵盖在教唆犯的犯意中。因此，在这种情况下，由于教唆犯的盖然性教唆，即在教唆内容不明确或不太明确的情况下，教唆人的教唆行为使被教唆人产生了犯意，实施了教唆故意涵括内的犯罪行为，只要没有明显超出教唆范围的，都不应视为实行过限，教唆人和被教唆人应共同对其承担刑事责任。

第三，司法实践中，对于教唆故意范围的认定，主要看教唆者的教唆内容是否明确，即教唆犯对被教唆人的实行行为有无明确具体的要求，如正面明确要求用什么犯罪手段达到什么犯罪结果，或者明确要求打断被害人的腿或胳膊，或者明确要求打击被害人的头部等。又如反面明确要求不能达到什么犯罪结果，或者在伤害中明确要求不得使用棍棒、刀具，或者明确要求不得打击被害人的要害部位等。如果教唆的内容明确，则以教唆内容为标准判断实行者行为是否过限。如果教唆内容不明确，则属于一种盖然的内容，除非实行行为显而易见地超出教唆内容，否则一般情况下不应认定为实行行为过限。

具体到本案中，陈某某及其男友赵某某找到李某某要教训一下被害人张某某，并未明确表示教训的手段、程度和内容，属于一种盖然性的教唆内容。由于陈某某为李某某担保所借的高利贷1万元马上到期，在李某某提出被害人张某某车上是否有钱的问题时，陈某某明确表示收货车上都备有金钱，并且事后陈某某将李某某在被害人张某某处抢的1万元收下并偿还了高利贷。这些行为都可以表明陈某某已经预见和应当知情李某某具有抢劫被害人的意图和行为，同时，陈某某在知情李某某有抢劫意图后，并未予以明确、有效的制止行为，其与实行犯李某某在实行犯罪当场临时达成了犯意沟通，是对实行者的行为予以默认或支持。因此，李某某的抢劫行为也不属于实行过限，其行为造成的危害结果应当共同承担。

综上所述，应当认定陈某某的行为构成抢劫罪，但是可以综合考虑其在共同犯罪中的作用、地位和社会危害性予以量刑处罚。

（河北省唐山市曹妃甸区人民检察院　赵　磊）

案例3：盗窃前科作为定罪条件后能否再作为本次犯罪的量刑情节评价

一、基本案情

2015年5月15日凌晨，犯罪嫌疑人王某（2011年3月15日因涉嫌盗窃罪被判处有期徒刑1年2个月，并处罚金人民币6000元）窜至某镇食品批发部办公室盗窃李某手机三部，经涉案物品价格鉴证中心鉴定，结论为：标的基准日共计价值人民币壹仟捌佰元整（1800元）。

二、分歧意见

本案中，王某曾因盗窃受过刑事处罚，其前科作为定罪条件后是否能再作为本次犯罪量刑情节进行评价有两种分歧意见：

第一种意见认为，根据最高人民法院、最高人民检察院《关于办理盗窃刑事案件适用法律若干问题的解释》（以下简称《解释》）第2条第（一）项之规定，王某曾因盗窃受过刑事处罚，故其数额较大标准可以按照河北省2000元数额较大标准的一半即1000元确定，其行为构成盗窃罪。但王某前科作为定罪条件后就不能再作为本次犯罪的量刑情节，因为所谓刑法中的禁止重复评价原则，是指已经用作定罪情节的事实，不能在量刑中再次被评价。如果再以前科作为被告人本次犯罪的量刑情节对其加以从重处罚，则违反了禁止重复评价原则，这对于被告人而言是不公平的，也有违罪责刑相适应原则。因此，前科在作为违法行为的定罪条件后不能再次作为本次犯罪的量刑情节。

第二种意见认为，最高人民法院、最高人民检察院《解释》第2条第（一）项的规定是对盗窃“数额较大”的具体认定标准所作出的解释，故根据《解释》第2条第（一）项之规定，王某的行为构成盗窃罪。即使王某的前科已经作为其定罪的条件予以了评判，仍可以将前科作为量刑情节对其本次犯罪进行量刑，但应依据罪责刑相适应原则，从重处罚的幅度应当尽量从轻把握。

所以应当以累犯名义对王某从重处罚。

三、评析意见

笔者认为，王某构成盗窃罪，且是累犯。分析如下：

一是在某些情形下性质相同或相似前科可作为对违法行为定罪的必要条件。根据2013年《解释》第2条规定："盗窃公私财物，具有下列情形之一的，'数额较大'的标准可以按照前条规定标准的百分之五十确定：（一）曾因盗窃受过刑事处罚的……"所以，对于具有盗窃刑事犯罪前科的王某而言，再次盗窃的构罪标准已经从2000元减至1000元，其盗窃财物价值人民币1800元，构成盗窃罪。

二是前科在作为定罪条件后再作为同一行为量刑情节并不违背禁止重复评价原则。盗窃数额的司法解释是基于行为作出的，对曾经故意犯罪的盗窃数额减半，是对屡教不改者的惩治。而累犯是从王某主观恶性、人身危险性或其承担责任的大小来评价的，两者语境不同，如果将此种情况认定为重复评价，则有悖罪责刑相适应原则。

三是被告人在前科作为定罪条件的犯罪中属于累犯。根据《刑法》第65条规定："被判处有期徒刑以上刑罚的犯罪分子，刑罚执行完毕或者赦免以后，在五年以内再犯应当判处有期徒刑以上刑罚之罪的，是累犯，应当从重处罚。"本案中王某的行为构成累犯。

综上所述，王某构成盗窃罪且是累犯。虽然王某的前科已经作为其定罪的条件予以了评判，但仍可以其前科作为量刑情节对其本次犯罪从重处罚，但是在具体量刑上，从重处罚的幅度应当尽量从轻把握，以实现罪责刑相适应。

（河北省乐亭县人民检察院　兰金莹）

案例4：浅议《道路交通事故责任认定书》在刑事诉讼中的证据属性

一、基本案情

犯罪嫌疑人吴某某于2014年8月31日19时30分许，驾驶一轻型普通货车由北向南行驶，与一行人（流浪中年男性）相撞，造成该行人经医院抢救无效死亡的交通事故。某区交通警察大队出具《道路交通事故责任认定书》，认定吴某某发生交通肇事后逃逸，对事故负全部责任，行人无责任。吴某某供述称：当天晚上8时左右开车回家时，听见车头右侧响了一声，以为车压到石头了，没有停车查看就径行开车走了，当时车速每小时40公里。吴某某辩解称其在案发时并不确定自己驾车撞到了行人，故其离开现场的行为不应该被认定为逃逸。

二、分歧意见

犯罪嫌疑人供述和《道路交通事故责任认定书》认定的结果出现矛盾，本案中的吴某某是否构成交通肇事后逃逸呢？实践中我们一般采信《道路交通事故责任认定书》认定的结果，那么，《道路交通事故责任认定书》属于证据的哪种形式呢？

第一种意见认为，《道路交通事故责任认定书》属于证据种类中的鉴定意见。所谓鉴定意见，是指具有一定专业知识或资质的人，就案件中涉及的专门性问题作出的具有一定科学性的鉴别和判断。书证是对案件事实如实的反映而非对案件事实的价值判断。《道路交通事故责任认定书》系公安交通管理部门的负有特定职责的专门人员运用其所具备的专业知识，就交通事故的性质、成因及当事人责任的承担作出的分析、判断，其具备鉴定意见的专业性和科学性。

第二种意见认为，《道路交通事故责任认定书》属于证据种类中的书证。公安道路交通管理部门依据《道路交通安全法》的规定对道路交通安全实施管理，其有权就道路交通事故责任进行认定。《道路交通事故责任认定书》是行政机关依法对交通事故发生的基本情况、形成原因及双方当事人应承担的责任进行认定的文书。其并非刑事诉讼法中的鉴定意见，而是具备书证作为信息载体的形式要件，并且其是以特定的思想内容来证明案件情况的，因此应当归属证据种类中的书证。

三、评析意见

笔者同意第二种意见，《道路交通事故责任认定书》可以作为书证材料，并对其进行实质审查。理由如下：

第一，交通事故认定的行为不属于具体行政行为，《道路交通事故责任认定书》具有证据属性。2005 年 1 月 5 日，全国人大常委会法工委《关于交通事故责任认定行为是否属于具体行政行为可否纳入行政诉讼受案范围的意见》中答复："根据道路交通安全法第七十三条的规定，公安机关交通管理部门制作的交通事故认定书，作为处理交通事故案件的证据使用。因此，交通事故责任认定行为不属于具体行政行为，不能向人民法院提起行政诉讼。"上述法律将交通事故认定书界定为"证据"，我国《刑事诉讼法》第 48 条也明确规定"可以用于证明案件事实的材料，都是证据"。但是值得注意的是，"证据"和"证据材料"是有区别的，证据是经司法机关审查判断用来定案的事实材料，而证据材料是指一切可能与本案有关的事实材料。我国三大诉讼法在用词上均没有详细进行区分，理论界和实务界往往也不加区分地加以使用。因此不能够根据"证据"这样的字面就推定法律赋予《道路交通事故责任认定书》"定案证据"的资格，其仍需经过法庭质证和法庭的审核、认定而取得证据资格，在诉讼初期，我们认为其应该是作为证据材料进入到诉讼中。这意味着《道路交通事故认定书》中记录的事故发生的基本情况及其所认定的事故发生的经过并不是已经被公安机关交通管理部门生效的文书确认的事实；其认定的事故发生的原因并不等同于刑法意义上的因果关系；其认定的双方应承担的责任也并不属于无须证据证明的范畴。故上述事实均需要控辩双方举证证明，道路交通事故责任认定书也必须经过法庭质证才能作为判决的依据。作为司法机关来讲，在本案中需要对道路交通事故责任认定书进行实质审查。本案中有证据显示犯罪嫌疑人吴某某听到右侧车头有撞击的声音，有可能撞到了人或者石头，应当停车进行进一步查看，而其没有停车继续行驶离开现场，故主观上是一种"放任"的心态。据此，可以认定其驾车离开现场的行为构成交通肇事罪"逃逸"。

第二，关于《道路交通事故责任认定书》的证据属性。道路交通事故责任认定书与测谎结论、警犬鉴别结论、社会调查报告以及侦查情况“情况说明”或“工作记录”相类似，是能够证明案件事实的材料，具有适格证据的属性。但是现阶段要准确地将其归类到某种证据类型之中确实存在困难。这主要是由于刑事诉讼法规定的八种证据形式采取的是穷尽式列举的方式，既不周延又具有封闭性。无法对《道路交通事故责任认定书》准确归类到已经固定的证据类型中，当实践中出现新的证据形式时，导致的立法滞后于实践的现象。随着社会的发展，证据种类也会越来越丰富，在不改变现行法律对证据类型的划分的前提下这种现象将会长期存在。《道路交通事故责任认定书》在内容上主要分为三个部分：交通事故发生时的客观事实部分；造成交通事故原因分析部分；对当事人责任进行判断的意见部分。笔者认为，司法人员在司法实践中遇到此类情况不必拘泥于证据属性的划分，根据《道路交通事故责任认定书》的不同部分区别适用。一是交通事故发生时的客观事实方面。如交通事故图、拍摄事故现场照片，其体现了一定的思想内容，记录了交通事故发生时的一些客观事实，能够反映事故发生时的情况。其内容具有书证的属性，经查具备真实性、客观性的，可以依法采信作为证据使用。二是交通事故原因分析部分。《道路交通事故责任认定书》中对交通事故发生的因果关系作出的认定在行政处罚时作为依据使用是毫无疑问的。对于交通管理部门来讲，判断当事人违反道路交通法规与否、违反何种道路交通法规就可成为交通事故发生原因及责任承担的依据。但是刑事诉讼的证明标准要比行政诉讼高，因此不能将其作为判断刑法意义上的因果关系的依据。因果关系是犯罪的构罪要件，只能由司法机关来认定。特别是在交通肇事罪中，判断是否具有因果关系是一个复杂的过程，要综合全案证据来把握。因此，应当经过实质审查后方可决定其结论是否可以在刑事诉讼中适用。三是在责任的划分上，《道路交通事故责任认定书》不具有鉴定意见的属性，只能参考适用。《道路交通事故责任认定书》确实对造成交通事故的原因及责任承担提供专门性意见，但是《道路交通事故道路认定书》并不是由专业机构中有资质的鉴定人进行鉴定的，更重要的是处理交通事故的办案人员往往参与出具认定书，有违回避原则。若将其归类为鉴定意见，将在程序上产生重大瑕疵，故办案人员只能是参考其结论对其责任的划分进行实质判断。

（河北省唐山市曹妃甸区人民检察院　宁志忠　高文良）

案例5：撬锁盗窃不成是否追究刑事责任

一、基本案情

犯罪嫌疑人甲、乙、丙、丁四人经预谋，流窜至唐山市某区欲实施盗窃。四人分成二组，各持一套开锁工具分别进入某小区居民楼。当夜2时许，犯罪嫌疑人甲、乙、丙、丁分别潜伏到某居民楼，后沿楼梯往下走，用事先备好的钥匙开住户房门，由于钥匙拧不开门锁，入室未成。后其走到小区门口附近时被公安巡逻人员查获并刑拘。

二、分歧意见

第一种意见认为，本案应认定为盗窃未遂，不应当追究刑事责任。理由是：四名犯罪嫌疑人采取开门入室手段实施盗窃，其用开锁工具开锁入户的行为即为盗窃行为的“着手”点，其已经着手实施犯罪，由于其意志以外的原因未能得逞，属于犯罪未遂。对于盗窃未遂的情况，最高人民法院、最高人民检察院《关于办理盗窃刑事案件适用法律若干问题的解释》第12条规定：“盗窃未遂，具有下列情形之一的，应当追究刑事责任：（一）以数额巨大的财物为盗窃目标的；（二）以珍贵文物为盗窃目标的；（三）其他情节严重的情形。”由此判断，入户盗窃未遂并不属于上述情形，故不应追究刑事责任，只能对其行政处罚。

第二种意见认为，入户盗窃为行为犯，已经着手即构成犯罪既遂，应当追究刑事责任。持该种观点的人认为，《刑法》第264条规定，盗窃公私财物，数额较大的，或者多次盗窃、入户盗窃、携带凶器盗窃、扒窃的，处3年以下有期徒刑、拘役或者管制，并处或者单处罚金。由此推断，只要入户盗窃，不管是否取得财物，均应认定其犯罪既遂，并依上述规定定罪量刑。该种观点否定了入户盗窃结果犯之说，其基于入户盗窃的罪状是对行为情节的描述就得出入户盗窃属于行为犯的结论。因此认为应追究上述嫌疑人刑事责任。

三、评析意见

笔者同意第一种意见。最高人民法院研究室《关于入户盗窃但未窃得财物应如何定性问题的研究意见》明确指出，盗窃罪侵犯的是财产权益，是结果犯。行为人仅是为了实施盗窃而入户并不构成盗窃罪既遂，只有实际窃得财物的才能认定盗窃既遂。同时指出，对携带凶器盗窃、扒窃的，也应以是否实际窃得财物作为区别既遂、未遂的标准。由此看出，入户但未能窃得财物属于犯罪未遂。本案连户都未曾入成，更谈不上窃取财物。无论是从法理上还是从实践来说，只能认定其为盗窃未遂。否则，难以为社会公众所理解、认同，也不能体现罪责刑相适应的原则。

（河北省唐山市曹妃甸区人民检察院　王秀玲）

案例6：桑某某的转化型抢劫是既遂还是未遂

一、基本案情

杨某某停放在某镇“宏祥小区”辅路上的货车内柴油经常被盗。2015年11月18日晚上，杨某某、韩某某、王某某、曹某某开轿车在货车附近蹲守。当晚凌晨1时许，桑某某伙同他人（身份不详）驾驶改装的黑色帕萨特轿车停在货车旁边，当桑某某等人正在盗窃货车内柴油时，杨某某、韩某某、王某某、曹某某遂对正在作案的桑某某等人进行抓捕。桑某某等人以撞击杨某某等人所开轿车的方式企图逃跑，后又持铁棍等工具对杨某某、韩某某、王某某、曹某某人进行殴打，致杨某某左小腿软组织挫伤。杨某某等人将桑某某当场抓获，其他涉案人员逃离。经鉴定，杨某某的损伤为轻微伤；被盗柴油价值人民币103元。

二、分歧意见

对于桑某某盗窃过程中暴力抗拒抓捕的事实和转化型抢劫罪的定性，均无争议。但对于桑某某是属于抢劫既遂还是抢劫未遂，存在两种不同意见。

第一种意见认为，本案是抢劫既遂。理由是：《刑法》第269条规定，犯盗窃、诈骗、抢夺罪，为窝藏赃物、抗拒抓捕或者毁灭罪证当场使用暴力或者以暴力相威胁的，以抢劫罪定罪处罚，即构成抢劫既遂。另外，从立法本意上看，法律规定转化型抢劫罪的目的在于强调对人身权利的保护，必须从严掌握。只要是行为人当场使用暴力或者以暴力相威胁的，就是犯罪既遂，也就是转化型抢劫罪没有未遂状态。

第二种意见认为，本案是抢劫未遂。理由是：盗窃转化型抢劫既然已经转化成抢劫罪，犯罪形态就应当按照普通抢劫罪的犯罪形态来认定。最高人民法院《关于审理抢劫、抢夺刑事案件适用法律若干问题的意见》第10条的规定，抢劫罪侵犯的是复杂客体，既侵犯财产权利，又侵犯人身权利，具备劫取财物或者造成他人轻伤以上后果两者之一的，均属抢劫既遂；既未劫取财物又未造成他人人身伤害后果的，属抢劫未遂。本案桑某某未取得财物且未造成他人轻伤以上后果，故属于犯罪未遂。

三、评析意见

笔者同意第二种意见，桑某某的行为构成抢劫未遂，理由如下：

第一，从刑法理论上说，《刑法》第269条并未否定转化型抢劫未遂形态的存在。《刑法》第269条规定的行为人“当场使用暴力或者以暴力相威胁”仅仅是转化型抢劫罪成立的标志，并不能以此来否认既遂、未遂形态的划分。构成抢劫罪与犯罪形态的认定是两个不同的概念，根据《刑法》第269条的规定，在确定盗窃等行为转化为抢劫罪之后，仍然需要考虑对转化后的抢劫行为能否认定为未遂的问题。认为转化型抢劫罪不存在未遂形态的观点，其实是将转化行为本身看作抢劫罪既遂的成立条件，而没有认识到转化行为只是导致整个行为性质的改变，即由盗窃罪等转化为抢劫罪，但不能阻却抢劫罪既遂、未遂形态的划分。因此，文中第一种意见认为本案桑某某在盗窃过程中被发现，为抗拒抓捕当场使用了暴力就是转化型抢劫罪既遂，是不可取的。

第二，罪刑相适应原则要求对转化型抢劫罪区分既遂和未遂形态。对转化型抢劫罪区分既遂和未遂，是为了区分犯罪行为对社会危害性的大小，从而确定相应的刑事责任。与一般抢劫罪相比，转化型抢劫罪责相对较轻，因为行为人起初只有盗窃、诈骗、抢夺的故意，其主观恶性、社会危害性要稍轻于一般抢劫罪，对一般抢劫行为所给的严厉打击程度应重于转化型抢劫。因此，在均未劫得财物的情况下，对一般性抢劫没有造成他人轻伤以上伤害结果的应认定为犯罪未遂，而对于转化型抢劫只要行为人当场使用暴力或者以暴力相威胁即认定既遂，将导致后者的处罚反而比前者更重，这显然是违背我国刑法罪刑相适应这一基本原则的。

第三，转化型抢劫既然已经转化成抢劫罪，犯罪形态就应当按照普通抢劫罪的犯罪形态来认定。转化型抢劫罪与普通抢劫罪的主要区别就在于普通抢劫罪使用暴力、胁迫在先，劫财在后；而转化型抢劫罪是非法占有财物在先，使用暴力、胁迫在后。两者只是占有财物行为先后顺序有差异，在犯罪构成上并无实质区别。所以对于转化型抢劫罪，认定既遂的标准是劫取财物或者造成他人轻伤以上后果，二者必居其一；而既未劫取财物，又未造成他人轻伤以上后果的，属于未遂。需要注意的是，在转化型抢劫罪中如何理解“劫取财物”。在转化型抢劫罪中，对盗窃等行为中的非法占有财物，并不能认定为转化行为中已劫取财物，即先行为的既遂不必然导致后行为的既遂。

本案中，桑某某等人先盗窃了价值人民币103元的柴油，为抗拒抓捕而实施暴力造成杨某某轻微伤，应以抢劫罪定罪处罚。桑某某虽然已经盗窃了财物，但本案中涉案财物一直处于杨某某等人的控制之下，并且由于杨某某等人及时实施抓捕，桑某某等人并未实际劫获财物；另外，桑某某等人的暴力行为仅造成杨某某轻微伤，没有达到造成他人轻伤以上的后果。因此，本案中桑某某的行为应认定为抢劫罪未遂。

（河北省玉田县人民检察院　王　娟）

案例7：在逃期间检举揭发能否认定为立功

一、基本案情

2014年12月18日晚，犯罪嫌疑人朱某与其表兄窦某等人在遵化市某饭店就餐期间，窦某与该饭店服务员赵某因琐事发生口角被人劝开，后赵某一直在旁对窦某进行辱骂，朱某十分气愤，遂拿起饭店就餐用的盘子朝赵某头部砸去，致赵某头部受伤，后朱某逃跑。经法医鉴定，赵某的损伤程度为轻伤一级。2015年1月5日，朱某被遵化市公安局批准刑事拘留，并上网追逃。朱某在逃期间，于2015年3月10日通过张某将公安机关正在全力抓捕的尹某等人藏匿的地点提供给了遵化市公安局刑警大队，后公安机关成功抓捕尹某等5人，打掉了一个在遵化市多地犯有寻衅滋事、妨害公务等5起犯罪事实的恶势力团伙。朱某于2015年5月15日向公安机关投案。

二、分歧意见

到案前检举揭发他人犯罪行为能否认定为立功？

第一种意见认为，根据最高人民法院、最高人民检察院《关于处理自首和立功具体应用法律若干问题的解释》第5条的规定，犯罪分子到案后有检举、揭发他人犯罪行为的，应当认定为有立功表现。本案中，朱某系在逃期间而非到案后的检举揭发，因而不能认定为立功。

第二种意见认为，立功是犯罪分子检举揭发他人犯罪行为，经查证属实的。不论司法机关是否对其立案侦查，也不论其处于哪个诉讼阶段，均可成立立功。本案中，不论朱某是在逃或者在案，均不影响其犯罪分子身份的认定，因此，朱某到案前的检举揭发行为应当认定为立功。

三、评析意见

笔者同意第二种意见。理由如下：

首先，最高人民法院、最高人民检察院《关于处理自首和立功具体应用法律若干问题的解释》第5条规定，对于一般立功限定为犯罪分子到案后检举揭发他人犯罪行为。第7条规定，对于重大立功限定为犯罪分子检举揭发他人重大犯罪行为。同一司法解释对一般立功和重大立功适用对象的限定条件规定不同，导致在实际运用中引起歧义，产生疑惑。

其次，立功制度是以惩办与宽大相结合的刑事政策为根据的刑罚裁量和刑罚执行中的一种刑罚奖励制度，强调的是立功的客观效果和对犯罪分子“立功受奖”、“立功折罪”的一种鼓励政策。本案中，朱某通过张某向公安机关提供尹某等人藏匿的地点，使公安机关将尹某等5人成功抓捕，朱某的行为与司法机关抓获尹某等人的行为之间具有因果关系，即使朱某当时未在案，但公安机关抓获尹某等人的行为是客观事实，达到了立法对于立功奖励犯罪分子主动实施有利于社会的行为的目的。

最后，刑法是除第一位阶宪法之外处于第二位阶的基本法律，具有较高的法律效力。根据我国立法法的规定，仅全国人民代表大会常务委员会的法律解释同法律具有同等效力。而最高人民法院、最高人民检察院作出的属于审判、检察工作中具体应用法律的解释，应当主要针对具体的法律条文，并符合立法的目的、原则和原意。可见，“两高”解释的效力低于法律，且必须符合立法的本意。那么，朱某是否构成立功在无立法解释作出明确规定的情况下，应当以刑法规定为准。

本案中，若没有朱某的检举揭发，尹某等人组成的恶势力团伙或许继续逍遥法外，为非作歹，社会危险性巨大，公安机关也要花费大量的人力物力去搜查追捕，增加诉讼成本，降低诉讼效率。因此，不论是在案还是在逃的检举揭发行为均应鼓励。

（河北省遵化市人民检察院　齐晓静）

案例8：被公安机关传唤后交代的犯罪是自首还是坦白

一、基本案情

犯罪嫌疑人孙某因涉嫌盗窃，被当地公安机关传唤后，对被指控的事实供认不讳，还主动交代了一起入室盗窃案。后经侦查，孙某盗窃财物价值为280元，没有达到盗窃案件的立案标准，而其交代的入室盗窃行为，经查证属实，所盗物品金额达到了当地盗窃罪的定罪标准。

二、分歧意见

第一种意见认为，本案孙某供述属“被动归案”后的坦白，可以酌定从宽处罚。理由是：孙某供述的事实与“司法机关已经掌握的事实”属同种事实，所以，孙某的供述不是司法机关尚未掌握的本人的“其他罪行”，只是“被动归案”后所做的坦白。

第二种意见认为，孙某的行为符合刑法规定的特殊自首情节，应当认定为自首而不是坦白。《刑法》第67条第2款规定：“被采取强制措施的犯罪嫌疑人、被告人和正在服刑的罪犯，如实供述司法机关还未掌握的本人的其他罪行的，以自首论。”即特殊自首制度，其构成要件主要包括身份特殊和供述内容特殊两个方面，二者缺一不可。本案中孙某属于被公安机关采取传唤措施的犯罪嫌疑人，符合“身份特殊”这一要件；同时，孙某的有罪供述因其前罪达不到立案标准，故供述的后罪应认定为“与司法机关已经掌握的本人的罪行”属异种罪行。因而也符合特殊自首的“供述内容”特殊这一要件，故应认定为自首而非坦白。

三、评析意见

笔者同意第二种意见，理由如下：

一般意义上的坦白是指犯罪嫌疑人、被告人被动归案以后，如实交代被司法机关指控的犯罪事实的行为。坦白与特殊自首最大的区别在于：其供述为司法机关尚未掌握的事实，或已经发现尚未对其进行指控的事实。坦白在一定程度上也反映了犯罪分子的认罪态度、悔罪程度，表明其人身危险性较低。因此，刑法规定坦白为从宽处罚的情节。而《刑法》第67条第2款规定的特殊自首情节为“被采取强制措施的犯罪嫌疑人、被告人和正在服刑的罪犯，如实供述司法机关还未掌握的本人其他罪行的，以自首论”。

本案中，孙某被采取传唤措施的偷盗行为并未达到刑法规定的立案标准，所以该事实并不是犯罪事实。因此，公安机关先前掌握的孙某盗窃价值280元的事实，就不是盗窃罪行，只是违法行为。所以，孙某所供述的入室盗窃事实就成为本案中单独构成犯罪的事实，没有任何前罪可以比较。据此，被采取强制措施的孙某所交代的达到追究刑事责任的盗窃犯罪事实，完全可以说是司法机关没有掌握的“异种罪行”。

此外，自首的本意是行为人是出于自愿，主动向司法机关供述自己的罪行，并自愿承担法律责任的行为。其供述行为降低了司法机关为侦破案件所需的大量的时间、精力和财力，节约了司法资源，也是行为人悔罪服法的表现，其犯罪时呈现出的社会危害性和人身危险性也都有所减弱。至于行为人供述的是同种罪行还是异种罪行，只是供述罪行与先前罪行是否具有同一性问题，与所供述的罪行的性质、情节、社会危害性等因素无关。因为，无论行为人所供述的罪行类型是否同一，其供述行为的本质都是一样的，都是犯罪分子犯罪后自愿将自己交于国家追诉的行为。既然行为的性质是一样的，处理上就不应区别对待。所以，即使本案犯罪嫌疑人孙某供述的是同种罪行，也应该视为自首。

综上所述，笔者认为，孙某的行为符合刑法规定的特殊自首情节，应当认定为自首而不是坦白。

（河北省唐山市丰南区人民检察院　赵建利）

案例9：转化型抢劫犯罪是否存在犯罪未遂状态

一、基本案情

被告人吴某，男，29岁，农民。2006年1月18日因犯盗窃罪被人民法院判处有期徒刑6个月，缓刑1年。2010年3月31日因本案被逮捕。

2010年3月26日凌晨3时许，被告人吴某乘无人之机，进入被害人马某住室，实施盗窃时被马某发现，被告人吴某为抗拒抓捕，在被害人马某住室内用手电筒将其打伤，经法医鉴定为轻微伤。后被告人吴某被被害人亲属当场抓获。

二、分歧意见

本案是否应定性为入户抢劫、转化型抢劫犯罪是否存在犯罪未遂状态是本案的两个焦点问题。

三、评析意见

被告人吴某在入户实施盗窃时被发现，为抗拒抓捕当场使用暴力，致被害人轻微伤，其行为已构成抢劫罪。被告人吴某致伤被害人的暴力行为发生在户内，应认定为入户抢劫。被告人吴某属抢劫未遂，依法可比照既遂犯从轻或减轻处罚。检察院指控被告人吴某犯抢劫罪的事实清楚，证据确实充分，罪名成立，适用法律意见正确。被告人吴某亲属已对给被害人造成的经济损失予以了赔偿，可酌情从轻处罚。根据被告人吴某的犯罪事实、性质、情节及对社会的危害程度，依据《刑法》第269条、第263条第（一）项、第23条、第64条之规定，判处被告人吴某抢劫罪（未遂），判处有期徒刑8年，并处罚金1万元。

理由一：被告人吴某的行为属于入户抢劫。就入室盗窃转化为了抢劫来说，当被告人对被害人实施了暴力行为之后，他的行为性质就从盗窃转化为抢劫，应认定为抢劫罪。而依据相关解释规定，入户实施盗窃时被发现，行为人为窝藏赃物、抗拒抓捕或者毁灭罪证而当场使用暴力或者以暴力相威胁的，如果暴力或者暴力胁迫行为发生在户内，可以认定为“入户抢劫”。本案中，被告人吴某入室盗窃，虽未达到“数额较大”的标准，但他为抗拒抓捕而在室内当场使用暴力致被害人轻微伤，结合以上分析，吴某的行为应定性为入户抢劫。

理由二：被告人吴某的行为属犯罪但未遂。抢劫罪侵犯的客体是复杂客体，既侵犯财产权利又侵犯人身权利，具备劫取财物或者造成他人轻伤以上后果两者之一的，均属抢劫既遂；既未劫取财物，又未造成他人人身伤害后果的，属抢劫未遂。转化型抢劫与一般抢劫行为一样，罪质均为抢劫罪，犯罪构成条件没有本质差异，既然一般抢劫存在既遂与未遂，那么转化型抢劫亦应存在既遂与未遂。本案中被告人吴某在实施盗窃时被发现，为抗拒抓捕而在室内当场使用暴力，致被害人轻微伤。吴某的行为属于转化型抢劫犯罪，但吴某未劫得财物，致人伤害的结果亦未达到轻伤以上标准，则应认定为抢劫罪未遂。

（河北省唐山市曹妃甸区人民检察院　刘翠红）

刑法分则适用

一、贪污贿赂犯罪

案例10：甲行贿后又将卡内存款取回，乙未办成甲之请求如何定性

一、基本案情

某企业老总甲为谋取不正当利益，行贿国家工作人员乙一张内存50万元的银行卡，开户名为甲。乙未帮助甲办成事情，在很长时间内未支取该卡内钱款。后甲得知后通过银行挂失的方式将行贿给乙的银行卡内的50万元取回。问甲乙是否构成犯罪？构成何罪？

二、分歧意见

本案对甲的处理，主要分为以下三种意见：

第一种意见认为，甲不构成犯罪。甲将50万元钱款取回的行为，是对之前行贿行为的实质性撤销，考虑到在司法实践中大量行贿人不被法律追究这一客观情况，甲不构成犯罪。

第二种意见认为，甲构成行贿罪。甲为了利用国家工作人员乙的职务行为，主动给予国家工作人员乙以财物，侵犯了国家机关的正常管理活动和职务行为的廉洁性，甲的行为符合行贿罪的客观要件。但由于之后甲又将钱款收回，故甲构成行贿罪未遂。

第三种意见认为，甲构成行贿罪和盗窃罪，数罪并罚。甲为了谋取不正当利益，给予国家工作人员乙一张内存50万元的银行卡，乙已经实际控制了财物，虽然乙并未帮助甲办成事情，但这并不影响行贿罪既遂的成立。甲通过银行挂失的方式将已属于乙的钱款取回的行为，又构成盗窃罪。所以，甲构成行贿罪和盗窃罪，数罪并罚。

对于乙行为的定性，分歧更为明显，包括以下三种情况：

第一种意见认为，乙构成受贿罪未遂。在乙并没有实际处分钱款的情况下，甲已将钱款收回，则乙为受贿未遂的状态。

第二种意见认为，乙实际控制了行贿款，乙构成受贿罪既遂。

第三种意见认为，乙构成何罪，要看国家工作人员乙答应甲的事情，是否与乙作为国家工作人员的职务行为相关联，若相关则构成受贿罪；若不相关，则构成诈骗罪。

三、评析意见

关于甲乙的行为定性，笔者均同意第三种意见，理由如下：

行贿罪的构成要件为“为谋取不正当利益”和“给予国家工作人员以财物”。案例中已经提到甲是为谋取不正当利益，给予了乙银行卡。乙已经实际控制了财物，虽然乙并未帮助甲办成事情，但这并不影响行贿罪既遂的成立。

2007年7月8日，最高人民法院、最高人民检察院《关于办理受贿刑事案件适用法律若干问题的意见》（以下简称《意见》）规定了关于收受贿赂物品未办理权属变更问题：国家工作人员利用职务上的便利为请托人谋取利益，收受请托人房屋、汽车等物品，未变更权属登记或者借用他人名义办理权属变更登记的，不影响受贿的认定。此规定虽然规定的是房屋、汽车等需进行变更登记的物品，但从权属变更的本质来说，对本案仍具有借鉴意义。故乙收受甲交付的银行卡后，便享有了对此银行卡的物权。甲挂失取款则是利用了银行卡的物理属性而非此银行卡上的物权。甲挂失取款的这一行为系行贿行为完成后另起犯意，单独构成盗窃罪。

受贿罪包括索取型和收受型两种。本案的情况即为收受型受贿罪，构成要件包括“国家工作人员”、“利用职务上的便利”、“非法收受他人财物”和“为他人谋取利益”。案例中已明确说明乙是国家工作人员，笔者便不再赘述。

首先，“为他人谋取利益”的含义理论上存在三种学说。学说一：旧客观要件说，即“为他人谋取利益”是指客观上有为他人谋取利益的行为，而不要求实际上使他人取得了利益。学说二：主观要素说，即“为他人谋取利益”是指主观上为他人谋取利益的意图。学说三：新客观说，即“为他人谋取利益”的认定，其最低要求是许诺为他人谋取利益。笔者支持新客观说，包括明示、暗示的许诺，包括直接对行贿人许诺和通过第三者对行贿人许诺，包括真实、虚假的许诺。其中虚假的许诺构成受贿罪的条件：收受财物后作虚假许诺，许诺的内容与国家工作人员的职务行为相关联，许诺行为导致财物与所许诺的职务行为之间形成了对价关系，使财物成为国家工作人员所许诺的“为他人谋取利益”的不正当报酬。

其次，“利用职务上的便利”，指利用本人职务范围内的权力，即自己职务上主管、负责或者承办某项公共事务的职权及所形成的便利条件。案例中乙并没有帮助甲办成事情，乙是否构成受贿罪，要区分情况来看：

如果乙答应甲办的事情是能够“利用职务上的便利”，并且乙有为甲谋取利益的认识和实际行为，则为他人谋取的利益是否实现，不影响受贿罪的成立。

如果乙答应甲的事情虽然是可以“利用职务上的便利”，但乙没有为甲谋取利益的认识和实际行为，这就属于上述分析中的虚假承诺，乙也成立受贿罪。

如果对甲作出的承诺没有“利用职务上的便利”实现的可能性，甲是基于错误认识将银行卡交付给乙，乙获得了50万元，则乙的行为符合诈骗罪的基本构造，乙构成诈骗罪。

最后，“非法收受他人财物”的认定。虽然乙并未支取银行卡内的钱款，但由上述《意见》规定可知，银行卡内的50万元在由甲交付乙之后，乙便已非法收受他人财物。故乙受贿罪既遂成立。

综上所述，笔者认为，甲构成行贿罪、盗窃罪应数罪并罚，乙的行为分情况可能构成受贿罪或诈骗罪。

（河北省唐山市人民检察院　孙丽亚）

案例11：帮他人“揽储”行为是否构成挪用公款罪

一、基本案情

某镇政府财政所所长李某某在任职期间，于2012年6月伙同犯罪嫌疑人王某某，利用职务之便，为王某某在某银行工作的表妹“揽储”，将该镇的100万元公款挪用后存入银行，使用4天后即归还；于2013年利用主管财务的便利，将该镇的28万元公款挪用后借给他人使用，并收取高额利息。

二、分歧意见

本案中对于犯罪嫌疑人第一次挪用公款的行为是否构成挪用公款罪存在分歧。第一种意见认为，犯罪嫌疑人利用职务便利，挪用公款100万元为银行工作人员“揽储”，属于挪用公款进行营利活动，且数额巨大，其行为已构成挪用公款罪；第二种意见认为，不构成挪用公款罪，理由为：镇政府财政所相关人员虽存在为银行相关人员“揽储”的行为，但公款存入银行后，相关人员未进行营利活动，也未有谋利的主观故意，故不构成挪用公款罪。

三、评析意见

笔者赞同第二种观点。《刑法》第384条规定，国家工作人员利用职务上的便利，挪用公款归个人使用，进行非法活动的，或者挪用公款数额较大、进行营利性活动的，或者挪用公款数额较大、超过三个月未还的，是挪用公款罪。在司法实践中，对如何认定“营利活动”，无论是在理论界还是在司法实践中都存在较大争议。笔者认为，挪用公款的营利活动应当是指利用公款获得财产性利益的行为。这个概念既包括了传统营利的基本内容，又包括了诸如集资、入股、存款取息等特殊营利的内容。但在认定经管站相关人员是否构成挪用公款罪之前需明确两个问题：一是何为“揽储”行为；二是如何理解挪用公款进行营利活动。

（一）“揽储”行为界定

“揽储”是指银行、储蓄所、信用社等金融机构，给自己的业务员制定目标，要求其招揽存款业务的行为，根据多数银行的通常做法，银行工作人员大部分都有“揽储”的任务，不同的是因银行而异，任务大小不同。“揽储”行为尤其是高息“揽储”行为存在一定的危害性，银行为了吸收存款，向储户支付法定利息以外的费用或馈赠物品等不正当手段，严重违反了《商业银行法》的规定，扰乱了国家正常的金融管理秩序，也可能造成金融市场不良竞争的恶性循环，对国家的宏观调控以及货币管理制度带来严重的负面影响。

（二）如何理解“挪用公款存入银行、用于集资、购买股票、国债等，属于挪用公款进行营利活动”中的营利行为

依据1998年4月29日最高人民法院《关于审理挪用公款案件具体应用法律若干问题的解释》第2条第2款规定：“挪用公款数额较大，归个人进行营利活动的，构成挪用公款罪，不受挪用时间和是否归还的限制。在案发前部分或者全部归还本息的，可以从轻处罚；情节轻微的可以免除处罚。挪用公款存入银行、用于集资、购买股票、国债等，属于挪用公款进行营利活动。所获取的利息、收益等违法所得，应当追缴，但不计入挪用公款的数额。”

对于上述司法解释的理解与适用，刑法理论界也存在不同的观点，有人认为，只要存在挪用公款数额较大存入银行的行为，不论其主观故意如何、出于何种动机和目的，也不论其是否营利，一律认定为进行营利活动，构成挪用公款罪；但笔者认为，对于将公款存入银行不能一概而论，对是否营利的界定应当从主客观方面去考量。挪用公款进行营利活动是指用挪用的公款进行生产、经营等营利性活动，而进行营利性活动作为挪用公款罪的一种类型，此类挪用公款行为是否构成犯罪不受挪用时间的限制，其立法意图就是严惩挪用公款谋取个人经济利益的行为。而上述司法解释中的立法本意与《刑法》第384条的精神是一致的，如果挪用公款存入银行不是为了获取个人经济利益，则不宜认定为营利性活动。当然，无获利的主观利益，可包括如下情形：为给银行工作人员完成储蓄任务而短时存款，且未获利；虽然以个人名义存入银行，但未占有利息，利息属于单位；为存取款方便将机动款项暂存银行等情形。故对于解释中营利的认定，应当站在当事人主客观角度综合分析，如果不区分情况，不查明当事人主观故意及动机和目的，凡是挪用公款存入银行的行为一律认定为进行营利活动，则存在客观归罪的嫌疑。

（三）关于本案的定性意见

本案中，行为人私自将单位公款存入银行以帮助银行工作人员完成“揽储”任务，其行为应当符合“以个人名义将公款供其他单位使用的”情形，属于挪用公款“归个人使用”。但行为人数日后将挪用的公款及时转回单位账户，且个人没有占有利息，这种情况不符合最高人民法院《关于审理挪用公款案件具体应用法律若干问题的解释》第2条第1款第（二）项规定的“挪用公款存入银行”的情形，属于挪用公款进行营利活动，但此条规定应当理解为存入银行以个人获取利息收益为目的才属于挪用公款进行营利活动。而本案中经管站相关人员为他人“揽储”而将公款存入银行的行为，仅是为了给银行工作人员完成储蓄任务而暂时将公款存入银行，其自身没有谋利的主观故意，客观上本金及时转回单位，其不应属于挪用公款进行营利活动中的营利行为，故不应当认定构成挪用公款罪。

（河北省唐山市人民检察院　凌　翎）

案例12：常某某、赵某某等人的行为是盗窃还是贪污

一、基本案情

2013年3月15日、22日，某钢铁公司（国有企业）同某商贸公司签订了两份萨阿吉焦煤（以下简称焦煤）买卖合同，合同约定交货地点为某焦化有限公司（国有企业，以下简称焦化公司）料场，在该两批焦煤从码头到焦化公司料场运输过程中，犯罪嫌疑人常某某和犯罪嫌疑人赵某某利用其担任焦化公司收料员、负责监卸焦煤的职务之便，与犯罪嫌疑人史某某、周某某、魏某某、袁某某、郑某某、张某庆、张某文、张某海、丁某某、张某江等人相勾结，多次利用运输焦煤的车辆进入焦化公司，更换其他大车牌照重复过磅的手段称重获取虚假焦化公司计量信息，从而伪造假的焦化公司收到焦煤并将煤卸到料场的手续，共骗取焦煤25车，价值280余万元。

二、分歧意见

犯罪嫌疑人常某某等人的行为构成盗窃罪还是贪污罪，是本案的焦点问题。

三、评析意见

笔者赞同犯罪嫌疑人构成贪污罪的观点。首先，就主体方面而言，依据焦化公司人力资源部开出的证明，犯罪嫌疑人常某某、赵某某均为焦化公司料场收料员，其二人均具有监督、确认火车进料品种、车次、车号及车数，开据四联单、现场收货签字的职责，遂常、赵二人属于在国有公司中从事公务的人员，具有国家工作人员的身份。其次，就客观方面而言，在整个犯罪行为实施过程中，如果没有常某某、赵某某对四联单上收货人部分的签名确认，焦煤就

无法被成功骗取，所以行为人在实施犯罪行为过程中利用了作为国家工作人员的职务便利。另外，行为人更换车牌重复过磅、回皮、签收四联单等行为均在焦化公司内完成，即焦化公司才是犯罪行为实施地。对于焦煤的所有权问题，笔者认为第二种观点中的说法有道理但不全面，在本案中，无论被骗取的焦煤是否真正到达焦化公司料场，既然常某某、赵某某两人签收了四联单，那么就应当认定焦煤的所有权已经转移到了钢铁公司一方，并且钢铁公司已按照该批焦煤数量向商贸公司支付了全部货款，因此作为犯罪对象的焦煤应当属于钢铁公司所有。

综上分析，笔者认为，该案符合最高人民法院《关于审理贪污、职务侵占案件如何认定共同犯罪几个问题的解释》第 1 条“行为人与国家工作人员勾结，利用国家工作人员的职务便利，共同侵吞、窃取、骗取或者以其他手段非法占有公共财物的，以贪污罪论处”的规定，应当认定为共同贪污。

（河北省唐山市曹妃甸区人民检察院　刘　博）

案例13：出借承兑汇票的行为定性

一、基本案情

被告人张某原系国有物资总公司经理兼农业生产资料公司经理。张某在担任国有农业生产资料公司（以下简称生产资料公司）经理期间，利用职务之便，为谋取个人利益，个人决定并采取虚构购销合同的手段，于1998年1月7日、9日分两次以其所在公司的名义从农行某支行为唐山某公司（私有公司）办理承兑汇票100万元（兑付期限3个月）和200万元（兑付期限6个月），该私有公司将汇票全部兑现作为本公司业务资金。在生产资料公司办理承兑汇票所交纳的保证金中，有30万元系张某等7名公司管理人员集资。同年7月7日，该私有公司将借款300万元全部归还。同年2月10日、9月14日，该私有公司给付好处费共计16万元，被告人张某未做财务处理，将其中的80970元用于支付本人和其他6名管理人员的集资利息，其本人得款14310元。

1998年5月6日，被告人张某利用担任物资总公司经理的职务之便，为谋取个人利益，擅自决定并采取虚构购销合同的手段，为某经贸有限责任公司（私有公司，以下简称经贸公司）办理兑付期限6个月的银行承兑汇票100万元，为其提供业务资金。其中，经贸公司提供现金30万元交纳了办理承兑汇票的保证金。该款如期归还后被告人张某从该经贸公司支取现金1万余元。

二、分歧意见

（一）出借承兑汇票的行为能不能构成犯罪

张某是以本人所在公司的名义为唐山某公司和某经贸公司办理的承兑汇票，其出借的是承兑汇票，并不是现金，出借承兑汇票能否构成犯罪（挪用公款罪）？

（二）张某的行为是否属于“挪用公款归个人使用”

如果出借承兑汇票是挪用公款罪的客观要件，那么张某的行为是否构成挪用公款罪的关键就在于其是否“挪用公款归个人使用”，而这其中涉及立法解释与司法解释如何适用的问题。

刑法于1997年修订实施后对“挪用公款归个人使用”的问题主要有三个司法解释和一个立法解释，分别是：

1998年最高人民法院《关于审理挪用公款案件具体应用法律若干问题的解释》（以下简称1998年司法解释）第1条第2款规定，挪用公款给私有公司、私有企业使用的，属于挪用公款归个人使用；2000年3月14日最高人民检察院《关于挪用公款给私有公司、私有企业使用行为的法律适用问题的批复》（以下简称2000年批复）也规定，挪用公款给私有公司、私有企业使用的行为，不论发生在刑法修订前后，均可构成挪用公款罪；而2001年最高人民法院《关于如何认定挪用公款归个人使用有关问题的解释》（以下简称2001年司法解释）第1条中又规定，将公款借给其他自然人或者不具有法人资格的私营独资、私营合伙企业等使用，属于挪用公款归个人使用。其后，全国人大常委会又于2002年作出了《关于〈中华人民共和国刑法〉第三百八十四条第一款的解释》（以下简称2002年立法解释），对挪用公款“归个人使用”的含义作出解释，其中规定“个人决定以单位名义将公款供其他单位使用，谋取个人利益的”属于挪用公款“归个人使用”。

在“两高”的三个司法解释中，对构成“挪用公款归个人使用”的借款单位的性质存在不同规定，其中1998年司法解释和2000年批复均要求是“私有公司、私有企业”，而2001年司法解释要求是“不具有法人资格的私营独资、私营合伙企业”，如果在这三个司法解释中进行选择适用，根据新法优于旧法的原则，应当以2001年的司法解释为准，张某将公款借给具有法人资格的两个私有公司使用，不属于“挪用公款归个人使用”。但是按照2002年立法解释，张某个人决定并以单位名义将公款供其他单位使用，谋取了个人利益（个人得到了部分“利润”，该利润明显高于同期银行存款利率），这种行为属于“挪用公款归个人使用”的一种形式。那么是应该适用2001年司法解释还是适用2002年立法解释呢？有人认为由于适用2001年司法解释对张某有利，应当按照从旧兼从轻的刑法原则不追究张某挪用公款的刑事责任。这样的认识是否正确呢？

（三）公私资金共同作为承兑汇票保证金的问题

在给唐山某公司办理承兑汇票的过程中，张某所在公司提供的300万元承兑汇票保证金中有30万元系张某等7名个人集资，在唐山某公司给付16万元好处后，张某等人分得了其中的80190元“利润”。是否应把出借此笔承兑汇票的行为看作公私联合出借（也就是在计算犯罪数额时从300万元中去除此30万元）呢？这种行为的认定也是一个难题。

三、评析意见

一审法院依照《刑法》第384条第1款、全国人大常委会《关于刑法第三百八十四条第一款的解释》和《刑法》第382条、第393条、第69条、第93条之规定，判决如下：被告人张某犯挪用公款罪，判处有期徒刑7年；犯贪污罪判处有期徒刑2年，数罪并罚，决定执行有期徒刑8年。

终审法院认为上诉人张某利用职务之便，将公款提供给他人使用，数额巨大，其行为已构成挪用公款罪。原判认定挪用公款的事实无出入，定性、量刑亦属适当。上诉人及辩护人所提不构成挪用公款罪的理据不足，不予支持。原判认定上诉人贪污公款的事实证据不足，不能认定。故依据《刑事诉讼法》第162条第（三）项，第189条第（一）项、第（三）项，《刑法》第384条第1款之规定，判决如下：撤销唐海县人民法院〔2004〕唐刑初字第63号刑事判决中张某犯贪污罪判处有期徒刑2年的判决；维持唐海县人民法院〔2004〕唐刑初字第63号刑事判决中张某犯挪用公款罪，判处有期徒刑7年的判决。

张某的行为构成挪用公款罪，理由如下：

首先，出借承兑汇票属于挪用公款行为的一种。承兑汇票属于质押的一种形式，受让人能够通过背书转让等方法变现取得票面现金（银行需要扣除利息）。国有公司出借各种金融凭证、有价证券用于质押，会使公款处于风险之中，一旦借方不能归还将由国有公司用公款归还，这种行为与挪用公款为他人提供担保没有实质的区别，对这种行为中符合刑法关于挪用公款罪规定的，应当以挪用公款罪定罪处罚，犯罪数额应以实际或者可能承担的风险数额认定。这在《全国法院审理经济犯罪案件工作座谈会纪要》第4条第4款中也有明确规定。

其次，认定张某行为的性质时应当适用立法解释，其属于“挪用公款归个人使用”。本案在适用司（立）法解释的问题上，应当以2002年立法解释为准，而不应当适用2001年司法解释。这是因为从解释的效力上看，立法解释是全国人大常委会对全国人大及其常务委员会制定的法律作出的解释，而司法解释是由“两高”在具体司法实践中对有关法律问题作出的规定，立法解释是由最高国家权力机关作出的，效力高于司法解释，而且也是最能体现立法本意的解释。上述立法解释是全国人大常委会在“两高”已就同一问题多次解释的前提下又作出的解释，在一定程度上具有纠正不当司法解释的意义。该立法解释效力适用于刑法实施期间，具有时间上的溯及力，在立法解释制定后，与立法解释相冲突的司法解释自然失去法律效力。从旧兼从轻的原则是对先后对应的刑法而言的，而不应当扩大到司法解释和立法解释。本案中张某挪用公款的行为发生在 1998 年，应当依照 2002 年立法解释的规定追究其刑事责任。

最后，张某等人出资 30 万元不影响对犯罪数额的认定。张某等人出资 30 万元是向所在公司交纳承兑汇票的保证金而不是直接出借给私有公司，对张某所在公司而言，此 30 万元实际上是在国有公司中使用的私有财产，按照《刑法》第 91 条规定应当以公共财产论。一旦唐山某私有公司不能归还承兑汇票本息，将由张某所在公司承担向张某等人归还此集资款的责任。张某等人实际上是将 30 万元资金借给所在公司，以所在公司承担巨额风险为代价谋取个人利益。因此这 30 万元不能从张某借给唐山某公司的 300 万元承兑汇票数额中扣除，这 30 万元与经贸公司借款时交纳的 30 万元保证金性质是不同的。

综上所述，被告人张某利用职务上的便利，个人决定并以单位名义出借 370 万元承兑汇票供其他单位进行营利活动，谋取个人利益，其行为触犯了《刑法》第 384 条第 1 款及全国人大常委会《关于〈中华人民共和国刑法〉第三百八十四条第一款的解释》的规定，构成挪用公款罪。

（河北省唐山市曹妃甸区人民检察院　张运成）

案例14：从一则案例看行贿罪共犯与介绍贿赂罪

一、基本案情

2014年，张某的孩子大学毕业，张某想通过关系将孩子安排到医院工作，但苦于求职无门。亲戚李某知道后告知张某其跟某医院院长王某关系不错，可以找其帮忙，但需要花钱送礼。张某表示只要能找到工作，花钱是可以的。后李某主动找到王某帮忙，张某遂通过李某向王某行贿人民币10万元。王某在收下钱后，利用自己职务上的便利将张某的孩子违规安排到医院工作。其间，张某与王某二人始终未曾谋面。

二、分歧意见

对于李某行为的定性，有两种不同意见：

第一种意见认为，李某构成介绍贿赂犯罪。《刑法》第392条规定，向国家工作人员介绍贿赂，情节严重的，处三年以下有期徒刑或者拘役。最高人民检察院《关于人民检察院直接受理立案侦查案件立案标准的规定（试行）》规定，“介绍贿赂”是指在行贿人与受贿人之间沟通关系、撮合条件，使贿赂行为得以实现的行为。正是因为李某的从中沟通、撮合，才使行、受贿行为得以实现，因此，李某的行为构成介绍贿赂犯罪。

第二种意见认为，李某构成行贿罪共犯，系帮助犯。李某在本案中实际担任的是受托人的角色，在整个行受贿过程中，他始终未曾介绍张某与王某认识，且行贿行为由李某单独完成，李某的行为已经超出了介绍贿赂的范畴。李某是在帮助张某完成了行贿的全过程，具有行贿的故意，构成行贿共犯。

三、评析意见

笔者同意第二种意见。李某答应张某后，遂找到王某让其帮助将张某的孩子安排到医院工作，并向王某转送贿赂款 10 万元，达到了介绍贿赂犯罪的立案标准，看似符合介绍贿赂犯罪，但表面的形式并不能掩盖犯罪的实质。王某的行为构成行贿犯罪共犯，理由如下：

1. 从犯罪构成上讲，介绍贿赂罪即行为人明知贿赂人具有行贿意图或者明知国家工作人员的受贿意图，而故意充当“掮客”，从中穿针引线、牵线搭桥。介绍贿赂的行为人是在他人有了行贿或受贿的故意的情况下，才从中沟通、撮合的。从客观上讲，表现为在行贿、受贿双方之间进行引荐、沟通、撮合，促使行贿与受贿得以实现的行为。沟通、撮合行为本身既非受贿行为，也非行贿行为，而是独立的介绍贿赂行为。

而行贿中的共同犯罪，应理解为各共同犯罪人之间有共同的行贿故意，并实施了共同的行贿行为。行贿罪共犯应当认识到自己的行为是在帮助行贿者，其行为目的在于为某一方提供服务，行贿共犯主观上具有共同谋取与己方密切相关的不正当利益目的，对不正当利益的实现具有强烈希望的直接故意。

2. 该案中李某的行为已经超出了介绍贿赂的范畴，是积极、主动的帮助行贿行为，是行贿罪的共犯：（1）李某在行贿人、受贿人不相识的前提下，没有撮合行贿人与受贿人相识，没有为行贿人和受贿人沟通关系创造便利条件，实际上担任的是代理人的角色；（2）主观上，李某有谋取不正当利益的意图，在接受行贿人的请托之后，积极利用自己与受贿人相识的社会关系条件，想要为请托人办成找工作的事情；（3）客观上，在行贿数额的确定、转送贿赂款等方面，李某积极帮助行贿人完成行贿行为；（4）李某的行为对行贿犯罪的完成起了关键作用，本案中，没有李某则行贿行为不可能完成。因此，应当以行贿罪追究李某的刑事责任。

介绍贿赂罪是从行受贿犯罪中分离出来的一个罪名，介绍贿赂人担任着“媒婆”的作用，是行贿人与受贿人联系起来的桥梁，既对行贿犯有帮助，也对受贿犯有帮助，单纯的介绍贿赂行为与行贿、受贿行为相比社会危害性小，但该行为同时也侵犯了国家工作人员职务的廉洁性，也是刑法打击的对象之一。为了有效打击介绍贿赂违法行为，减少由于介绍贿赂行为而引发的行受贿犯罪行为，刑法单独规定了介绍贿赂罪，保障国家工作人员职务行为的廉洁性。

（河北省迁安市人民检察院　孙　凯）

案例15：村会计涉农犯罪法律适用问题浅析

一、基本案情

被告人关某某在担任某村出纳会计期间，在协助镇政府发放土地补偿款的过程中，将发放后剩余的暂存于本村账户中的用于补偿本村村民的征地补偿款6万余元以虚造发放名单的方式非法占为己有。

二、分歧意见

关某某犯罪定性问题的争议焦点可总结为三个方面：（1）关某某在协助镇政府发放土地补偿款时，是否具备国家工作人员的身份；（2）关某某实施的是否属于村委会等基层组织人员利用协助人民政府从事行政管理工作的便利，侵吞公共财物的行为；（3）关某某侵吞的剩余的土地补偿款是公共财物还是集体财产。笔者认为，只要厘清这三个问题，关某某的犯罪定性问题也就明朗了。

三、评析意见

（一）针对关某某的身份问题

农村基层组织人员本身并不是国家工作人员，只是在其从事了特定的“公务行为”以后，才会被认定为具有国家工作人员的身份。根据2000年全国人大常委会颁布的立法解释，农村基层组织人员在从事以下七项工作时被认定具有国家工作人员身份：（1）救灾、抢险、防汛、优抚、扶贫、移民、救济款物的管理；（2）社会捐助公益事业款物的管理；（3）国有土地的经营和管理；（4）土地征用补偿费用的管理；（5）代征、代缴税款；（6）有关计划生育、户籍、征兵工作；（7）协助人民政府从事的其他行政管理工作。在此规定下，农村基层组织人员在从事上述七项工作时，利用职务上的便利，非法占有公共财物、挪用公款、索取他人财物或者非法收受他人财物的，可以适用刑法有关贪污、受贿、挪用公款罪的有关规定。

笔者认为，本案例中，关某某在某村村民委员会任出纳会计，负责协助镇政府管理并给村民发放土地补偿费用，而村会计本身属于村委会的主要成员，故其所从事的工作属于立法解释中规定的“公务”，在从事该项“公务”时，当然可以被认定为具有国家工作人员的身份。

（二）针对关某某实施的是否属于村委会等基层组织人员利用协助人民政府从事行政管理工作的便利，侵吞公共财物的行为

近年来，涉农职务犯罪案件有增无减，因此在司法实践中，厘清村干部涉农职务犯罪的法律适用问题尤为重要。要想在司法实践中准确地对村干部的涉农犯罪进行定罪量刑，必须对村干部的职务作出正确的区分。

大体上农村基层组织人员所从事的工作可以分为三类：第一类是村民自治范围内的事务，即非经营性质的村内公益事业和公益服务等自治事项，如村庄道路修建、水利修建等；第二类是村集体经济组织的经营事务，如村集体企业的经营、集体房屋的出租，营利性商品房的建设等；第三类是协助政府从事的公务，即立法解释规定的基层自治组织依法或者受政府委托协助人民政府从事的七项行政管理工作，其中就包括协助人民政府对土地管理补偿费用的管理和发放。

结合本案，对于关某某辩护人作出的被告人关某某占有钱款的行为发生在协助镇政府发放土地补偿款的行为之后，其行为不构成职务行为，也就谈不上职务便利的相关辩护，笔者认为，关某某担任村里的出纳会计，其属于村委会的主要成员之一，其协助镇政府发放土地补偿款的行为符合立法解释所规定的依法从事公务的行为。另外，关某某的工作任务即为协助镇政府发放土地补偿款，在该补偿款未发放完毕以前，该协助工作就不算完成，关某某利用协助镇政府发放补偿款之机，虚造发放名单，非法将剩余的土地补偿款占为己有，其行为符合全国人大常委会关于《刑法》第 93 条第 2 款的解释的相关规定，即村民委员会等基层组织人员协助人民政府从事行政管理工作，利用职务上的便利贪污公共财产的，应以贪污罪论处的相关规定。

（三）针对关某某侵吞的剩余的土地补偿款是公共财物还是集体财产的问题

笔者认为，发放剩余的征地补偿款进入村集体账户后，未依法作出下一步的分配决定之前，村基层组织只是对这笔资金进行暂时管理，是协助人民政府“从事公务”，对该笔剩余的土地补偿款并没有所有权，仅仅是占有权。根据

《刑法》第91条规定，在国家机关、国有公司、企业、集体企业和人民团体管理、使用或者运输中的私人财产，以公共财产论。因此，在村基层组织暂时管理期间的土地补偿款，应当以公共财产论。

因此可以得出，虽然土地补偿款在发放后出现剩余，但在未依法决定该笔剩余款项的用途前，对该笔剩余款项仍应以公共财产论，即使暂存于本村账户，也不影响该笔款项的性质，其可以成为职务犯罪的对象。

综上所述，笔者认为，被告人关某某在某村担任会计期间，利用协助镇政府管理发放土地补偿款的职务便利，以虚造发放名单的方式，非法将剩余的土地补偿款占为己有，其行为符合贪污罪的构成要件，应以贪污罪论处。

（河北省遵化市人民检察院　张明玉）

案例16：非使用人能否成为挪用公款罪共犯

一、基本案情

2011年3月中旬，韩某某为了完成“揽储”任务，请求时任某县建设工程交易中心主任的白某某，把其交易中心的农民工工资保证金存到韩某某所在的工商银行。白某某碍于情面于3月21日分别从其建行、信用社账户上各提取100万元共计200万元农民工工资保证金转存到韩某某爱人梁某某所开的甲物资经销处在工商银行的账户上，然后由韩某某从该账户上把该笔存款转存入白某某在工商银行的个人储蓄卡上，3月22日白某某把该笔款项用于购买理财产品。其后，韩某某又受在中信银行工作的外甥郑某的请托，找白某某给郑某弄点存款，白某某于3月29日又从其建设银行、信用社两个账户上各提取50万元共计100万元农民工工资保证金转存到梁某某的甲物资经销处账户上，韩某某把该笔款项转入梁某某在工商银行的个人储蓄卡上，然后韩某某、郑某又从梁某某个人储蓄卡上把该笔款项转存入白某某女儿在中信银行的个人储蓄卡上，白某某又把该笔存款用于购买理财产品。

二、分歧意见

本案中，各方对白某某行为的定性并无争议，但对韩某某的行为应如何定性，存在两种不同的观点：

第一种观点认为，韩某某行为不构成犯罪，不应以刑罚处罚。主要理由有：韩某某虽因完成“揽储”任务请求白某某将农民工工资保证金转存入自己及其外甥所在的银行，但其并不是挪用款项的真正使用人，使用人应当是保证金所存入的工商银行及中信银行。根据1998年4月29日最高人民法院《关于审理挪用公款案件具体应用法律若干问题的解释》（以下简称《解释》）第8条规定：“挪用公款给他人使用，使用人与挪用人共谋，指使或者参与策划取得挪用款的，以挪用公款罪的共犯定罪处罚。”即只有使用人才能成为挪用公款罪共犯，韩某某并不存在将挪用的公款用于个人用途的使用行为，所以其行为不符合上述司法解释的规定，不构成挪用公款罪共犯。

第二种观点认为，韩某某的行为构成了挪用公款罪共犯。主要原因有：(1) 韩某某作为银行工作人员，在明知农民工工资保证金为公款的情况下，请求白某某将保证金转存入其所在的银行，帮其完成"揽储"任务，以获得银行奖励，韩某某身份虽可以作为非使用人来认定，但其行为无疑是对白某某的挪用行为起到了教唆、煽动、帮助作用。(2)《解释》第 8 条的规定只是意在说明使用人在何种情况下才能构成挪用公款罪共犯，而并没有限制、排他的含义。因而除了使用人以外，即使是非使用人，只要其与挪用人共谋、积极参与、帮助挪用人挪用公款归个人使用的，也应当以挪用公款罪的共犯定罪处罚，即韩某某构成挪用公款罪共犯。

三、评析意见

本案中，白某某身为国家工作人员，利用职务上的便利，挪用公款数额巨大，进行营利活动；韩某某与白某某共谋，参与、策划挪用公款，其行为触犯了《刑法》第 384 条，二人均应以挪用公款罪追究刑事责任。

理由一：刑法总则中关于共同犯罪的规定，应当适用于刑法分则中所有的共同故意犯罪。

《刑法》第 25 条规定："共同犯罪是指二人以上共同故意犯罪。"即两个以上达到刑事责任年龄、具备刑事责任能力的自然人共同故意实施犯罪行为。挪用公款罪共同犯罪则指两个以上国家工作人员利用职务上的便利或者国家工作人员与非国家工作人员利用国家工作人员职务上的便利共同故意挪用公款。本案中，白某某为国家工作人员，韩某某为非国家工作人员，两人在明知所挪用款项为公款的情形下，仍利用白某某的职务之便实施了挪用行为。其中，韩某某虽然不是所挪款项的使用人，但他在整个案件过程中教唆、帮助白某某挪用公款，使白某某产生了犯意或者加强了犯意，其行为对国家工作人员的职务廉洁性和公共财产的占有使用收益权的侵害程度并不低于国家工作人员，所以韩某某行为符合挪用公款罪共同犯罪的构成要件，应当按照挪用公款罪共犯处理。

理由二：最高人民法院《关于审理挪用公款案件具体应用法律若干问题的解释》第 8 条之理解。

该《解释》第 8 条之规定明确了"使用人"可以构成挪用公款罪共犯，但也导致了对"非使用人"能否构成挪用公款罪共犯存在不同的看法和认识，如第一种观点的理解。笔者认为，首先，挪用公款罪并非以实际使用为犯罪既遂的标准，如果认为只有使用人才能构成本罪共犯，那么在公款挪用后未被实际使用前，就不存在“使用人”，即不能认为事前教唆、帮助、参与策划的人构成挪用公款罪，这样就有放纵犯罪之嫌，并不符合解释的原意。其次，从我国刑法规定的挪用公款的犯罪特征和危害结果的发生来看，“非使用人”是符合挪用公款罪共犯的犯罪构成的。因此，该《解释》第 8 条之规定意在解释使用人在何种情况下能构成共犯，而并没有将“非使用人”排除在挪用公款罪的共犯范围之外。

（河北省唐山市曹妃甸区人民检察院　李英英）

案例17：逢年过节期间收受他人财物是否应认定为受贿

一、基本案情

被告人李某某自2002年3月担任某县国土资源局副局长之职，任职后在其主管某县土地开发整理项目运行期间违规操作、滥用职权，并多次收受他人财物贿赂。

2008年3月，被告人李某某利用职权，在县某镇土地开发项目和某某镇土地整理两项目中，通过不正当手段，使未实施农田防护林工程的项目得以验收通过，并在该防护林工程后期亦未被实施的情况下，违规拨付工程款，给国家造成损失27.27万元。2009年6月，被告人李某某利用职权，将本已属于县某镇旧村村址土地复垦项目规划范围内的旧村址周边的废弃坑地块重复土地复垦立项，从而套取国家土地复垦专项资金，给国家造成损失54万元。此外，被告人李某某于2007—2012年逢年过节期间，多次收受相关土地开发整理项目承包人唐某某等人财物贿赂共计26.5万元。

二、分歧意见

李某某在逢年过节期间收受他人钱物，是否应认定为受贿。

第一种观点认为，不构成受贿罪。理由是：某行贿人与被告人一直关系密切，个人关系很好，所送财物均是在逢年过节时所送，送礼时并没有具体的请托事项，不属于利用职务之便收受他人贿赂。

第二种观点认为，李某某受贿的方式系以年节来往为掩饰手段，属于典型的变相受贿行为，无法阻却受贿罪的成立。理由是：（1）根据司法实践，普通受贿情况下，要求行为人为他人谋取利益即成立受贿罪；只在斡旋受贿的情况下，要求以必须为他人谋取不正当利益为前提。（2）为他人谋取利益，既可以是行为也可以是承诺，既包括明示也包括暗示。

三、评析意见

李某某构成受贿罪和滥用职权罪。

理由一：当前学界已将受贿罪侵犯的法益重新定义为“职务行为的不可收买性”。根据此观点，即使行为人收受他人财物后，依然依法履行职务，但也侵犯了职务行为不可收买的法益，构成受贿罪。

理由二：当前司法实践中，行、受贿双方往往存在以“沉默”（意思明知的情况下不作出具体的意思表示）方式行贿的“默契”，以防止技术证据的产生，这本身是一种掩饰手段而已，并不能改变受贿行为的本质，不能从根本上影响受贿罪的成立和认定。

理由三：最新通过的最高人民法院、最高人民检察院《关于办理贪污贿赂刑事案件适用法律若干问题的解释》（以下简称《解释》）对于披着“年节期间收礼”的外衣，打着“感情投资”的幌子，实则进行行受贿犯罪的事实给予了正面回应。上述《解释》中明确指出，国家机关工作人员索取、收受具有上下级关系的下属或者具有行政管理关系的被管理人员的财物，价值3万元以上，可能影响职权行使的，视为承诺为他人谋取利益，应当以受贿犯罪定罪处罚。在本案中，身为国家工作人员的李某某在逢年过节期间，多次收受具有其行政管理关系的相关土地开发整理项目承包人唐某某等人财物，且数额已远超3万元，其行为构成受贿罪无疑。

（河北省唐山市曹妃甸区人民检察院　李树胜）

案例 18：公款私存获取利息的行为应当如何定性

一、基本案情

犯罪嫌疑人张某、许某在任某村村委会主任、村党支部书记期间，利用职务上的便利，于 2015 年 7 月 15 日将政府支付给该村的征地补偿款 800 万元存入张某个人银行账户购买银行理财产品，9 月 15 日获取利息 6.2 万元，二人私分。

二、分歧意见

第一种意见认为，犯罪嫌疑人的行为构成挪用公款罪，理由是：最高人民法院《关于审理挪用公款案件具体应用法律若干问题的解释》规定："挪用公款存入银行、用于集资、购买股票、国债等，属于挪用公款进行营利活动。所获取的利息、收益等违法所得，应当追缴，但不计入挪用公款的数额。"由此可见，犯罪嫌疑人公款私存所产生的利息数额是挪用公款用于营利活动的结果，犯罪嫌疑人的行为属于挪用公款进行营利活动。

第二种意见认为，犯罪嫌疑人的行为构成挪用公款罪和贪污罪，应当依照牵连犯的理论，择一重罪进行处罚。理由是：公款私存产生的利息应当属于公款。犯罪嫌疑人为了达到侵吞公款私存利息的目的，首先将公款挪出存入个人银行账户购买银行理财产品，即实施了挪用公款行为；之后将购买理财产品所获得的收益进行私分，即实施了贪污行为。犯罪嫌疑人所实施的行为符合牵连犯的三个特征：一是犯罪嫌疑人的犯罪目的具有唯一性，即侵吞公款私存利息；二是犯罪嫌疑人为了实现犯罪目的，实施了挪用与侵吞两个行为，即手段行为与目的行为，而且挪用行为和侵吞行为是在一个犯罪目的支配下而实施的两个行为，主观上和客观上都存在牵连性；三是手段行为和目的行为分别触犯了两个罪名，即挪用公款罪与贪污罪。所以，应当按照牵连犯的理论，对犯罪嫌疑人在挪用公款罪与贪污罪之间择一重罪处罚。

三、评析意见

笔者同意第一种意见，理由如下：

1. 犯罪嫌疑人的行为完全符合挪用公款罪的犯罪构成。犯罪嫌疑人属于全国人民代表大会常务委员会《关于〈中华人民共和国刑法〉第九十三条第二款的解释》所列举的“其他依照法律从事公务的人员”，符合国家工作人员职务犯罪的主体身份。犯罪嫌疑人擅自决定将公款存入个人银行账户认购理财产品，本质上属于利用公款谋取私利的行为，侵犯了公款的使用权和公务人员职务行为的廉洁性，符合《刑法》第384条“挪用公款数额较大、进行营利活动”的规定。

2. 犯罪嫌疑人的行为不构成贪污罪。根据刑法及相关司法解释，贪污罪侵害的对象是公共财物，这种财物一般是现实存在的、既得的利益，并没有规定将可期待性利益纳入公共财物的范围。本案中，犯罪嫌疑人的犯意在购买银行理财产品之前就已形成，犯罪行为从公款私存购买银行理财产品开始就已实施，理财产品能否获得收益以及获得多少收益尚不确定，如果说犯罪嫌疑人此时有贪污的犯意，那么分割的对象是什么？难道是犯罪嫌疑人意图贪污将来不确定的收益？本案中，犯罪嫌疑人主观上是想通过购买银行理财产品谋利，客体上侵犯的是公共财产的使用权而非所有权，客观上不是直接侵吞公共财产，而是通过购买银行理财产品形成收益之后再行侵占。

3. 犯罪嫌疑人的行为不构成牵连犯。牵连犯是指行为人实施数个具有牵连关系的犯罪行为，触犯数个罪名的犯罪形态。但是，本案中犯罪嫌疑人将公款私存认购银行理财的行为与侵占收益的行为是一个完整行为的两个阶段，是手段与目的和结果的关系，不是两个完全独立的行为，以挪用公款和贪污两种行为来定性，显然不妥。最高人民法院《关于审理挪用公款案件具体应用法律若干问题的解释》第2条第2款规定：“挪用公款进行营利活动，构成挪用公款罪，在案发前部分或者全部归还本息的，可以从轻处罚；情节轻微的，可以免除处罚。”可见，将挪用公款所生利息据为己有，在案发后没有归还的，只是一个量刑情节，对行为人侵吞公款所生利息不再另行评价。

（河北省唐山市路北区人民检察院　南克勤）

案例19：贪污罪与私分国有财产罪辨析

一、案情简介

甲、乙和丙系某事业单位员工。2005年5月，该单位设下级部门网络中心，任命甲为网络中心主任，主持全面工作，乙、丙为网络中心员工。全网络中心共甲乙丙三人，具有相对独立的管理权限。2006年10月，网络中心对外开放，并收取适当上网费，收费后上缴单位设备处，再由设备处上缴单位财务处。其间，因网络中心工作量增加，且其他科室有收费提成的情况，甲、乙和丙以网络中心名义向单位领导请示提成部分费用由网络中心支配。在尚未得到单位明确答复提成比例的情况下，乙向负责人甲建议将部分上网费先予以分发。甲即与乙、丙共谋，由甲决定将部分上网费以奖金的名义分发，乙负责记账，三人均在乙记录的账本上签字领钱。至2008年10月，甲、乙各分得人民币5万元，丙分得人民币4万元，以上共计所分人民币14万元。甲、乙、丙三人是否构成犯罪，若构成犯罪，构成何罪？

二、分歧意见

第一种意见认为，甲、乙、丙的行为不构成犯罪。主要理由有以下两点：一是乙等人在私分上网费前曾向单位领导进行请示，在单位领导没有明确表态且收费提成现象在该单位非常普遍的情况下，对该上网费的私分应当视为单位领导对其请示或者私分行为的默认，因此，该私分上网费行为由于得到了单位领导的授权，当然是合法的。二是从该行为的社会公正性来看，甲等人在网络中心的工作非常辛苦，工作时间长、长期加班，付出了辛勤的劳动，然而，作为对其辛勤劳动的回报，甲等并没有得到应当获得的奖金、加班费和工作补贴。因此，换一种角度讲，甲等对该财产的私分，在某种程度上是对他们长期辛勤劳动的补偿，而且这种补偿也是合理的，即在两年多的时间里，每人分得的数额也不超过5万元。因此，该私分行为具有正当性，而不能认为是犯罪。

第二种意见认为，甲等人构成贪污罪共犯。主要基于以下四点：一是甲等人作为国家事业单位的员工，符合贪污罪的主体要件；二是甲等人的行为在客观上造成国家财产曾一度被其占有，并给单位的声誉和正常活动带来了重大影响，符合贪污罪的客体要件；三是从甲等人的作案行为、事后对该财产的占有，其主观上都有侵吞国家财产的故意，符合贪污罪的主观要件；四是甲等人以窃取的方式侵吞国家财产的行为，符合贪污罪的客观要件。因此，根据我国犯罪认定以犯罪的四大构成要件为标准，甲等人的行为构成贪污罪已无可争议。

第三种意见认为，甲等人的行为构成私分国有资产罪。主要基于以下三点：一是甲等人在截留并私分这些财产时，都是以网络中心单位的名义并经过研究决定将该笔上网费私分给个人的，其行为符合私分国有资产罪的客观要件；二是甲等人对上网费的私分都是以员工具体参与网络中心工作量的大小进行平均计量分配，且将该分配办法和分配标准在网络中心予以公布，具有明显的公开性，并不符合贪污罪的秘密窃取性；三是在主观上，甲等人都一直认为所分得的财产都是自己应当分得的奖金、加班费或者奖金提成，并不认为该财产是非法的，否则也不会将该分得财产登记造册。因此，甲等人在主观上并不符合贪污罪的构成要件，而正好符合私分国有资产罪的构成要件。

三、评析意见

笔者同意第三种意见，理由如下：

根据我国《刑法》第 396 条第 1 款的规定，私分国有资产罪是指国家机关、国有公司、企业、事业单位、人民团体，违反国家规定，以单位名义将国有资产集体私分给个人，数额较大的行为。私分国有资产罪是 1997 年刑法修订中新设罪名之一。在此以前，这种私分国有资产行为是按照贪污罪处理的。在刑法新设私分国有资产罪以后，私分国有资产罪与共同贪污犯罪如何正确辨析，一直是司法实务中的难点。同时，鉴于我国在司法实务中实行罪刑法定原则，且犯罪的认定以我国现行刑法规定的四大犯罪构成要件为标准，因此，对私分国有资产罪与贪污罪的辨析，我们不妨结合犯罪构成的四大要件进行具体分析。

第一，在犯罪对象上，私分国有资产罪的犯罪对象是国有资产，贪污罪的犯罪对象是公共财物。公共财物的外延范围更大，不仅包括国有资产，而且还包括其他公共财产。

第二，在犯罪客观方面，私分国有资产一般在本单位是以公开的、表面合法的形式集体私分给个人，即以单位名义进行私分。所谓“以单位名义”，是指经单位领导、负责人或者单位决策机构集体研究决定或者是单位全体成员共同议定后，由单位统一组织进行私分。所谓“集体私分给个人”，是指将国有资产分配给单位的全体成员或者大多数成员，该“私分”具有一定的公开性。如果是少数人暗中进行分配，则应定贪污罪。同时，私分国有资产罪除了会采取一些措施对付有关部门的监督检查外，在其他方面一般不做什么手脚。而贪污往往采取侵吞、窃取、骗取或者其他手段秘密进行。

第三，在犯罪主体上，私分国有资产罪是单位犯罪，犯罪主体是国家机关、国有公司、企业、事业单位、人民团体；贪污罪的犯罪主体是自然人，具体来说，是指国家工作人员，以及受国家机关、国有公司、企业、事业单位、人民团体委托管理、经营国有财产的人员。

第四，在犯罪主观方面，在私分国有资产案件中，有些客观上参与私分国有资产的人员，在主观上并不明知自己取得的财物是非法的，他们只认为是单位发放的合法财物；而贪污案件的行为人在主观上对侵吞公共财物都是明知的，具有共同犯意联络。

第五，在刑事处罚上，私分国有资产罪虽然是单位犯罪，但处罚的是直接负责的主管人员和其他直接责任人员；贪污罪是个人犯罪，处罚的是参与贪污的行为人。

笔者认为，根据犯罪构成的四大要件来看，私分国有资产罪和贪污罪的主要不同之处在于犯罪的主体和犯罪的客观方面表现不同（二者在犯罪的客体和主观方面比较容易区分，这可从本文前面的分析中看出）。本案中，甲等人所在的网络中心性质为业务科室，虽隶属设备处，但具有相对独立的管理权限，即该网络中心具有相对的独立性，而且现行法律中并无私分国有资产罪的主体必须是法人单位的规定，根据我国罪刑法定和有关司法解释有利于被告人的原则，可以认定本案网络中心能够作为私分国有资产罪的适格主体。同时，从本案的犯罪客观方面看，甲等人的私分行为具有一定的公开性和集体性。首先，从网络中心上网费的截留和私分决定的形成上看，该截留和私分决定的形成都是由网络中心全体员工共同研究决定的，由网络中心统一组织进行私分的；其次，从本案截留和私分的名义上看，甲等人在截留和私分这些财产时，都是以本部门奖金提成的方式进行截留和私分的，并以员工具体参与网络中心工作量的大小进行平均计量分配；最后，从截留和私分的形式上看，从2003年3月到2004年10月，甲等人对上网费的截留和私分都作了详细的记载。换言之，本案应当被视为以登记造册的方式对网络中心的上网费进行私分的，具有明显的公开性。所以本案中，甲等人的行为在犯罪主体和犯罪客观方面上符合我国刑法关于私分国有资产罪的规定。因此，结合本文前面所述的甲等人在主观上一直认为其所分得的财产都是自己应当分得的奖金、加班费或者奖金提成，并不认为该财产是非法的（否则也不会将该分得财产登记造册），从而排除了非法占有单位财产的故意的分析，笔者认为，甲等人的行为不构成贪污罪，而是构成了私分国有资产罪。

（河北省玉田县人民检察院　刘宗德）

案例20：行贿中间人截留行贿款的行为该如何定性

一、基本案情

2014年5月，杨某的妻子孙某下岗后待业在家。杨某在与朋友赵某聊天的过程中得知其大学同学王某是某国有企业经理，便委托赵某请王某帮忙将孙某安排到该国企工作，并表示事成之后会给予王某感谢费，赵某答应了杨某的请求。同年6月，赵某找到王某，王某利用其职务上的便利，违反该公司自主招聘规定，将孙某安排到公司上班。杨某为表示对王某的感谢，将10万元现金交给赵某，请其转交王某。但赵某并未将杨某给钱的实际金额告诉王某，只给了王某8万元，剩余的2万元私自截留。

二、分歧意见

赵某在本案中实际担任的是受托人的角色，在整个行、受贿过程中他始终未曾介绍杨某与王某认识，且行贿行为是赵某单独完成，其行为已经超出了介绍贿赂的范畴。赵某在明知杨某欲向王某行贿的意图后帮助杨某完成了行贿的全过程，具有行贿的故意，一般认定为行贿罪。但是赵某在传递杨某送给王某感谢费的过程中，私自截留的2万元应该如何定性，分歧较大，主要有以下三种意见。

第一种意见认为，赵某的行为不构成犯罪，是民法上的不当得利。

第二种意见认为，赵某的行为构成诈骗罪。

第三种意见认为，赵某的行为构成侵占罪。

三、评析意见

民法上的不当得利是指无法律上的原因而受利益，致他人受损害的事实。

不当得利的事实发生后，依据法律规定，造成他人损失的一方，应将取得的不当得利返还受损失的人。不当得利之债是法律规定的债，不是因当事人之间约定产生的债。不当得利，实质上是财产的损益发生变动，一方当事人受损，另一方受益。而且这种损益变动没有合法根据，立法为了纠正这种没有合法依据的财产损益变动，规定受损害的人有权请求返还不当得利，受益人有义务返还不当得利。本案中的杨某委托赵某代为办理给予行贿款的行为，赵某在传递杨某送给王某行贿款的过程中，私自截留了2万元，赵某受益是基于共同行贿行为，并非无法律上的原因。无论是赵某将10万元全部给予王某，还是赵某截留了2万元，杨某都不是利益受损的一方，因为在杨某的主观上10万元就是用来作为妻子重新找到工作的感谢费，因此赵某的行为不成立不当得利。

诈骗罪主要指以非法占有为目的，用虚构事实或隐瞒真相的方法，骗取公私财物，数额较大的行为。侵占罪是指以非法占有为目的，将代为保管的他人财物，或者合法持有的他人遗忘物、埋藏物非法据为己有，数额较大，拒不退还的行为。侵占罪分为两种侵占行为：（1）将代为保管的他人财物非法据为己有，数额较大，拒不退还的行为。（2）将他人遗忘物、埋藏物非法占为己有，数额较大，拒不退还的行为。

诈骗罪和“保管型”侵占罪有以下不同之处：

第一，二者的犯罪客观方面不同。诈骗罪行为最突出的特点，就是行为人通过虚构事实或隐瞒真相的方式使被害人在认识上产生错觉，以致“自觉地”将自己所有或持有的财物交付给行为人或放弃自己的所有权，或者免除行为人交还财物的义务。“保管型”侵占罪的被侵占方在交付财物时认识上并没有产生错觉，而是主动委托侵占人持有自己的财物，对财物只是暂时失去控制。

第二，非法占有的目的产生的时间不同。诈骗罪一般是先产生非法占有的目的，后取得他人财物；“保管型”侵占罪则是先占有他人财物，后产生非法占有的目的。

本案中，赵某在拿到10万元现金时，并未采用欺骗的手段，赵某取得了10万元的合法持有权后产生了非法占有的犯罪故意，其虚构事实、隐瞒真相的行为只是意图非法占有持有财物的一种外在表现，符合侵占罪的犯罪构成。

综上所述，赵某在与他人共同行贿过程中，私自截留钱款构成行贿罪、侵占罪，应数罪并罚。

（河北省迁安市人民检察院　孙　凯）

案例21：行贿罪共犯与介绍贿赂罪之区分

一、基本案情

某高校在2008年春季招生期间，吴一、孙二、张三、李四、王五想到该学校上学，但该五人不符合招生条件，李四听说其朋友张某（男，系该校的毕业生，现早已参加工作）与学校负责招生的领导关系很好，于是五人找到了张某，请张某帮忙办理上学事宜。张某同意帮忙，并联系了负责招生的校领导李某，向李某允诺每办妥一个学生上学事宜就给其1万元好处费。李某同意给予办理。张某于是收了以上五人每人1.5万元作为办理上学一事的好处费，并送给李某5万元后，吴一、孙二、张三、李四、王五都顺利被招录入学。

二、分歧意见

本案中，张某的行为该如何定性？有以下三种意见：

第一种意见认为，张某构成行贿罪。行贿罪的责任形式是故意，即行为人为了获取不正当利益，明知自己给予国家工作人员以财务的行为侵害了国家工作人员职务行为的不可收买性，并希望或放任这种结果的发生。根据最高人民法院、最高人民检察院1999年3月4日颁布的《关于在办理受贿犯罪大要案的同时要严肃查处严重行贿犯罪分子的通知》的规定，“不正当利益”是指违反法律、法规、国家政策和国务院各部门规章的利益。张某利用李某职务上的便利，使五名不符合招生条件的学生被招录，给予国家工作人员财物，属于为了谋取不正当利益的行为，因此，张某应与吴一、孙二、张三、李四、王五一起构成共同行贿罪。

第二种意见认为，张某构成受贿罪。受贿罪是指国家工作人员利用职务上的便利，索取他人财物或者非法收受他人财物为他人谋取利益的行为。受贿罪属于身份犯，犯罪主体是国家工作人员。同时，根据最高人民法院、最高人民检察院2008年11月20日《关于办理商业贿赂刑事案件适用法律若干问题的意见》第 11 条规定，非国家工作人员与国家工作人员通谋，共同收受他人财物的，构成共同犯罪，并应根据双方利用职务便利的具体情形分别定罪追究刑事责任。在本案中，张某与李某商量，由张某收受吴一、孙二、张三、李四、王五的财物，并利用李某职务上的便利，为该五人谋取了不正当利益，使该五人在不符合招生条件的情况下被招录，虽然张某不是国家工作人员，系一般主体，但是李某系国家工作人员，两人属于共同犯罪，故可构成共同受贿罪。

第三种意见认为，张某构成介绍贿赂罪。介绍贿赂罪是指向国家工作人员介绍贿赂，情节严重的行为。一般认为，介绍贿赂罪的构成要件应是在行贿人与国家工作人员之间进行引荐、沟通、撮合，促使行贿和受贿得以实现。张某受吴一、孙二、张三、李四、王五这五个行贿人之托，与校领导李某进行沟通，疏通行贿渠道，为行贿人转交贿赂的财物，属于向国家工作人员介绍贿赂的行为，是典型的介绍贿赂罪。

三、评析意见

笔者同意第一种意见。理由如下：

在该案中，张某是受吴一等五人之托，为了让不具备招生条件的五人被招录，从而联系了负责招生的校领导李某，并主动允诺招一个人给 1 万元的好处费，并且张某收了五人每人 1.5 万元的事实，对此李某也不知道，很显然，张某与李某之间没有共同的收受或索取贿赂的故意。共同犯罪的主要条件是犯罪人之间具有共同的犯罪故意，由于张某和李某之间没有共同的受贿故意，因此首先可以排除张某构成受贿罪共犯这一意见。

张某同李某联系后，说明了五人的情况后，李某同意给予办理从而疏通了行贿渠道，张某收了五人每人 1.5 万元之后给李某送了 5 万元，从中截取了 2.5 万元的好处。从张某的行为看，张某实施了为谋取不正当利益即让不具备招生条件的五人被招录，给予国家工作人员李某送了 5 万元好处费的行贿行为；但同时张某也实施了受吴一等五人之托，同国家工作人员进行联系、沟通、疏通行贿渠道，转达行贿信息，为行贿人转交贿赂财物 5 万元的介绍贿赂行为，因而从一般的犯罪构成上很难区分张某是构成行贿罪还是介绍贿赂罪。

在司法实践中，由于介绍贿赂罪的行为人是在行贿者与受贿者之间进行介绍贿赂行为实质上就是行、受贿的帮助行为，但是立法将其独立，成为行、受贿帮助行为的特殊形态，因此说，哪些介绍贿赂行为应当从行贿或者受贿罪的共犯中独立出来一直是一个难点。笔者认为，如果符合介绍贿赂罪的构成要件，则应考虑到特别法优先原则，认定介绍贿赂罪而非行贿或者受贿罪的共犯。对于介绍贿赂与共同行贿、受贿的行为，可以从以下几个方面加以区分：

首先，主观上行贿罪、受贿罪的共犯认识到自己的行为是在帮助行贿一方或受贿一方，因而其行为主要是为一方服务，行贿共犯在主观上有共同谋取与己方密切相关的不正当利益之目的，对不正当利益的实现是有强烈希望的直接故意；受贿共犯主观上则是为了利用己方职务行为换取贿赂款物，其主观上也是希望其职务行为与贿赂款物之间的交易能够实现；而介绍贿赂行为人认识到自己是处于第三者的地位介绍贿赂，其行为主要是促成双方的行为内容得以实现。所以说，介绍贿赂的行为人与行受贿方所谋取的利益通常没有直接利害关系，其主观上是为了获取中介费用、人情等与贿赂款物不同的利益，因此也不具有与行受贿人共同的犯罪故意。

其次，“利益主体”不同，行贿、受贿罪的共犯依附于行贿、受贿罪，不能独立存在。也就是说，行为人的利益实现必须以行、受贿人直接利益的实现为必要前提。因此，行为人主观上认识到必须先使行受贿得以成功其才能谋取到利益，对于行受贿持有希望实现的直接故意，行为人与行受贿方达成共同的利益需求，该利益是不独立的；而介绍贿赂罪的主体是不依赖于受贿或行贿方的第三者，是单独的利益主体。也就是说，行为人本身利益的实现不以行受贿人利益的实现为直接必要前提，哪怕行贿人无法获取不正当利益或者受贿人未能实际利用职务便利为行贿人谋利的，均不影响中间人利益的实现，即行贿人所谋取的“不正当利益”实现与否及受贿人是否收受贿赂款均不直接影响行为人本身的利益，其可构成单独利益主体。

最后，在获取的实际利益上，行贿方获取的是通过国家工作人员职务行为实现的物质或非物质利益，该利益与职务行为密切相关的，是实际的利益；受贿方获取的则是行贿方给予的作为其职务行为直接对价的贿赂款物；而有偿介绍贿赂的行为人获取的往往是中介费用、劳务报酬，是其中介行为的有偿报酬，与行贿方获取的是实际利益不同，与受贿方的职务行为也关系不大。换句话说，行贿人能否获得该不正当利益或者受贿人能否获得贿赂款物与介绍贿赂人均不切身相关，介绍贿赂人实际获取的利益就是行贿方或受贿方支付的中介费用。

在本案中，笔者认为，应对张某本人的利益是如何实现进行分析，从而区分利益主体的性质，因为行受贿的共犯要依附于行受贿，而介绍贿赂的主体是不依赖于受贿或行贿的第三者，是单独的利益主体。本案中的吴一等五名请托人将全部的贿赂款物交由行为人张某处理，只要谋取到其想要的利益即能够入学，对张某是否将款物送出或自己占有均无所谓，而作为张某来讲，只要能够帮助五名请托人谋取到“不正当利益”即不具备招生条件而被招录，张某就能获取到一定的经济利益（从中获得2.5万元好处），此时行为人张某对于行贿持有希望实现的直接故意，从而与请托人吴一等五人达成共同的利益需求，张某本人的利益不能认为是独立的利益，因此，张某的行为应排除介绍贿赂罪，应当认定为行贿罪共犯。

（河北省唐山市人民检察院　王海东；
河北省唐山市路北区人民检察院　封景刚）

案例22：中间人私自截留行贿款的行为如何定性

一、基本案情

裴某某为某医院麻醉科主任，2013年，裴某某向某医院院长的甲某行贿10万元。

2012年底，杨某委托裴某某为其女儿杨小某找工作，后裴某某找到时任医院院长甲某帮忙。杨某按裴某某授意筹措现金8万元交给裴某某，之后裴某某将其中5万元给予甲某，将其余3万元私自截留，据为己有。甲某在收受杨某经裴某某给予的5万元后，在2013年1月将杨小某安排在医院工作。2012年底，王某甲委托王某乙为其子王小某找人安排工作，后王某乙找到裴某某帮忙。裴某某受王某乙委托后，找到甲某帮忙为王某甲之子王小某安排工作。王某甲按照裴某某授意出资8万元交给裴某某后，裴某某将其中5万元给予甲某，将其余3万元私自截留，据为己有。甲某在收受王某甲经裴某某给予的5万元贿赂后，在2013年1月将王小某安排在医院工作。

二、分歧意见

对裴某某私自截留行贿款的行为如何定性，有三种不同的意见。

第一种意见认为，裴某某的行为构成受贿罪。理由是：裴某某作为国家工作人员，非法收受杨某、王某甲共16万元现金（各自8万元，共16万元，其中6万元私自截留，10万元交由甲某），利用其作为医院麻醉科主任所形成的便利条件，影响甲某在医院人事管理活动中，违反自主招聘规定，将杨小某、王小某安排到医院工作，其行为构成受贿罪。

第二种意见认为，裴某某的行为构成诈骗罪。理由是：杨某、王某甲委托裴某某转交行贿款共16万元（二人各自8万元，共16万元），裴某某虽口头允诺帮忙转交，却将其中6万元私自截留，据为己有，仅将其余10万元送给了被告人甲某。裴某某在主观上有欺诈的故意，客观上实施了骗取钱财的行为，构成诈骗罪。

第三种意见认为，裴某某的行为构成行贿罪。理由是：裴某某通过非正常手段为请托人子女安排工作，主要站在请托人（行贿者）的立场促成行贿的实现，给予国家工作人员甲某钱财，裴某某与杨某、王某甲共同构成行贿罪。

三、评析意见

（一）裴某某的行为符合行贿罪的犯罪构成

我国《刑法》第389条规定："为谋取不正当利益，给予国家工作人员财物的，是行贿罪。"可知，"为谋取不正当利益"是行贿犯罪的构成要件，其行为侵害了国家工作人员职务行为的不可收买性。本案中，裴某某为谋取不正当利益，在医院人事管理活动中，促使甲某违反医院自主招聘规定，将杨小某、王小某安排到医院工作，杨某、王某甲为表示感谢分别出资8万元，共16万元，裴某某将其中6万元私自截留，据为己有，将其余10万元送给了甲某。笔者认为，中间人裴某某转交行贿款的行为实质上分别与行贿人杨某、王某甲构成了行贿罪的共犯，彼此认识到了相互之间的行为事实及社会危害结果，并希望积极促成结果发生，同时在这种犯意的支配下，他们实施了相互联系、彼此配合的犯罪行为，合力促成了不当利益意图的实现。综上所述，裴某某的行为构成了行贿罪。对于其中私自截留的6万元行贿款，是一种基于不法原因的非法获利行为，属于非法所得、犯罪赃款，行贿人杨某、王某甲对该财物不能通过主张不当得利返还，司法机关应依法予以没收。

（二）裴某某的行为不符合受贿罪的犯罪构成

受贿罪中，要求国家工作人员利用职务上的便利条件或者利用本人职权或者地位形成的便利条件，为他人谋取不正当利益。笔者认为，受贿罪的本质特征是权与利的不法交易性，"利用职务上的便利"的理解，应结合受贿罪的这一本质特征展开，即受贿人所具有的"职务上的便利"是能够在不法交易中换利，因此，受贿人的职务行为势必与行贿人的利益之间有某种制约关系，即可以制约行贿人的利益。基于《全国法院审理经济犯罪案件工作座谈会纪要》的相关规定，这种制约应包括直接制约和间接制约两种情况：直接制约即国家工作人员的职务可以直接制约请托人的利益；而间接制约即甲国家工作人员的职务可以制约乙国家工作人员的利益，在这种情况下，请托人的利益与甲国家工作人员之职务关系，就是间接制约关系。本案中，裴某某作为医院麻醉科主任，找到院长甲某帮忙，安排杨小某、王小某到某医院工作，其所利用的仅仅是工作中产生的一些方便（相对于其他人而言，与甲某有交往或更熟悉），与职务无关。所以，裴某某的行为并不是利用自身职务上的便利或者其职权或者地位形成的便利条件。同时，杨小某、王小某所得利益，也并非受制于裴某某的职务，裴某某仅仅是作为二者的利益代言人，起到的是一个转达信息、输送利益的作用，杨某、王某甲二者利益需求实现与否完全取决于甲某，综上所述，裴某某的行为不构成受贿罪。

（三）裴某某的行为不符合诈骗罪的犯罪构成

《刑法》第266条规定，“诈骗罪是指以非法占有为目的，采用虚构事实、隐瞒真相的方法骗取他人财物，数额较大的行为”。诈骗罪表现为一个过程，其行为方式表现为：行为人以非法占有为目的而实施欺诈行为——致使对方产生错误认识——对方基于错误认识而处分财产——行为人取得财产——被害人财产权受到损害。由此观之，诈骗罪是基于被害人有瑕疵的意思表示使实施诈骗行为人取得财产，判断诈骗罪的关键是看受骗人是否基于认识错误而处分财产。如果受骗者没有因受到行为人的欺骗而产生错误的认识，而是基于内心真实的意思表示，自愿的交付财物，则不应认定为诈骗罪。本案中，杨某、王某甲将16万元（各自8万元）钱交由裴某某，是经过双方合意后内心真实的意思表示，是真实自愿的交付财物、处分财产，不存在意思表示瑕疵。杨某、王某甲主观上没有陷入错误认识，对于杨某、王某甲二人交付裴某某各8万元（共16万元，而裴某某私吞6万）的差额部分，杨某、王某甲事实上是有将各自8万元放权给裴某某处分的意思，只要达到安排工作的目的，至于裴某某真实行贿的数额是多少，杨某、王某甲是在所不问的。事实上杨某、王某甲用金钱换来了其所期待的、等价的利益，没有所谓的使财产受到损害，从另一个角度说这是一种不法交易。综上所述，裴某某的行为不构成诈骗罪。

（河北省迁安市人民检察院　张平玮）

案例23：中间人私自截留行贿款之定性研究

一、基本案情

案例1：王某，国家工作人员；张某，某建筑工程公司项目部经理，系王某同学。王某利用自身的关系介绍张某给时任某局局长的吴某认识，并希望吴某为张某承建该局的办公楼工程提供便利，给予关照，表示事成后张某会给予吴某感谢费。在吴某的照顾下，张某顺利拿到工程。开工后，张某将10万元感谢费交给王某，请其转交吴某。但王某并未将张某给钱的实际金额告诉吴某，只转交给吴某7万元，将另外3万元私自截留。

案例2：杨某，某市某医院普通职工。2010年底，王某委托杨某为其女儿小王找工作，后杨某找到时任该医院院长的郭某帮忙。经过合意，王某按照杨某授意筹措现金8万元，并交由杨某转交给郭某。之后杨某将其中5万元给予该医院院长郭某，将其余3万元私自截留，据为己有。郭某在收受5万元后，在2011年6月将小王安排在自己所任职的医院工作。

二、分歧意见

对于中间人私自截留行贿款的行为如何定性，有三种不同的意见。

第一种意见认为，构成受贿罪。理由是：根据《刑法》第388条规定："国家工作人员利用本人职权或者地位形成的便利条件，通过其他国家工作人员职务上的行为，为请托人谋取不正当利益，索取请托人财物或者收受请托人财物的，以受贿罪论处。"作为国家工作人员，非法收受他人现金，并利用职务所形成的便利条件，影响建筑工程正常的发包程序，为他人谋取不正当利益，其行为构成受贿罪。

第二种意见认为，构成诈骗罪。理由是：根据《刑法》第266条的规定："诈骗罪是指以不法占有为目的，采用虚构事实或者隐瞒真相的方法，骗取数额较大的公私财物的行为。"中间人口头答应帮忙，事实却将部分款项据为己有，其以不法占有为目的，主观上有欺诈的故意，客观上实施了骗取钱财的行为，构成诈骗罪。

第三种意见认为，构成行贿罪。理由是：根据《刑法》第389条规定："为谋取不正当利益，给予国家工作人员以财物的，是行贿罪。"中间人通过非正常手段为请托人谋取利益，主要站在行贿者的立场促成行贿的实现，给予国家工作人员钱财，所以中间人和行贿人共同构成行贿罪。

三、评析意见

笔者不同意受贿说，也不同意诈骗说。对此类案件的正确处理，笔者试从以下几个方面对几种观点分别进行评析。

（一）中间人私自截留行贿款的行为符合行贿罪的犯罪构成

我国《刑法》第389条规定："为谋取不正当利益，给予国家工作人员财物的，是行贿罪。"可知，"为谋取不正当利益"是行贿犯罪的构成要件，其行为侵害了国家工作人员职务行为的不可收买性。案例2中，行贿人为谋取不正当利益，在某医院人事管理活动中，促使郭某违反医院自主招聘规定，将小王安排到医院工作，王某为表示感谢出资8万元，杨某将其中3万元私自截留，据为己有，将其余5万元送给了时任该医院院长的郭某。笔者认为，中间人杨某转交行贿款的行为实质上与行贿人王某构成了行贿罪的共犯，彼此认识到了相互之间的行为事实及社会危害结果，并且积极促成结果发生，同时在这种犯意的支配下，他们实施了相互联系、彼此配合的犯罪行为，合力促成了不当利益意图的实现。所以，中间人的行为构成了行贿罪。对于其中私自截留的3万元行贿款，是一种基于不法原因的非法获利行为，属于非法所得、犯罪赃款，行贿人王某对该财物不能通过主张不当得利返回，司法机关应依法予以没收。

（二）中间人私自截留行贿款的行为不符合受贿罪的犯罪构成

受贿罪中，要求国家工作人员利用职务上的便利条件或者利用本人职权或者地位形成的便利条件，为他人谋取不正当利益。笔者认为，受贿罪的本质特征是权与利的不法交易性，"利用职务上的便利"的理解，应结合受贿罪的这一本质特征展开，即受贿人所具有的"职务上的便利"是能够在不法交易中换利，因此，受贿人的职务行为势必与行贿人的利益之间有某种制约关系，即可以制约行贿人的利益。基于《全国法院审理经济犯罪案件工作座谈会纪要》的相关规定，这种制约应包括直接制约和间接制约两种情况：直接制约即国家工作人员的职务可以直接制约行贿人的利益；而间接制约即甲国家工作人员的职务可以制约乙国家工作人员的利益，在这种情况下，行贿人的利益与甲国家工作人员之职务关系，就是间接制约关系。上述案例中，中间人其所利用的仅仅是工作中产生的一些方便（相对于其他人而言，与领导有交往或更熟悉），与职务无关。所以中间人的行为并不是利用自身职务上的便利或者其职权或者地位形成的便利条件。同时行贿人所得利益，也并非受制于中间人的职务，中间人仅仅是作为二者的利益代言人，起到的是一个转达信息、输送利益的作用，行贿人利益需求实现与否完全取决于局长吴某、院长郭某，综上中间人私自截留行贿款的行为不构成受贿罪。

（三）中间人私自截留行贿款的行为不符合诈骗罪的犯罪构成

《刑法》第266条规定，“诈骗罪是指以非法占有为目的，采用虚构事实、隐瞒真相的方法骗取他人财物，数额较大的行为。”诈骗罪表现为一个过程，其行为方式表现为：行为人以非法占有为目的而实施欺诈行为——致使对方产生错误认识——对方基于错误认识而处分财产——行为人取得财产——被害人财产权受到损害。由此观之，诈骗罪是基于被害人有瑕疵的意思表示使实施诈骗行为人取得财产，判断诈骗罪的关键是看受骗人是否基于认识错误而处分财产。如果受骗者没有因受到行为人的欺骗而产生错误的认识，而是基于内心真实的意思表示，自愿地交付财物，则不应认定为诈骗罪。上述案例中，行贿人将钱交由中间人，是经过双方合意后内心真实的意思表示，是真实自愿地交付财物、处分财产，不存在意思表示瑕疵。行贿人主观上没有陷入错误认识，对于行贿人交付中间人的差额部分，行贿人事实上是有将钱放权给中间人处分的意思，只要达到行贿人的目的，至于中间人真实行贿的数额是多少，行贿人是在所不问的。事实上行贿人用金钱换来了其所期待的、等价的利益，没有所谓的使财产受到损害，从另一个角度说这是一种不法交易。综上所述，中间人私自截留行贿款的行为不构成诈骗罪。

综上所述，行贿人为了达到行贿而将行贿款转交中间人并委托其转交，中间人将委托转交的行贿款全部或者部分予以侵占的行为，不构成受贿罪，因为中间人的行为并不是利用自身职务上的便利或者其职权、地位形成的便利条件，仅仅是利用工作中产生的一些方便。同时行贿人所得利益，也并非受制于中间人的职务，中间人仅仅起到的是一个转达信息、输送利益的作用。中间人的行为也不构成诈骗罪，因为行贿人和中间人的行为是经过双方合意后内心真实的意思表示，是真实自愿地交付财物、处分财产，事实上行贿人用金钱换来了其所期待的、等价的利益，没有所谓的使财产受到损害。但是，中间人转交行贿款并私自截留全部或部分的行为构成了行贿罪的共犯，其侵占的行贿款是行贿犯罪的工具性赃物，应作为违法财物予以没收。

（河北省迁安市人民检察院　陆爱东　丁莉颉）

刑法分则适用

二、侵犯公民人身、民主权利犯罪

案例24：转化型抢劫罪中的“抗拒抓捕”条件分析

一、基本案情

犯罪嫌疑人安某曾多次抢夺骑单车的单身女性的项链等贵重物品，窦某为安某抢夺犯罪的被害人之一。2010年6月1日，犯罪嫌疑人安某在寻找作案目标过程中，正遇窦某，窦某当即认出安某为在一个月前抢其项链（价值3000余元）的男子。窦某遂电话联系其丈夫张某，告知张某帮助抓安某。张某与朋友王某赶到现场。安某见有人抓捕自己，立即逃跑，在逃跑过程中，其从集市地摊上拿起一把菜刀反抗张某、王某二人的抓捕，致张某轻伤。之后，安某持刀继续逃跑，遇一名推自行车的中年妇女李某。安某抢拽李某自行车，遭李某奋力反抗，安某继续逃跑。后安某持刀闯进路边一户人家（该户家中无人），将停放在院内的一辆面包车（经鉴定，价值18000元）开走，逃离现场。之后，安某将此车弃置他处。当日，民警在安某家中将其抓获。

二、分歧意见

对安某构成犯罪没有异议，但对安某应当以何罪定罪量刑，存在争议。

第一种意见认为，安某的行为应当以抢劫罪一罪定罪。安某在抢夺窦某的项链后，且当时安某是在寻找抢夺作案的目标时被窦某发现，当遭到张某、王某等人抓捕时，为了抗拒抓捕，实施了一系列的反抗行为，持刀将张某致成轻伤，又劫取李某自行车，最后抢走面包车，这一系列的反抗行为均是针对抓捕行为产生的。完全符合《刑法》第269条规定，应当以转化型抢劫罪处罚。

第二种意见认为，安某的行为应当以抢夺罪、故意伤害罪、抢劫罪定罪量刑。安某抢夺窦某项链的行为发生在一个月前，抢夺犯罪已经完成，应当对抢夺窦某项链的行为单独定罪量刑。虽然当天安某是在寻找作案目标，但因未找到作案目标且被张某、王某抓捕，未能实施抢夺犯罪，对寻找作案目标的行为只能认定为抢夺预备行为，此时安某并不构成刑事犯罪，张某、王某对其进行抓捕，安某反抗也就不能构成转化型抢劫罪。安某致张某轻伤，只能以故意伤害罪定罪。但安某持刀抢李某自行车的行为完全符合抢劫罪的构成要件，安某持刀闯入住宅开走面包车的行为，是在抢劫自行车行为发生后，是为抗拒抓捕，开走面包车的行为属于抢劫行为的延续，也应当将面包车的价值计入抢劫数额内。

第三种意见认为，安某的行为应当以抢夺罪、故意伤害罪、抢劫罪、盗窃罪定罪量刑。安某抢夺窦某的项链，虽已事隔一个月，但不影响其构成抢夺罪，抢夺窦某的项链行为应当以抢夺罪定罪量刑。安某再次预谋抢夺作案时被窦某发现，张某、王某对安某抓捕，安某持刀致张某轻伤，其属于故意伤害致人轻伤，应当以故意伤害罪定罪量刑。安某持刀抢夺李某的自行车，属于携带凶器抢夺，应当以抢劫罪定罪。安某持刀闯入一户人家中开走面包车，因当时家中没有人，应属于秘密窃取，所以应当定盗窃罪。

三、评析意见

笔者同意第三种意见，安某的行为应当以抢夺罪、故意伤害罪、抢劫罪、盗窃罪定罪量刑。

首先，安某抢夺窦某的项链，其行为完全符合抢夺罪的构成要件，安某的抢夺行为已经构成犯罪。2011 年 6 月 1 日，安某只是在寻找作案目标，其没有真正实施犯罪行为，仅存在抢夺犯意，因窦某等人的指认抓捕而停止，未实施任何具体抢夺行为，属于犯罪预备阶段，此时安某的行为只能以抢夺罪预备犯处罚，但抢夺犯罪又属行为与结果双重犯，且抢夺犯罪属于轻微刑事犯罪，对预备阶段不应定罪量刑，因此安某寻找作案目标的行为，不应按犯罪处理。

其次，本案中安某在逃跑过程中抗拒张某、王某二人抓捕而持刀伤害张某，致张某轻伤。此时的安某并未劫取财物，虽有致人轻伤的危害后果，但其并非在实施盗窃、抢夺、诈骗犯罪后，为抗拒抓捕而当场使用暴力，不符合转化型抢劫罪的构成要件，其致张某轻伤的行为，只能以故意伤害罪定罪量刑。

再次，安某持刀抢劫李某自行车，因李某的反抗而没有得逞。此时安某持刀夺取他人财物，因李某奋力反抗，安某未能得逞。此时安某的行为表面上符合《刑法》第 263 条规定的抢劫罪的构成要件，但应当看到安某在抢自行车时，只是抢拽了几下，因张某、王某在后紧追，李某又奋力保护自己的自行车，安某也只能再次徒步逃跑。此时安某的行为应当以《刑法》第 239 条的规定定罪，属于携带凶器抢夺，应定转化型抢劫，但属于抢劫未遂。

最后，安某闯入路边一户人家，开走此户院内的一辆面包车，虽然整个作案过程均有张某、王某等人目睹，但是面包车主人并不知情，安某在被害人不知情的情况下开走其面包车，符合盗窃罪规定的秘密窃取公私财物，开走面包车的行为应当以盗窃罪定罪量刑。

综上所述，安某的行为分别构成抢夺罪、故意伤害罪、抢劫罪（未遂）、盗窃罪，应当依据《刑法》第69条的规定，对其数罪并罚。

（河北省玉田县人民检察院　牛　娜）

案例25：故意伤害案中证据认定引发的争议

一、基本案情

韩某（女，182斤，60岁）和曹某（女，100斤，59岁）因两家老宅基地走路问题多次发生纠纷，经村委会调解一直没能解决，积怨很深。2014年12月5日7时许，在韩某家北口水泥路上（平坦），韩某与曹某因老宅基地走路问题再次发生争吵，并发展成动手，“110”出警后，经询问韩某及其丈夫范某称韩某和曹某互相推搡，曹某被韩某推倒后，起来将韩某仰面推倒，而曹某称韩某是在推她的时候反作用力自己仰面倒地的，现鉴定出韩某第一腰椎椎体压缩性骨折<1/3，损伤程度为轻伤二级。2015年5月27日，曹某被以故意伤害罪提请逮捕。

二、分歧意见

第一种观点认为，事实不清、证据不足，曹某不构成故意伤害罪，不应当逮捕。

第二种观点认为，曹某构成故意伤害罪应当逮捕。

第三种观点认为，曹某构成故意伤害罪，但没有社会危险性没有逮捕必要性。

三、评析意见

笔者同意第三种观点。

（一）审查逮捕证据审查判断的法则应用

证据的审查判断是指公安司法人员对收集到的各种证据材料，结合案件的具体情况，就其合法性、客观性、相关性、真实性和充分性等进行分析研究，以确定现有证据材料能否证明案件真实情况，进而就案件的事实作出判断的活动。证据的审查判断，既包括了对案内各个证据的个别审查，又包括了对全案的有效证据的综合判断。其主要的方法有矛盾法则、逻辑法则、经验法则。《关于办理死刑案件审查判断证据若干问题的规定》第5条规定："办理死刑案件，对被告人犯罪事实的认定，必须达到证据确实、充分……（三）证据与证据之间、证据与案件事实之间不存在矛盾或者矛盾得以合理排除……（五）根据证据认定案件事实的过程符合逻辑和经验规则，由证据得出的结论为唯一结论。"其中，"证据与证据之间、证据与案件事实之间不存在矛盾或者矛盾得以合理排除"是矛盾法则的规定；"根据证据认定案件事实的过程符合逻辑和经验规则，由证据得出的结论为唯一结论"是逻辑法则和经验法则的规定。此外，总结司法实践经验，审查逮捕证据审查判断还需要遵循的法则包括系统思维（或称系统法则）、印证法则、口供证明力法则和直觉判断。

该案中曹某辩解与韩某陈述、韩某丈夫证言相矛盾，曹某称韩某是在推她时自己不小心向后仰摔倒了，韩某和韩某丈夫证实曹某是在被推倒后，站起来将韩某推倒，韩某和韩某丈夫虽然供述一致但两人为夫妻，有利害关系，证明效力较弱，此情况就需要我们运用审查逮捕判断法则进行分析，韩某夫妇和曹某供述截然相反，需要根据其他证据逐个结合全案证据按照正常的逻辑思维、经验法则对三人所说进行分析，排除不合理证据，从而找出事情真相，而不是因为三人所说有矛盾就简单定义为事实不清、证据不足，只有依照证据标准经过审查判断后，确实无法排除合理怀疑的，才能认定为事实不清、证据不足。

1. 逻辑分析发生打架的地点地面应该平整，不是造成韩某伤情的诱因。曹某和韩某发生冲突的地点虽然在宅基地上，但是韩某夫妇经过特殊处理的水泥地面，也就是说地面比较平整，从逻辑分析上排除地面有石块，或坑洼地势，韩某受伤不应为地面原因造成。

2. 矛盾和逻辑分析曹某辩解缺乏合理性，应当排除。曹某和韩某发生冲突，韩某182斤，体重远重于100斤的曹某，两个体重相差很大的人发生互相推搡，体重重的人推搡体重轻的人一般即使推不倒对方，也不应该发生反作用力将自己仰面摔倒的情况，且当时地面光滑，没有异物，曹某所说情况发生的概率更是小之又小，因此确定曹某辩解不合常理、不符合逻辑，应当予以排除。

3. 印证、矛盾分析韩某夫妻所述有可信度。曹某和韩某两人确实发生冲突，并动手打架，但曹某所说不符合逻辑，而韩某夫妇所说和曹某相反，且两人说的曹某被推倒后，曹某起来推倒韩某的言词，符合正常逻辑，两人虽有利害关系，但根据矛盾、逻辑分析，两人言词符合常理，是胖人被瘦人推倒致伤的合理解释，有地面光滑对两人言词起到印证作用，因此韩某夫妇所述应当采纳，有可信度。

综上所述，可以认定曹某和韩某发生冲突时，两人互相推搡，曹某被韩某推倒后，起身将韩某推倒，致韩某第一腰椎椎体压缩性骨折 $<1/3$，损伤程度为轻伤二级。

（二）故意伤害的理解

《刑法》第234条规定故意伤害他人身体的，处三年以下有期徒刑、拘役或者管制。

1. 曹某可以为故意伤害罪的主体。曹某有刑事责任能力，年龄满18周岁，故意伤害罪为一般主体，即自然人，因此，曹某可以成为故意伤害罪的主体。

2. 曹某有故意伤害韩某的主观故意。该案曹某和韩某两人发生冲突，且彼此互相伤害，虽然可能是一时之气，没有多想给对方可能造成的损害程度，但曹某是成年人，且与韩某是多年邻居，明知韩某的年龄接近60岁，应当预见她推倒韩某的行为可能造成韩某身体伤害，但其被气愤冲昏了头脑，为解气主观上放任伤害韩某身体结果的发生，因此，曹某有故意伤害韩某的主观故意。

3. 曹某有故意伤害韩某的客观行为。该案中曹某和韩某发生冲突，并发展致动手，曹某虽然也被韩某殴打，但其推搡韩某的行为确实存在，且造成韩某轻伤二级损伤。

4. 曹某侵害了韩某的身体权。故意伤害罪侵犯的客体是他人的身体权。所谓身体权，是指自然人以保持其肢体、器官和其他组织的完整性为内容的人格权。曹某推搡韩某的行为造成韩某第一腰椎椎体压缩性骨折 $<1/3$，轻伤二级损伤，侵害了韩某的身体权。

（三）逮捕必要性的理解

逮捕条件由三方面组成，一是有证据证明有犯罪事实，即事实条件；二是可能判处徒刑以上刑罚，即刑罚条件；三是必要条件，即社会危险性条件，即采取取保候审尚不足以防止发生社会危险性。以上条件是一个有机的整体，只有同时具备，才能作出逮捕决定。

1. 该案中曹某有伤害韩某的事实行为。根据全案证据分析判断可以认定曹某推倒了韩某，造成韩某轻伤二级。

2. 曹某刑罚存在很大的不确定性。虽然逮捕条件之一是可能判处徒刑以上刑罚，不能以能否真正“判处徒刑以上刑罚”作为衡量逮捕质量的唯一标准，但是在审查逮捕中，要在证据审查判断的基础上提升前瞻性预断能力，保证有期徒刑以上刑罚的高概率。然该案为轻伤害案件，曹某和韩某之间的矛盾存在很大的可调解性，且法院在判决前一定会就民事赔偿确定数额，一旦曹某赔偿极有可能被判处缓刑，无法判处有期徒刑，造成批捕质量下降。

3. 曹某社会危险性不大。逮捕的必要条件为社会危险性，其主要包括三类：(1) 有重新犯罪的可能或者有可能妨碍刑事诉讼的，如实施新的犯罪；可能毁灭证据、伪造证据、干扰证人作证或者串供的；可能对被害人、举报人、控告人实施打击报复的；企图自杀或者逃跑的。(2) 可能判处10年有期徒刑以上刑罚。(3) 有犯罪前科或者身份不明的。

该案就社会危险性应综合考虑如下：(1) 曹某年龄较大，将近60岁，从体力上和精力上考虑她属于社会上的弱势群体，不存在社会危险性。(2) 曹某和韩某发生打架时，只有韩某夫妇和曹某在场，没有其他证人在场，且现场证据均被公安提取，曹某不存在干扰证人、串供、毁灭证据等可能。(3) 曹某为本地人口，常年扎根在唐山，丈夫、儿子等也是土生土长的唐山人，更不存在逃跑的可能。(4) 曹某为普通农妇，平常遵纪守法，没有前科。(5) 被曹某伤害的韩某损伤程度为轻伤二级，且韩某也有过错，韩某也对曹某动手打架，综合《刑法》第234条规定和案情考虑，曹某不属于重大暴力犯罪，刑罚不会太重，一定是三年以下有期徒刑刑罚，甚至可能是缓刑、拘役或管制，不可能构成十年以上有期徒刑刑罚，不属于应当逮捕的范畴。(6) 曹某和韩某系多年邻居，又有小纠纷，一旦逮捕曹某可能激化两家矛盾，诱发矛盾升级，将本可以缓和的邻里纠纷，变成不可调解的陈年积怨，不利于社会和谐稳定，因此妥善处理该伤害案的关键是积极劝导曹某认罪，以调解为基调，本着“不激化矛盾、和谐解决”的宗旨，着力于缓和两家矛盾，疏导曹、韩两人关系，让曹、韩两人认识自己的错误，自愿接受调解，从根本上化解矛盾。因此不逮捕曹某符合该案的案情，也符合检察院真正着力解决纠纷，减少犯罪的初衷。

（河北省唐山市路南区人民检察院　杨　阳）

案例26：过失致人死亡罪与故意杀人罪、故意伤害罪区分

一、基本案情

李某和张某为东西院的邻居。李某在自己家院内盖彩钢大棚，但这会影响张某家采光。张某和李某在多次争吵无果后，张某于2012年8月10日凌晨两点多，爬上两家共有的4米高的墙头，切割李某家大棚的钢架。李某闻声赶到，在要求张某下来未果后，遂用一木板拍打张某。因天黑光线差，张某在墙上站立不稳，从墙上摔倒在自家院内，因颅脑损伤，张某经医院抢救无效死亡。

二、分歧意见

对于李某的行为应如何认定，存在不同的观点：

第一种观点认为，李某的行为构成故意杀人罪。李某与张某的争端已久，李某在劝阻张某未果后，在愤怒的心态支配下，用木板拍打张某。墙头高4米，张某一旦落地，有死亡的危险。而李某在实施拍打行为时，可以预见到这一后果，但李某放任了这种死亡危害结果的发生，其心态属于故意杀人。

第二种观点认为，李某的行为构成故意伤害罪。李某明知站在其墙头上的是张某，而墙有4米高，一旦坠落很容易造成身体损害，但是李某为了阻止李某割其钢架，而采取用木板击打张某，李某主观上明知其行为会导致张某坠地受伤，客观上通过拍打行为，积极追求张某坠落的后果，符合故意伤害罪的主客观要件。而通过综合考虑张某站立时墙的高度等客观条件，应认定张某摔落之后头部坠地致死的结果并非在李某的预料之内，不应认为是故意杀人罪，而应认定为故意伤害致人死亡罪。

第三种观点认为，李某的行为构成过失致人死亡罪。李某拍打张某的真正目的在于让张某下来，从而停止对其财产的破坏，而采用拍打张某的方式只是

为这一目的所采取的手段。李某主观上既没有伤害张某的目的，更无杀害张某的目的，李某对张某重伤致死的结果应当预见而没有预见，应认定为过失致人死亡罪。

三、评析意见

笔者认为第二种观点是正确的，理由如下：

一是犯罪故意是指明知自己的行为会发生危害社会的结果，并且希望或者放任这种结果发生的心理状态。犯罪过失，是指行为人应当预见自己的行为可能发生危害社会的后果，因为疏忽大意而没有预见，或者已经预见而轻信能够避免，以致发生这种结果的一种心理态度。李某和张某的纠纷持续了一定的时间，尽管是凌晨，但是李某根据一个正常人的理性判断，应能辨别出正在切割大棚钢架的人正是自己的邻居张某。

二是李某主观上明知两家之间的院墙高 4 米左右，李某作为一个具有正常分析辨认和控制自己行为能力的成年人，应能判断出张某如果摔下，必然会造成一定程度上的身体损害，即李某内心存在对张某坠地将会受伤的“明知”。

三是客观行为上，李某为了一己的利益，不但未采取措施阻止危害结果的发生，而是用一木板拍打张某身体的暴力手段击打张某，反而致使张某坠地受伤，从而阻止了张某切割其大棚钢架的行为，一方面达到了保护自己财产的目的，另一方面也达到了其间接目的，致张某坠地，属于故意伤害中的直接故意。而张某的死亡结果，并不是李某追求的结果，属于以伤害故意导致死亡的扩大后果。

（河北省玉田县人民检察院　张绍平）

案例27：夫妻双方出卖亲生子女是否构罪

一、基本案情

被告人李某夫妇已有2个儿子，被告人李某在2014年其妻赵某再次怀孕期间，经检查确定第三胎仍为男婴后，向其妻提出待男婴出生后卖掉，后经二人商量，通过邵二某等人介绍，被告人李某在2014年5月将其妻所生育下的男婴以5万元的价格卖给邻村的邵一某。

二、分歧意见

第一种意见认为，李某夫妇不构成犯罪。理由是：本案中李某夫妇虽有出卖亲生儿子的行为并得款5万元，但他们并不是以谋利为目的，而是因为生活困难，迫于无奈；也没有实施我国《刑法》第240条规定的拐骗、绑架、收买、贩卖、接送、中转行为之一，他们出卖亲生儿子的行为不能完全等同于“出卖”，不能完全等同于那些以人为商品的人贩子。根据《全国法院维护农村稳定刑事审判工作座谈会纪要》中阐述：对于买卖至亲的案件，要区别对待。对那些迫于生活困难，受重男轻女思想影响而出卖亲生子女或收养子女的，可不作为犯罪处理。

第二种意见认为，李某夫妇应定遗弃罪。理由是：根据我国《收养法》第31条规定，出卖亲生子女的，可视为遗弃婴儿；依照《刑法》第261条，以遗弃罪追究其刑事责任。

第三种意见认为，李某构成拐卖儿童罪，妻子赵某不构成犯罪。理由是：李某以非法获利为目的，出卖亲生子女，其行为触犯了《刑法》第240条和最高人民法院、最高人民检察院、公安部、司法部《关于依法惩治拐卖妇女儿童犯罪的意见》（法发〔2010〕7号）第16条的规定，应当以拐卖妇女、儿童罪追究其刑事责任。赵某在出卖亲生子女活动中未提起犯意，未参与具体交易，作用较小，情节显著轻微，危害不大，根据最高人民法院、最高人民检察院、公安部、司法部《关于依法惩治拐卖妇女儿童犯罪的意见》（法发〔2010〕7号）第31条规定，可不作为犯罪处理。

三、评析意见

笔者赞同第三种意见。认定本案性质的关键是李某夫妇是否以非法获利为目的，综合考虑犯意提起、犯罪所起作用及社会效果，以及出卖亲生子女的目的是为了出卖还是拒绝承担抚养义务。

首先，我国《刑法》并没有明文规定出卖自己的亲生子女是否构成拐卖妇女、儿童罪。依据最高人民法院、最高人民检察院、公安部、司法部联合出台的《关于依法惩治拐卖妇女儿童犯罪的意见》第16条的规定，以非法获利为目的，出卖亲生子女的，应当以拐卖妇女、儿童罪论处。该意见第17条也明确规定，具有下列情形之一的，可以认定属于出卖亲生子女，应当以拐卖妇女、儿童罪论处：将生育作为非法获利手段，生育后即出卖子女的；明知对方不具有抚养目的或者根本不考虑对方是否具有抚养目的，为收取钱财将子女"送"给他人的；为收取明显不属于"营养费"、"感谢费"的巨额钱财，将子女"送"给他人。本案中，李某、赵某以非法获利为目的，在将孩子送养的同时收取5万元的巨额费用，明显超过"营养费"、"感谢费"的范畴，按照上述司法解释，应认定为拐卖妇女、儿童罪。但是根据最高人民法院、最高人民检察院、公安部、司法部《关于依法惩治拐卖妇女儿童犯罪的意见》（法发〔2010〕7号）第31条规定，多名家庭成员或者亲友共同参与出卖亲生子女，或者买人为妻、买人为子构成收买被拐卖的妇女、儿童罪的，一般应当在综合考虑犯意提起、各行为人在犯罪中所起作用等情节的基础上，依法追究其中罪责较重者的刑事责任。对于其他情节显著轻微危害不大，不认为是犯罪的，依法不追究刑事责任；必要时可以由公安机关予以行政处罚。赵某在出卖亲生子女活动中未提起犯意，未参与具体交易，作用较小，情节显著轻微，危害不大，可不作为犯罪处理。根据《刑事诉讼法》第173条第1款规定，对赵某作出不起诉决定。

其次，以"出卖"还是"拒绝承担抚养义务"为目的，是构成拐卖儿童罪与遗弃罪的关键区别。从目前法律、司法解释及有关部门出台的规范性文件看，将出卖亲生子女定性为拐卖儿童罪有"以出卖为目的"、"以营利为目的"及"以非法获利为目的"三个判断标准，但从实际情况看，三者不论是在文义上还是在学理上，差别都不甚明显，在实践中区别认定也存在很大的困难，而且会导致与立法本意相悖之情形。如行为人在出卖行为中并没有营利或者获利，那么即使其以出卖为目的将亲生子女卖给他人，也不能定拐卖儿童罪，这显然是与立法本意相悖的。故笔者认为直接以行为人是“以出卖为目的”还是“以拒绝承担抚养义务为目的”来区分判断出卖亲生子女行为的性质更为妥当和可行，只要行为人是以出卖为目的将亲生子女卖给他人，而不论其是否获利或者获利多少，都应以拐卖儿童罪来定罪处罚；而如果行为人并不是以出卖为目的，而是出于放弃、拒绝承担抚养义务的目的，则应以遗弃罪来定罪处罚。在本案中，李某夫妇迫于生活困难或者重男轻女的思想，私自将子女送给他人抚养，并收取大量“营养费”、“感谢费”，是出于出卖目的，其行为不属于民间送养，应以拐卖妇女、儿童罪论处。我国《刑法》第261条明确规定，遗弃罪是指对于年老、年幼、患病或者其他没有独立生活能力的人，负有扶养义务而拒绝扶养，情节恶劣的行为。本案中，李某夫妇并非消极不作为，而是通过熟人介绍积极地寻找买家，且其目的为非法牟利。因此，不符合该罪的构成要件，不构成遗弃罪。

综上所述，李某的行为构成拐卖儿童罪；赵某的行为不构成犯罪。

（河北省唐山市人民检察院　厉志红）

案例28：该案是故意杀人还是故意伤害

一、基本案情

2014年8月31日19时30分左右，正被妻子起诉离婚的犯罪嫌疑人宋某某驾驶黑色圣达菲越野车由西向东行驶至南堡开发区海裕步行街中段时，发现妻子侯某某与一男子在步行街对面，遂驾车驶向其附近并停靠在被害人侯某某旁边，让其站住。被害人侯某某与该男子见状立刻分头逃跑。被害人侯某某沿步行街向西跑，该男子沿步行街向东跑。被告人宋某某下车后步行追赶侯某某没有追上，后又返回所驾车辆，驾车沿步行街穿过街道向西继续追赶，车追至步行街西口一雕塑的台阶上，将被害人侯某某撞倒、碾压，被害人侯某某经抢救无效死亡。

二、分歧意见

该案是故意杀人还是故意伤害？

第一种意见认为，犯罪嫌疑人宋某某驾车直接撞击被害人的行为，应认定为故意杀人罪。

第二种意见认为，犯罪嫌疑人宋某某没有杀人的故意，应认定为故意伤害罪。

三、评析意见

在司法实践中，查明行为人主观故意的内容，对认定其行为的性质具有重要意义，但由于客观情况的复杂性和主观故意的隐蔽性，犯罪故意的内容有时并不是那么容易发现和认定的，需要对全案情节进行综合分析后定性。

笔者认为，犯罪嫌疑人宋某某构成故意杀人罪。理由是：（1）从案件的起因看，犯罪嫌疑人宋某某与其妻子侯某某的夫妻感情不好，且女方已起诉离婚，男方不同意离婚。案发当天犯罪嫌疑人宋某某看到被害人侯某某与一男子同行，其叫侯某某站住，而侯某某却见状逃跑，宋某某遂驾车追赶侯某某，可见当时犯罪嫌疑人宋某某是非常气愤的。（2）从使用的工具上看，虽然我们反对在犯罪故意的判断上的唯工具论，但是通过考察行为人使用何种犯罪工具，也能反映出行为人对其行为所产生的后果的心态，是推断行为人主观意志的一个前提条件。本案中，宋某某使用的犯罪工具是一辆越野车，当犯罪嫌疑人宋某某驾车追至步行街西口一雕塑的台阶上时，将被害人侯某某撞倒、碾压，被害人侯某某经抢救无效死亡，可见犯罪嫌疑人宋某某对被害人侯某某死亡结果的发生是持放任态度的。综上所述，犯罪嫌疑人宋某某具有非法剥夺侯某某生命的故意，明知自己的非法侵害行为在客观上会造成他人死亡的结果而放任这种结果的发生，因此应当认定其行为构成故意杀人罪。

（河北省唐山市曹妃甸区人民检察院　李　冰）

案例29：靳某的行为是绑架罪还是非法拘禁罪

一、基本案情

被告人靳某，与韩某等三人曾合伙做生意，靳某退伙时认为亏损是韩某经营造成，韩某应当赔偿20万元损失费。因协商不成，靳某找到沈某等四人，提出让沈某四人帮忙，商定以关押韩某等人的方式追讨。某日晚，被告人靳某按照上述作案计划，以做生意为名将韩某等人骗至某地山中并锁入一小屋内。因韩某等人拒不答应其要求，靳某授意沈某等人以加害韩某相威胁，向韩某家人索要“欠款”，共计索得人民币22.5万元，后案发。

二、分歧意见

针对被告人靳某触犯何种罪名存在两种意见：

第一种意见认为，被告人靳某构成绑架罪。理由是：被告人主观上具有勒索财物的目的，客观上实施了暴力将被害人韩某等人绑架的行为，符合绑架罪的构成条件。

第二种意见认为，被告人靳某构成非法拘禁罪。理由是：虽然被告人客观上实施了通过暴力限制韩某等人人身自由的行为，然而主观上并非为了勒索韩某等人其他财物，仅仅是为了实现自己的权利，没有非法占取他人财物的目的，因此仅仅是单纯侵犯自由的问题，并没有侵犯他人的财产，符合非法拘禁罪的构成条件。

三、评析意见

笔者同意第一种意见，即被告人构成绑架罪，理由如下：

绑架罪是指以勒索财物为目的，采取暴力、胁迫或者其他方法绑架他人，或者绑架他人作为人质的行为。非法拘禁罪是指以拘押、禁闭或者其他强制的方法，非法剥夺他人人身自由权利的行为。绑架罪与非法拘禁罪在客观方面均表现为行为人以暴力、胁迫和其他方法非法剥夺和限制他人人身自由。但在客观上的相似性并不能混淆两者之间的区别，二者的差别主要有以下三点：

1. 在主观方面有所不同，表现为行为人主观犯意的目的和故意的内容不同。绑架罪的主观动机是勒索钱财或其他非法利益，绑架扣押人质只是实现主观目的手段，而非法拘禁罪主观意图就是为了非法限制他人人身自由或取回自己“应得的”财物。

2. 在客观方面有所不同，绑架罪的构成不仅要求有对被害人的劫持控制、非法剥夺人身自由的行为，而且要求有勒索财物或提出不法要求的行为，行为人非法剥夺他人人身自由只是其勒索财物的手段；而非法拘禁罪中非法剥夺他人人身自由的行为则是其主要甚至全部的行为内容。在犯罪方法上对被害人人身自由限制性程度不同，在绑架案中，行为人一般都采取超强度的暴力等手段，致使被害人不能反抗、无法反抗和不敢反抗；或者将被害人掳离住所置于偏僻荒野之处，给被害人的心理造成极大恐慌。而非法拘禁罪一般表现为行为人低强度限制人身自由，常常表现为公开或半公开的扣押等行为。

3. 犯罪客体不同，绑架罪侵害了被害人的人身权利和财产权利，属于复杂客体；而非法拘禁罪侵害了被害人的人身权利，属于单一客体。非法拘禁罪中“索取债务”为索要自身的财物，谈不上侵犯他人财产所有权的问题。

本案中靳某索要的22.5万元是否为正常的债务关系，是确定靳某等人所犯罪行的关键。《合伙企业法》第57条第2款规定：“合伙人在执业活动中非因故意或者重大过失造成的合伙企业债务以及合伙企业的其他债务，由全体合伙人承担无限连带责任。”合伙当事人造成损失应共同承担，除非有足够的证据证明造成损失是由一方故意或者重大过失造成的。因此，靳某的损失为企业正常的经营亏损造成，其无权向韩某追偿，靳某和韩某之间并无正当的债权债务关系。

本案中，客观上，靳某以做生意为名将韩某等人骗至某地山中并锁入一小屋内，给被害人的心理造成极大恐慌，限制了韩某等人人身自由；靳某以加害韩某相威胁，向韩某家人索要“欠款”，并索得22.5万元，行为上符合绑架罪的构成要件。主观上，靳某认为韩某因经营过失造成自身损失22万元，然而通过威胁的手段索要了22.5万元，远大于22万元，因此，靳某在主观上也有通过绑架行为勒索财物的恶意。此外，在犯罪客体方面，本案中靳某不仅侵犯了韩某的人身权，同时也侵犯了韩某的财产权，符合绑架罪的构成要件。综上所述，靳某的行为应当认定为绑架罪。

（河北省唐山市人民检察院　王　玲）

案例30：高某的行为是故意伤害还是非法拘禁

一、基本案情

犯罪嫌疑人高某伙同李某于2015年2月14日15时许，驾驶一辆黑色别克君威轿车（遮挡车牌）来到T市某区某小区找被害人国某索要债务，在小区大众浴池内找到国某后，犯罪嫌疑人高某、李某便在浴池内当众对国某进行殴打，之后又将被害人国某从浴池内拽出，在浴池门口继续对国某拳打脚踢长达20分钟。后又强行将被害人国某塞入汽车后备箱，带离至T市某新区大丰路东100米一中国石油加油站西侧空地处，对被害人国某继续殴打，晚19时许才将国某送回其家中，在此过程中致使国某身体多处受伤。经T市公安局物证鉴定所鉴定，被害人国某伤情为轻伤一级。

二、分歧意见

对于犯罪嫌疑人高某的定性，有两种不同的意见：

第一种意见认为，高某的行为构成非法拘禁罪。理由是：犯罪嫌疑人高某把被害人国某带离到无人处，继续殴打的行为构成非法拘禁罪。

第二种意见认为，高某的行为构成故意伤害罪。理由是：犯罪嫌疑人高某出于要账的目的，对高某进行拳打脚踢，客观上实施了非法损害他人身体的行为，主观方面是故意犯罪，所以构成故意伤害罪。

三、评析意见

笔者同意第二种意见，构成故意伤害罪。

首先对于第一种意见，有其合理性。非法拘禁罪是指以拘押、禁闭或者其他强制方法，非法剥夺他人人身自由的犯罪行为。非法拘禁罪侵犯的客体是他人的身体自由权，所谓身体自由权，是指以身体的动静举止不受非法干预为内容的人格权，亦即在法律范围内按照自己的意志决定自己身体行动的自由权利。公民的身体自由，是公民正常工作、生产、生活和学习的保证，失去身体自由，就失去了从事一切正常活动的可能。非法剥夺人身自由是一种持续行为，即该行为在一定时间内处于继续状态，使他人在一定时间内失去身体自由，不具有间断性。时间持续的长短不影响非法拘禁罪的成立，只影响量刑。但时间过短、瞬间性的剥夺人身自由的行为，则难以认定成立非法拘禁罪。该案中，犯罪嫌疑人把被害人塞进车辆后备箱带到无人处继续殴打，是符合非法拘禁罪的。虽然时间不长，但是法律上除对国家机关工作人员有时间上的规定，并未对别的主体在时间上有所限定，所以从这个角度看，是构成犯罪的。

但是，非法拘禁行为与故意伤害行为常常会有牵连，通常表现为在非法拘禁过程中，行为人对被害人进行暴力加害，或者行为人用非法拘禁方法故意使被害人因冻饿等原因而死亡、受伤等。但是此案犯罪嫌疑人以故意伤害的主观想法，在第一现场（某小区大众浴池）对被害人国某进行殴打，后带其至第二现场（某区加油站附近空地）处进行殴打，后犯罪嫌疑人将被害人送回其家中，全程共 4 个小时。

对于在非法拘禁行为和故意伤害行为并存的情况，应当注意，《刑法》第 238 条第 2 款明确规定，非法拘禁“使用暴力致人伤残、死亡的”，依照故意伤害罪、故意杀人罪定罪处罚。因此，一方面，对于这种情况只应按一重罪即故意伤害罪或故意杀人罪定罪处罚；另一方面，要注意其适用的条件，必须是在非法拘禁中“使用暴力”且“致人伤残、死亡”。这里的“伤残”不包括轻伤，而是指重伤，但不限于肢体残废的情形，包括各种对于人身健康有重大伤害的情形在内。至于上述后一种情况，即行为人目的即在于故意伤害、故意杀害被害人，只不过其方法采用了非法拘禁而已，自然应按牵连犯的处罚原则，从一重罪定罪处罚，即按故意伤害罪或故意杀人罪定罪处罚。

虽然此案被害人是轻伤，不适用《刑法》第 238 条第 2 款的规定，但是此犯罪嫌疑人在主观上是故意，客观方面表现为实施了非法损害他人身体的行为。本案中，被告人高某因索要债务对被害人国某进行殴打，致其身体多处受伤；且考虑到涉案车辆早已变卖无法追回和量刑等情况，此案应按照牵连犯的原则，对犯罪嫌疑人高某以故意伤害罪予以处罚。

（河北省唐山市汉沽管理区人民检察院　刘子陌）

案例31：正当防卫后的“继续行为”性质认定

一、基本案情

某日凌晨3时，江某入某村雷某家行窃，雷某被惊醒，江某夺门而逃。雷某随后手持一铁棍追出。追至村外，雷某高呼：“站住，不然我打死你。”江某慌不择路，钻入路旁一在建工地。雷某又捡起一块砖头，紧追不舍。江某逃至二楼，雷某用砖头砸中江某大腿。江某继续逃窜，一脚失足踩空，从楼梯跌落一楼地面。雷某返回楼下，见江某已然不动，认为江某已死，遂离开。经鉴定，江某因肋骨骨折骨端刺破肝脏等部位，引发体内大出血而亡，死亡时间为凌晨6时。归案后，雷某供认不讳，并称追赶只为了教训江某一顿。

二、分歧意见

第一种意见认为，雷某行为不构成犯罪。

第一，雷某在本案中是受害人。犯罪嫌疑人江某凌晨3时到村里雷某家行窃，足以对雷某全家人造成重大的心理恐慌。我国《宪法》第39条（中华人民共和国公民的住宅不受侵犯。禁止非法搜查或者非法侵入公民的住宅）、《民法通则》第75条（公民的个人合法财产包括房屋受法律保护，禁止任何组织或者个人侵占、破坏或者非法查封、扣押、没收、冻结）、《刑事诉讼法》第111条（进行搜查，必须向被搜查人出示搜查证。在执行逮捕、拘留的时候，遇有紧急情况，不另用搜查证也可以进行搜查）、《刑法》第245条（非法搜查他人身体、住宅，或者非法侵入他人住宅的，处3年以下有期徒刑或者拘役。司法工作人员滥用职权，犯前款罪的，从重处罚）、《治安管理处罚法》第40条（非法限制他人人身自由、非法侵入他人住宅或者非法搜查他人身体的，处10日以上15日以下拘留，并处500元以上1000元以下罚款；情节较轻的，处5日以上10日以下拘留，并处200元以上500元以下罚款）都对雷某享有的住宅不受侵犯的权利给予了保护。故本案中雷某是受害人。

第二，雷某并没有实施犯罪行为。雷某被犯罪嫌疑人江某惊醒后拎着铁棍追江某属于准备实施公民扭送行为。扭送是指群众将当场抓住的违法犯罪分子强制送到司法机关处理的行为。与违法犯罪作斗争是我国公民的权利。依照我国刑事诉讼法的规定，本案中雷某可以立即将实施入户盗窃犯罪时即被发觉的江某扭送至公安机关、人民法院、人民检察院。

第三，雷某没有实施犯罪的故意。不论雷某追逐犯罪嫌疑人江某还是高呼"站住，不然我打死你"，以及后来的用砖头砸中江某大腿，都没有对江某造成实质性的伤害。雷某的主观意图是抓住江某让其接受法律的制裁，而并非故意实施犯罪行为。

第四，雷某的行为与江某的死亡之间没有必然的因果关系。也就是说，雷某追赶江某并不必然导致江某死亡。江某死亡的原因是在逃窜中，一脚失足踩空，从楼梯跌落一楼地面导致的，纯属意外事件。所以，这不能说明是因雷某追赶江某造成江某死亡的。

综上所述，雷某不构成犯罪。当前社会入室盗窃侵财并偶有害命的犯罪行为时有发生，严重影响了社会公众的安全感和幸福指数，如果认定雷某的行为构成犯罪，将会像当年南京彭宇案判决结果出来后再也无人敢扶老人那样，整个社会将会再度极不信任法律，当国家、社会、公民合法利益受到损害时再也无人敢站出来，将导致一个更加冷漠、自私与人人自危的社会生态。

第二种意见认为，雷某行为构成犯罪。

雷某发现江某入室行窃并拎着铁棍追赶的行为并不构成犯罪。但是江某逃至村外后，雷某拎着铁棍继续追赶，并且在江某逃进路旁建筑工地后，雷某捡起砖头紧追不舍，雷某追至二楼用砖头砸中江某大腿，这时雷某对江某已经有了伤害的故意，且不符合正当防卫中的"正在发生的侵害"这一条件，江某被砖头砸中大腿后继续逃窜，一脚失足，从楼梯跌落一楼地面，且已然不动，这时雷某已经负有了救助的义务，但是雷某认为江某已经死亡，遂离开，导致江某错失救治的最佳时间，故雷某的行为构成犯罪。

三、评析意见

笔者同意第二种意见，理由是：

第一，雷某拎着铁棍紧追的行为以及手持砖头砸中江某大腿的行为并未超过必要的限度，但是已经不符合正当防卫必须具备的防卫时间的要求，江某的入室盗窃行为已经结束，此时雷某行为攻击限度过大，雷某只能采取较低一定限度的扭送行为。

第二，江某失足跌落一楼地面后，雷某应当及时报警并采取必要救助措施制止损害的进一步扩大，由于江某是雷某追赶导致失足跌落且没有得到雷某及时救助，导致江某因肋骨骨折骨端刺破肝脏等部位，引发大出血而亡，故雷某构成不作为的过失犯罪。

（河北省唐山市人民检察院　李鹏飞）

案例32：猛推假想所有人骑走电动车之行为应当如何定性

一、基本案情

王某骑电动车上班途中，发觉忘记带手机，匆忙返回，将电动车停到毗邻公园便道的居民楼外，没有拔钥匙就进入位于二层的住所去取手机。赵某沿着公园便道散步，停在电动车旁打太极拳。犯罪嫌疑人李某误以为电动车旁的赵某是车主，使用暴力将赵某推倒在地，致赵某髌骨骨折，李某骑电动车逃走。经鉴定，赵某的损伤程度为轻伤，电动车价值人民币2100元。

二、分歧意见

第一种意见认为，犯罪嫌疑人李某出于非法占有他人财物的目的，当场实施暴力强行劫取他人财物，侵犯了人身权和财产权双重权利，其行为构成抢劫罪。

第二种意见认为，对李某案发时电动车属于无人看管的状态，犯罪嫌疑人的暴力行为针对的是与财物无利害关系的第三人，应当以盗窃罪和故意伤害罪数罪并罚。

三、评析意见

笔者同意第二种意见，理由如下：

抢劫罪，是以非法占有为目的，对被害人（含财物的所有者、保管者或者守护者）当场使用暴力、胁迫或者其他对人身实施强制性的方法，当场直接夺走被害人占有的财物，或者迫使被害人当场直接交出财物的行为。对于抢劫罪中暴力行为的施加对象问题，张明楷教授认为，暴力对象不限于财物的直接持有者，对有权处分财物的人、财物的辅助占有者、财物占有者的家人以及其他占有、管理财物的人使用暴力行为的，不影响抢劫罪的成立。曲新久教授认为，暴力行为的施加对象既可以是财物的持有者、占有人，也可以是妨碍劫取的其他人。可见，抢劫罪暴力行为的施加对象主要有两类：一是财物的直接持有人、占有人（含辅助占有者、协助占有者）；二是妨碍不法侵害人取得财物的其他人。

所谓妨碍不法侵害人取得财物的其他人，其主观上必须对涉案财物具有管理的意图，即发现本不属于自己所有、占有或者保管的财产面临被抢的危险时，临时产生了维护他人合法权益、防止财产受到不法侵害的意图，这种意图并非出于职责，而是见义勇为的心理；客观上则通过其行动将管理意图进行了表达，即对不法侵害人明确采取了相关的制止行为，并产生了不同程度的阻碍不法侵害的后果。

本案中，赵某尽管实际上成为犯罪嫌疑人暴力行为的承受人，但他既非电动车的持有人、占有人，也非电动车的保管者或者守护者，而是与电动车无关的第三人，其存在只是构成犯罪嫌疑人假想的威胁，而未构成犯罪嫌疑人犯罪行为的有效阻力，因而并非抢劫罪的犯罪对象。本案中，案发时电动车属于无人看管的状态，李某针对假想所有人，即对不具有管理财物意图的第三人实施暴力而取得财物，造成赵某轻伤、王某数额较大的财物损失的犯罪后果，其行为不构成抢劫罪，应当以盗窃罪和故意伤害罪数罪并罚。

（河北省唐山市路北区人民检察院　魏宝成）

案例33：临时起意伤害他人行为性质认定

一、基本案情

吴某与王某互不相识。一晚，吴某情绪低落去KTV喝酒唱歌。半夜12时，吴某独自离开KTV，在路边遇到王某驾车经过。吴某误以为王某所驾车为出租车，遂招手拦车。王某将车停下后告诫吴某注意安全，吴某遂与王某发生争执，后吴某拿出随身携带的折叠刀扎王某腹部、胸部等处数刀。王某倒地后，吴某离开。与王某一起的李某将王某送至医院抢救。经鉴定，王某的损伤（心包破裂）为重伤。

二、分歧意见

吴某的行为是构成故意伤害罪还是故意杀人罪（未遂）？存在以下观点：

第一种观点认为，吴某的行为构成故意伤害罪。理由如下：

从主观故意上分析，吴某与王某互不相识，二人没有恩怨，吴某不具有剥夺王某生命的动机。吴某虽然持刀扎向王某的胸腹部等人体重要部位，但是该种行为具有随意性，其主观上不具备杀害王某的故意。

从犯罪后果来分析，王某并未死亡。经鉴定，王某的损伤属重伤。吴某的伤害行为并没有导致王某死亡的结果，只是导致了王某受到重伤，侵犯的也只是王某的健康权。

第二种观点认为，吴某的行为构成故意杀人罪。理由如下：

吴某具有剥夺王某生命的主观故意。从作案工具上来看，吴某使用的是折叠刀。从打击部位上来看，吴某持刀伤害王某的胸腹部等人体重要部位，且吴某刺伤了王某心脏，致其心包破裂。吴某针对王某的致命部位进行打击，具有剥夺王某生命的主观故意。从击打次数分析，吴某针对王某的致命部位猛刺数次，毫无节制，进一步放任导致王某死亡的严重后果。从事后措施来看，吴某对王某实施伤害行为后，没有对王某实施救治，而是置王某于不顾，逃离案发现场。吴某没有救治王某的主观意图，进一步放任了王某死亡的后果。从犯罪后果来看，王某虽然没有死亡，但故意杀人罪并不以造成被害人死亡的后果为必要条件。

吴某以剥夺王某生命的主观故意对王某实施伤害行为，剥夺王某的生命。本案没有造成王某死亡的后果的重要原因是李某的存在，因为李某的及时救援，将王某及时送医，才挽救了王某的生命。区别故意伤害罪和故意杀人罪（未遂），不能单纯地看行为结果。如果行为人主观心理是追求他人死亡的目的，虽然没有发生被害人死亡的结果，也不能认为是故意伤害罪，而应认定为故意杀人罪（未遂）。

三、评析意见

笔者认为，吴某的行为应当构成故意伤害罪。

故意伤害罪是指根据《刑法》第234条规定，故意伤害他人身体，致人轻伤、重伤的行为。故意杀人罪（未遂）是指根据《刑法》第232条规定，故意剥夺他人生命，由于行为人意志以外的原因而未得逞的行为。故意伤害罪与故意杀人罪所造成的危害后果相同，均对被害人的身体造成了伤害，但都没有造成被害人死亡的结果。但是二者侵害的客体及犯罪的目的不同。

从侵害的客体上看，故意伤害罪侵害的是他人的身体健康，是对他人人体组织的完整性或对人体器官正常机能的破坏；故意杀人罪侵害的客体是他人的生命权利。本案中，王某的主要损伤为心包破裂，属重伤。吴某侵害的是王某的身体健康，破坏了王某的心脏机能，并没有剥夺王某的生命权利。

从主观故意上看，故意伤害罪，行为人追求的结果是造成他人身体健康受损，并没有剥夺他人生命的目的，对被害人的死亡持一种过失的主观心态。而故意杀人罪（未遂），行为人主观心态和杀人既遂是一致的，行为人预见到自己的行为导致他人死亡的后果，希望或者放任这种结果的发生。犯罪未遂，即死亡的结果没有发生是由于犯罪分子意志以外的原因，犯罪分子剥夺被害人生命的主观目的并没有改变。本案中，王某没有死亡并不是由吴某意志以外的原因导致。王某没有死亡的原因一方面是吴某没有追求王某死亡的主观目的，其对王某实施的仅是伤害王某身体的行为；另一方面是因为李某的及时救援，将王某及时送医，挽救了王某的生命，吴某在对王某实施完伤害行为后虽未对王某实施救治，但是其预见到李某会对王某实施救援，其逃匿行为并不会导致王某因得到救治而死亡。王某没有死亡，完全在吴某的预料之中，吴某并没有对李某对王某的救援实施阻拦。由此可以看出，吴某不具有剥夺王某生命的主观故意。

从客观行为上看，本案中，吴某与王某素不相识，没有深仇大怨，吴某没有剥夺王某生命的主观故意。且吴某对于王某实施伤害行为具有随意性、突发性。作案工具折叠刀系吴某随身携带物品，并非事先准备用来杀人的工具。案发当时，吴某对王某实施伤害行为是在公共场所，且有第三人李某一直在场，在此环境下吴某积极追求王某死亡的后果显然不符合常理。本案的犯罪后果是导致了王某重伤而非死亡。

综上所述，吴某的行为应当以故意伤害罪定罪量刑。

（河北省玉田县人民检察院　宋海健　牛　娜）

案例34：抢劫后又起意勒索如何定性

一、基本案情

2013年12月23日上午，犯罪嫌疑人张某与徐某、陈某商量找个人抢点钱花，随后三人驾驶一辆白色捷达汽车寻找作案目标。当日中午12时许，三人将车停在一小区附近伺机作案，后见李某（女，28岁）步行过来，三人商定抢劫李某，当李某步行至白色捷达汽车附近时，徐某、陈某下车强行将李某拖拽至车上，张某迅速驾车逃离现场，行至偏僻路段后，三人翻找李某随身物品，抢走现金130元、金项链1条、银行卡5张，张某持刀威胁李某说出银行卡密码，取走卡内现金5800元。之后觉得钱少，三人商定向李某丈夫要钱，继续劫持李某至当日下午5时30分许，张某用李某的手机给李某的丈夫打电话，以李某在其手上为由，勒索2万元。李某为妻子安危遂往指定银行卡上汇款1.85万元。张某三人在得到汇款通知后，由徐某通过柜员机取走1.73万元，后将李某放在某小区附近，三人驾车逃离后案发。

二、分歧意见

对张某等三人行为如何定性存在以下三种不同意见：

第一种意见认为，本案应以抢劫罪论处。理由是：抢劫是指以非法占有为目的，以暴力、胁迫或者其他方法，强取公私财物的行为。本案中，张某等三人在事前以抢劫的故意进行预谋，并准备了作案车辆，在作案过程中，张某等三人将被害人李某强行拖拽至汽车上，利用凶器威胁，对李某人身自由进行控制，使其不敢反抗，强取财物，已构成抢劫。犯罪嫌疑人之后向被害人亲属勒索财物只是在同一个犯意下实施的后续行为，两个行为侵犯了一个法益，即被害人的人身和财产权利。

第二种意见认为，本案应以绑架罪论处。理由是：本案中，张某等三人尽管事先有抢劫的故意，但其将被害人拖拽至车上，控制被害人的人身自由后，并没有当场劫取财物，而是在驾车远离案件发生地后才实施强取财物的行为，这一过程实际上是先绑架了被害人，后劫取了财物。根据最高人民法院2005年6月8日《关于审理抢劫、抢夺刑事案件适用法律若干问题的意见》的规定，行为人在绑架过程中，又以暴力、胁迫等手段当场劫取被害人财物的，同时触犯绑架罪和抢劫罪，应择一重罪处罚。所以本案应以绑架罪论处，且之后张某等三人以控制被害人为手段，向被害人配偶勒索财物的行为，符合典型的绑架罪构成要件。因此，本案张某等三人实施的犯罪行为应构成绑架罪。

第三种意见认为，本案应以抢劫罪和绑架罪并罚。理由是：张某等三人在本案中先后实施了两个犯罪行为，一个是抢劫行为，另一个是绑架行为。犯罪嫌疑人基于抢劫的目的实施了先前的抢劫行为，该行为在强取被害人随身携带的财物时已经既遂，之后犯罪嫌疑人向被害人亲属勒索财物的行为是临时起意，两者是性质不完全相同的犯罪，单纯将犯罪嫌疑人的两个行为评价为一罪，并不能实现对犯罪的全面评价。

三、评析意见

笔者同意第三种意见，对张某等三人以抢劫罪和绑架罪数罪并罚。首先，抢劫罪和绑架罪是两种不同性质的犯罪。抢劫罪是一种侵犯财产型犯罪，它是财产罪中最严重的犯罪。而绑架罪是侵犯公民人身权利、民主权利型犯罪，它所侵犯的法益是被绑架人在本来的生活状态下的身体安全与行动自由。本案中，张某等三人分别实施了抢劫和绑架两种行为，且都已既遂，已分别构成抢劫罪和绑架罪。其次，从主观上来说，尽管抢劫和绑架都要求行为人为故意，但两者的主观目的却不同。本案中，犯罪嫌疑人基于两个不同的犯罪动机，实施了两个独立的犯罪行为。张某等三人在事先有抢劫的预谋，且准备了作案工具，将被害人强行控制后，劫取了被害人随身携带的财物，并通过逼问银行卡密码强取了卡内存款，此时，张某等三人的抢劫行为和目的动机均已完成。由于不满足抢劫所得，张某等三人产生了勒索财物的意图，此时，犯罪嫌疑人的主观目的已与之前的抢劫不同。最后，对张某等三人行为性质的评价应划分为两个阶段。抢劫罪是行为犯，犯罪嫌疑人只要实施了抢劫行为即构成犯罪。在前一个阶段中，张某等三人实施了抢劫行为，符合抢劫罪构成要件。在后一阶段中，即抢劫成功后张某等三人又产生了向李某家人索要财物的意图，其通过控制李某人身自由，进行言语威胁，对李某家人造成心理强制，符合绑架罪构成要件。从抢劫到绑架，犯罪嫌疑人的人身危险性和社会危险性程度明显上升，如择一重罪处罚，并不能对犯罪嫌疑人的社会危害性进行全面评价。对犯罪嫌疑人抢劫和绑架行为分别进行评价，实施并罚，符合罪刑法定原则，不存在重复评价的问题。

综上所述，本案中张某等三人以非法占有为目的，劫取他人财物，符合抢劫罪的构成要件；以勒索财物为目的，向被绑架人亲属勒索财物，构成绑架罪。因此，应当对张某等三人以抢劫罪和绑架罪实施并罚。

（河北省唐山市路北区人民检察院　孙明远）

案例35：挟持被害人向其亲友骗取财物的行为如何定性

一、基本案情

2015年10月8日10时许，李某与未婚妻赵某前往某市赵某与前男友刘某的居所收拾赵某的衣物，刘某与其兄弟三人对李某进行殴打，扣押李某的身份证及手机，向李某索要精神损失费。15时许，因李某未携带现金，刘某兄弟挟持李某前往该市李某的姐姐家，令其以嫖娼被抓需交5000元罚款为由借钱未果。17时许，刘某兄弟挟持李某到某公园角落，再次对李某进行殴打，逼问李某在该市是否还有其他亲友。22时许，刘某兄弟又挟持李某前往其朋友张某的租住地，令李某以嫖娼被抓需交5000元罚款为由向张某借钱未果。10月9日0时许，刘某兄弟挟持李某回到公园角落，再次对李某进行殴打。6时许，刘某兄弟将手机还给李某，令其打电话给父母，以嫖娼被抓需交5000元罚款为名要钱。李某父母感觉李某被劫持，随即报警。10时许，刘某兄弟被公安机关抓获，李某获救。经鉴定，李某的损伤程度均为轻伤。

二、分歧意见

第一种意见认为，犯罪嫌疑人的行为构成绑架罪。理由是：犯罪嫌疑人殴打并挟持被害人，令其编造谎言向其亲友索取财物，其行为不仅侵犯了被害人的人身自由，而且致使被害人亲友因感知被害人被人劫持而遭受精神强制，危害范围波及第三人，符合绑架罪特征。

第二种意见认为，犯罪嫌疑人的行为构成抢劫罪。理由是：犯罪嫌疑人使用暴力手段控制被害人，向其索要财物，此后多次命令被害人编造谎言向其亲友骗取财物，但并不具有利用被害人亲友对被害人安危的担忧向其勒索财物的目的，其行为构成抢劫罪。

三、评析意见

笔者同意第二种意见。理由如下：

索财型绑架罪的行为构造是，行为人劫持被害人，并以被害人的安危为威胁，向被害人亲友索要财物。索财型绑架罪的行为人在主观方面不仅具有剥夺或者限制被害人人身自由、侵犯被害人生命健康的主观故意，还具有利用第三人对被害人安危的担忧向其勒索财物的明确目的。暴力型抢劫罪的行为构造是，行为人暴力劫持被害人后，利用被害人不能反抗或者不敢反抗的状态，直接向被害人索要财物。两罪的主要区别在于行为人向被害人索要财物还是向被害人亲友索要财物。

本案中，犯罪嫌疑人采用暴力手段控制被害人，向其索要更多财物未果，勒令被害人编造谎言向其亲友骗取财物致使被害人亲友感知被害人被劫持的行为，能否解释为向被害人亲友勒索财物？笔者认为，犯罪嫌疑人在劫取被害人随身携带的手机之后，因嫌财物过少而勒令被害人编造谎言向其亲友借钱或者要钱，是为了从被害人处索得更多财物，通常情况下不会惊动被害人亲友，将此行为与之前强行劫取被害人随身财物的行为一并评价为“向被害人索取财物”更为妥当。因此，犯罪嫌疑人的行为并不符合索财型绑架罪的构成要件。

对本案以抢劫罪定性符合主客观相一致的定罪原则。本案中，犯罪嫌疑人要求被害人不能向其亲友透露自己被暴力挟持的事实，逼迫被害人编造谎言向亲友借钱或者要钱，尽力避免被害人亲友知晓被害人遭受劫持的情况，在主观方面具有利用被害人不能反抗或者不敢反抗的状态向被害人索要财物的主观目的，客观上实施了暴力挟持被害人向其索要财物的行为，致使被害人财产权和人身自由权受到侵害。因此，应当以抢劫罪追究犯罪嫌疑人的刑事责任。

（河北省唐山市路北区人民检察院　刘树利）

案例36：私自进入他人住宅取走威胁自己的财物的行为如何定性

一、基本案情

苏某火车上偶遇杨某，一路上聊得尽兴，下火车后天色已晚，二人同往宾馆住宿，发生不正当关系，趁杨某熟睡之际，苏某用相机偷拍二人不雅照片。之后苏某用该照片向杨某勒索钱财多次，共计30万元。杨某欲摆脱苏某的威胁，偷偷进入苏某的住宅取走存有他俩不雅照片的相机。苏某发现相机丢失后报案。警方介入后，在苏某放置相机的书桌上发现了杨某留下的说明自己取走相机原因的纸条。杨某的行为应当如何定性？

二、分歧意见

第一种意见认为，杨某的行为构成盗窃罪。理由是：刑法修正案（八）将入户盗窃行为规定为盗窃罪。“入户盗窃”是以非法占有他人财物为目的，进入他人生活的与外界相对隔离的住所实施盗窃的行为。杨某擅自进入苏某住处，将苏某照相机窃走，主观上有非法占有他人财物的目的，客观上实施了入户盗窃行为，并取得了财物，杨某的行为严重侵犯了苏某的财产权，构成盗窃罪。

第二种意见认为，杨某的行为构成非法侵入住宅罪。理由是：杨某客观上实施了非法侵入他人住宅的行为，虽然取走了苏某的相机，客观上取得了对苏某财产的占有，但杨某主观上是对相机内照片的控制，而非对相机的控制，杨某没有非法占有他人财物的目的，根据主客观相统一原则，杨某的行为应构成非法侵入住宅罪。

三、评析意见

笔者同意第二种观点。理由如下：

非法侵入住宅罪，是指违背住宅内成员的意愿或者无法律根据进入公民住宅，或进入公民住宅后经要求退出而拒不退出的行为。《宪法》第39条规定："中华人民共和国公民的住宅不受侵犯。禁止非法搜查或者非法侵入公民的住宅。"住宅是公民居住、生活的处所，非法侵入住宅必然使公民的正常生活受到干扰，影响公民的人身安全和生活的安宁。

在非法侵入住宅罪中，"非法"是指违背住宅内成员的意愿，或者没有法律根据。"侵入"主要指未经住宅权人同意、许可进入他人住宅，以及不顾权利人的反对、劝阻，强行进入他人住宅。侵入的方式是多种多样的，如破门而入、翻窗而入、强行闯入等。侵入的行为可以是公开的，也可以是秘密的。

盗窃罪是指以非法占有为目的，秘密窃取公私财物数额较大，或者多次盗窃、入户盗窃、携带凶器盗窃、扒窃的行为。所谓秘密窃取，即犯罪嫌疑人用自以为不被财物控制人发觉的手段窃走财物。非法侵入他人住宅的行为往往成为实施盗窃罪的手段行为，对此应当按照牵连犯或吸收犯处理，应着重从行为人的主观方面来区别两罪，而不应数罪并罚。

就本案而言，杨某偷偷进入苏某住宅取走相机，并且留下说明自己取走相机原因的纸条，不符合盗窃罪"秘密窃取"的客观特征，同时也说明杨某主观上并不具有非法占有他人财物的目的。杨某之所以取走苏某相机，是为了取回自己的不雅照片，摆脱苏某的威胁。但是，杨某未经苏某允许私自进入苏某住宅，妨害苏某住宅的平稳和安宁，因此杨某的行为构成非法侵入住宅罪。

（河北省唐山市路北区人民检察院　陈　慧）

案例37：因邻里纠纷造成他人重伤是故意伤害罪还是故意杀人罪

一、基本案情

被告人刘某与王某某系同村村民，因王某某给其做媒一事两家产生矛盾。2014年9月16日23时30分许，被告人刘某酒后驾驶轿车回其居住的某小区，在北门口看见正在警卫室值班的王某某，被告人刘某认为王某某骂自己，遂将汽车停入小区，后持其放在车上的一把刀到该警卫室找王某某理论，双方发生争执，被告人刘某持刀捅刺王某某近二十刀，王某某受伤后沿警卫室逃避，被告人刘某持刀追赶，后王某某体力不支倒地，并对追上自己的刘某进行劝说，后被告人刘某驾车离开现场。被告人刘某的行为致被害人王某某多处肠破裂、肠系膜破裂；头部、左胸部、右肩部、腹部、左上肢、右下肢、阴部多处刀伤等。2014年9月24日，被害人王某某的伤情经鉴定为一处重伤（二级）、两处轻伤一级、一处轻伤二级，综合评定为职工工伤八级伤残。

2014年9月17日，被告人刘某自动到公安机关投案。

案件审理期间，被告人刘某与被害人王某某就民事赔偿自行达成和解协议，并获得了被害人王某某的谅解。

二、分歧意见

第一种观点认为，被告人刘某的行为构成故意杀人罪（未遂）。主要理由是：被告人刘某与被害人王某某存有矛盾，心怀不满，欲行报复，持刀捅刺被害人近二十刀，包括头部、胸腹部、阴部等要害部位，其对行为可能造成被害人死亡的结果持积极、放任的态度，具有非法剥夺他人生命的主观故意，虽因意志以外的原因未能得逞，但造成被害人重伤二级等后果，应以故意杀人罪（未遂）定罪处罚。被告人刘某能够主动到公安机关投案，如实供述其主要犯罪事实，有自首情节，并获得被害人谅解，综合以上量刑情节可对被告人刘某依法减轻处罚。

第二种观点认为，被告人刘某的行为构成故意伤害罪。主要理由是：被告人刘某与王某某本系同村，关系不错，虽因王某某给刘某介绍对象一事产生矛盾，且因此事两家打过架，被告人刘某的父亲将王某某殴打致轻伤，后和解处理。但此前因不足以使被告人刘某产生要杀死王某某的主观故意；王某某身体虽有近二十处刀伤，但大多数是划伤，不足以致命，客观上王某某亦未死亡；当被告人刘某追上躲避的王某某后，王某某受伤倒地，已失去自我保护能力，仅因王某某劝说，被告人刘某停止了足以继续将其杀死的伤害行为，也说明被告人刘某的本意并不是想杀死王某某。从主、客观方面均能证实刘某的行为构成故意伤害罪，且被告人刘某在庭审中供述为了吓唬王某某仅扎了被害人两刀，属于不如实供述主要犯罪事实，虽有主动投案情节，但不能认定自首，应以故意伤害罪对其酌情从轻处罚。

三、评析意见

笔者赞同第二种观点。做到准确对一个犯罪行为定罪量刑，要遵循主、客观相一致的原则。第一种观点存在多个矛盾。首先是犯罪停止形态的认定。如果认定被告人刘某具有杀人的直接故意，当被告人刘某持刀追上倒地的被害人王某某时，面对失去抵抗能力的被害人，被告人刘某可轻易继续实施杀害行为至王某某死亡为止；且当被告人刘某听到王某某的劝说后主动放弃犯罪，属于犯罪的中止，而不是由于犯罪分子意志以外的原因而未得逞的犯罪未遂。其次，被告人刘某自归案至开庭审理均未供述有杀人的故意，虽有主动投案情节，也不符合我国《刑法》关于自首的规定，不能认定具有自首情节。综合分析本案被告人刘某的犯罪动机及目的，其不具有杀死被害人王某某的直接故意。但被告人刘某持刀捅、刺、划伤王某某近二十刀，主要部位在胸、腹、会阴及四肢部，手段残忍、后果严重，应认定其对王某某的死亡持放任的主观态度，即间接故意犯罪。间接故意犯罪以结果认定罪名，如果造成被害人死亡则认定故意杀人罪，造成被害人伤害结果的，按照故意伤害罪定罪处罚。

综上分析，笔者认为，本案被告人刘某的行为应按照故意伤害罪定罪处罚；被告人在庭审过程中不能如实供述主要犯罪事实，不能认定有自首情节，仅可依据主动投案予以酌情从轻处罚。

（河北省唐山市丰南区人民检察院　郑文泉）

刑法分则适用

三、侵犯财产犯罪

案例38：盗窃数额能否累计

——兼谈“入户盗窃”的条件

一、基本案情

2014年7月8日13时30分左右，犯罪嫌疑人孙某某在某火锅店租住的员工宿舍休息时，趁无人之机，将同事樊某放在房间北卧室中间位置的灰色戴尔牌N4010型笔记本电脑盗走，价值1704元，后将该笔记本电脑销赃得款700元，被其挥霍；2014年7月29日16时许，犯罪嫌疑人孙某某在其朋友朱某家暂住时趁朱某上班，家中无人之机，将朱某的黑色清华同方锋锐K46型笔记本电脑盗走，价值1315元。后将该笔记本电脑销赃得款700元，被其挥霍。

二、分歧意见

对此案例，产生了两种分歧意见：

第一种意见认为，犯罪嫌疑人两次盗窃，累计数额已经达到了盗窃罪“数额较大”的立案标准，构成盗窃罪。

第二种意见认为，犯罪嫌疑人两次盗窃，数额均未达到立案标准，不应当累计计算，且不是入户盗窃，其行为不构成盗窃罪。

三、评析意见

笔者同意第二种观点。理由如下：

第一，本案中盗窃数额能否累计？刑法对盗窃罪罪状的描述是：“盗窃公私财物，数额较大的，或者多次盗窃、入户盗窃、携带凶器盗窃、扒窃的”，本案分歧的焦点在于，如果对犯罪嫌疑人两次盗窃的金额进行累计，则其因数额较大，而构成盗窃罪；如果不进行累计计算，因其不属于刑法规定的任何盗窃罪状，而不构成犯罪。然而，这种预先的累计行为有法律依据吗？

在《刑法修正案（八）》出台之前，对盗窃罪数额累计的依据是1998年最高人民法院《关于审理盗窃案件具体应用法律若干问题的解释》第5条第（十二）项“多次盗窃构成犯罪，依法应当追诉的，或者最后一次盗窃构成犯罪，前次盗窃行为在一年以内的，应当累计其盗窃数额”。2013年新颁布的“两高”司法解释没有涉及此项内容，并且明确规定法释〔1998〕4号同时废止，但盗窃数额的累计计算问题仍是司法实践中要面对的问题。

1. 笔者认为，依据刑法“法无明文规定不为罪”的基本原则和最高人民法院、最高人民检察院《关于办理盗窃刑事案件适用法律若干问题的解释》（以下简称2013年《解释》）精神，既然没有规定对盗窃金额累计计算的情形，那么对盗窃不能进行当然的累计，要视情况，依法进行分别处理。

2. 分析新的司法解释删除了对盗窃数额累计的规定的原因，一是1998年的规定依据刑法谦抑性原则，虽然客观上缩小了刑法适用范围，却与同样是数额犯的贪污罪、走私罪等数额累计计算的刑法规定存在差别，会引起法律适用上的不平衡，其结果是助长盗窃犯罪分子逃避刑罚处罚的侥幸心理。二是《刑法修正案（八）》对盗窃罪的规定更加具体、明确，在司法实践中，可以依据“轻轻重重”的刑法适用原则，对照入罪行为，合理推断、分别处理。

第二，既然不能进行当然的累计，对于上述案例该如何处理呢？

1. 从社会危害性考虑。盗窃犯罪行为人的人身危险性，不能“唯数额论”，盗窃情节、后果的严重性，同样也是影响社会危害性的因素。因此在2013年《解释》第2条规定了盗窃公私财物“数额较大”的标准可以按照《解释》第1条规定标准的50%确定的若干种情形。这些规定突出了对惯犯、共犯的打击及对特殊群体、特殊对象的保护，体现了罪责刑相适应原则的要求。数次盗窃均构成犯罪，数额累计尚须受到诉讼时效的限制，如果其中包含某次盗窃违法行为，对其数额的累计计算更应当从严把握。那么仅有两次盗窃，且两次都是违法行为，其危害性要小于一次盗窃即“数额较大”，或者虽每次盗窃数额并不较大，但是“多次”的。

2. 犯罪嫌疑人孙某某的行为不是刑法上的“连续犯”或者“徐行犯”行为。连续犯是指行为人基于同一的或者概括的犯罪故意，连续实施数个独立的犯罪行为，触犯同一罪名的情况。本案中孙某某两次盗窃均不构成独立的犯罪，因此不是连续犯。徐行犯是指行为人基于一个犯罪故意，连续实施数个在刑法上无独立意义的举动（动作）或危害行为。这些举动或危害行为的总和构成在刑法上具有独立意义的一个犯罪行为，因而触犯一个罪名的犯罪形态。本案中，犯罪嫌疑人是两个分别的故意，且两次盗窃行为已分别完成，而徐行犯是对行为进行加和，并不对数额进行加和。所以应当分别判定其两次盗窃的行为，不做累计计算。

第三，案例中犯罪嫌疑人的行为是否构成盗窃罪的“入户盗窃”?

本案中，犯罪嫌疑人孙某某第一次盗窃是在集体宿舍内，第二次盗窃是在寄居的朋友家。对于何为“入户盗窃”，2013 年《解释》的规定为：“非法进入供他人家庭生活，与外界相对隔离的住所盗窃的。”因此，入户盗窃的前提条件是：“非法进入”，而不是只要在“户”内实施盗窃即构成犯罪，还需要一个“入”的要件，即“非法进入”。本案中，孙某某都是“合法进入”的室内。因此，其行为不属于入户盗窃。

综上所述，对于犯罪嫌疑人孙某某的两次盗窃行为，笔者认为不构成盗窃罪，只能作为治安违法案件处理。

（河北省唐山市丰南区人民检察院　王向征）

案例39："携带凶器"抢夺之理解

一、基本案情

无业青年董某与杨某合谋骑摩托车抢劫，后二人于2001年12月2日骑摩托车分别携带砍刀、铁管尾随一妇女至一楼下，趁该妇女锁车之机，分别持砍刀、铁管威胁，抢劫皮包一个，内有手机一部。后二人又于12月3日至5日，分别作案3次，共抢物品价值2000余元。手段均为携带砍刀、铁管骑摩托车，在路上遇到骑摩托车的妇女或坐摩托车后座的妇女背有皮包时，便骑车赶上，趁其不备，一把抢过皮包便开车逃跑。经查证，被害人均证实没有看见二人随身携带的砍刀及铁管。

二、分歧意见

关于本案第一次犯罪认定抢劫没有异议，但对于后三次犯罪的定性，有以下两种不同的观点：

第一种观点认为，二人之行为构成抢夺罪。理由是：其一，二人携带的砍刀属于凶器，但铁管就不属于；其二，认定"携带凶器抢夺"而构成抢劫罪，应当区分是否使用或让被害人看到而产生了精神强制，若产生了精神强制，则应按《刑法》第267条第2款规定以抢劫罪定罪处罚；若没有产生精神强制，则仍应认定为抢夺罪。本案二人虽携带了工具，但没有使用，因而也没有对被害人精神产生强制，不应认定为抢劫罪。综上，二人虽然携带了砍刀及铁管，但并没有使用，在客观行为上实施的完全是趁人不备进行抢夺的抢夺手段，完全符合抢夺罪的构成特征。

第二种观点认为，二人之行为构成抢劫罪。刑法明确规定，抢劫罪是指以暴力、胁迫或者其他方法抢劫公私财物的行为。上述董某和杨某二人在实施抢夺他人财物行为时，专门针对单个弱势女性，并随身携带了砍刀和铁管等凶器。虽未在作案现场暴露凶器，但一旦其行为遇到反抗，则随时会对反抗者施以凶器和暴力。因此，董某和杨某的行为应认定为抢劫罪。

三、评析意见

笔者同意第二种意见。主要理由如下：

第一，对“携带凶器抢夺”中的凶器应当作广义理解，根据最高人民法院《关于审理抢劫案件具体应用法律若干问题的解释》第6条规定：“携带凶器抢夺”，是指行为人随身携带枪支、爆炸物、管制刀具等国家禁止个人携带的器械进行抢夺或者为了实施犯罪而携带其他器械进行抢夺的行为。本案中二人携带的砍刀及铁管均应属于广义上的凶器范畴。第二，“携带凶器抢夺”仅指在抢夺中随身携带了“凶器”，而不包括在犯罪中出示或者使用，否则这里的表述就应当为：“使用凶器抢夺”。而使用凶器进行抢夺，无疑就是抢劫罪的典型表现。第三，“携带凶器抢夺”与不携带凶器进行抢夺相比具有更大的社会危害性和人身危害性。被害人若看到犯罪人携带的凶器，往往会产生恐惧感或者精神强制，而不敢进行反抗，即使被害人没有看到携带的凶器，犯罪人也往往会因携带凶器而有恃无恐，一旦被害人进行反抗或者进行抓捕，就会使用凶器。其中第一次犯罪二人使用凶器就充分反映出这一点。因此，这种表面上的抢夺行为，实际上是以暴力为后盾的，其社会危害程度和人身危险性比一般的抢夺行为要大得多，应当以抢劫罪定罪处罚。

（河北省唐山市丰南区人民检察院　李彦军）

案例40：挪用公司资金行为性质认定

一、基本案情

2006年王某某与妻子陈某某建立冀东物流运输公司，王某某持有股份45%，陈某某持有股份55%，公司实际经营人为王某某。王小某2012年1月初到其父亲王某某的冀东物流运输公司上班，担任现金会计，负责账目管理、现金结账等。冀东物流运输公司负责远大煤炭公司的运输业务，王小某定期与远大煤炭公司会计结算运费。2013年1月8日，王某某因涉嫌犯罪被羁押于当地看守所，其将公司全权委托给妻子陈某某（王小某的继母）。陈某某获得授权后，要求王小某交出公司账目及资金，但是王小某没有遵照陈某某的要求。2013年1月9日，王小某从远大煤炭公司结算获得运费96万元。王小某在陈某某不知情的情况下，私自将96万元转入自己的账户，并于2013年1月9日至15日，为冀东物流运输公司工作人员结算工资、运费等支出76万元。王小某将余下的20万元用于偿还父亲王某某所拖欠的彩票款。陈某某得知王小某的行为后，要求王小某返还支出的20万元彩票款。2013年5月，王小某逃至外地。

二、分歧意见

本案中，对于王小某的行为是否构成犯罪、构成何种犯罪存在争议。目前主要有挪用资金罪、职务侵占罪以及不构成犯罪三种争议。

三、评析意见

第一种意见认为，王小某的行为构成挪用资金罪。

本案中，王小某作为冀东物流运输公司的会计，具有管理该96万元的职务便利，王小某未经陈某某同意将96万元中的76万元用于支付冀东物流运输公司工人工资、运费，余下的20万元用于偿还股东王某某的债务，从以上行为可以看出，王小某主观上没有占有96万元的目的。挪用是指未经合法批准，擅自动用主管、管理、经手的单位资金，并准备归还的行为。本案中20万元的处置没有经过公司股东同意，系王小某个人决定，该决定没有经过合法批准，属于擅自动用公司资金。其将20万元用于偿还该公司股东债务，主要原因在于王某某被刑事羁押，王小某仅是暂时占有和使用该20万元，其行为构成挪用资金罪。

第二种意见认为，王小某的行为构成职务侵占罪。

首先，王小某具有职务上的便利。本案中，王小某系冀东物流运输公司的现金会计，属于该公司工作人员，而且其负责公司账目管理、现金结算。其次，王小某主观上具有故意。王小某明知96万元系公司资金，仍将应纳入公司账户的96万元存入个人账户，其具有侵占公司资金的主观故意。最后，客观上，王小某直接将96万元存入个人账户，已经将96万元占为己有。虽然76万元公司资金的支配未经公司经营者同意，但是该76万元系用于公司业务，没有侵占公司财产所有权，应当将76万元予以扣除。但是该20万元用途与公司业务无关，王小某私自决定将20万元用于偿还王某某的个人债务，侵犯了公司其他股东的利益。所以，应认定王小某利用职务上的便利侵占20万元公司资金，其行为构成职务侵占罪。

第三种意见认为，王小某的行为不构成犯罪。

王小某系冀东物流运输公司的现金会计，负责该公司现金结算。根据公司的管理规定，公司资金应当纳入公司账户进行管理支配，王小某虽然未按照公司资金管理规定方式支配公司资金，但是从其支配资金的去向来看，其不具有侵占公司资金的主观意图。王小某将应当纳入公司账户的资金存入个人账户，不符合公司资金管理规定，该行为仅体现公司资金管理不规范，运营存在漏洞。王小某将76万元公司资金用于支付公司工人工资、运费的行为，本质上依然是为了该公司的正常运营，没有触犯公司利益。

20万元公司资金被用于偿还王某某拖欠的彩票款，虽然未征得陈某某同意，但是该公司系王某某与陈某某夫妻共同财产。本案中，王某某与陈某某系夫妻关系，二人在夫妻关系存续期间成立了冀东物流运输公司，该公司资产属于夫妻共同财产。二人的个人财产与公司财产无法明确区分。该公司类似于一人有限责任公司，王某某与陈某某可作为一个主体来看。虽然陈某某不同意20万元用于偿还王某某的个人债务，但是该个人债务系在夫妻关系存续期间产生，应当作为夫妻共同债务。王小某用王某某与陈某某的夫妻共同财产偿还夫妻共同债务，虽然不符合公司管理规定，但是没有触犯刑法，不应作为刑事犯罪处理。

笔者同意第三种意见，王小某的行为不应当按犯罪处理。

（河北省唐山市玉田县人民检察院　宋海健　牛　娜）

案例41：从一则案例辨析盗窃罪与故意毁坏财物罪的界限

一、基本案情

被告人李某原是被害人贾某雇用的司机，后不再雇用李某，李某心怀不满，伺机报复，于2004年11月24日晚来到停放被害人车辆的停车场，趁工作人员不备，拿着未归还的车钥匙将被害人的中巴车开走。次日20时许，李某在驾车时与路边的电线杆相撞，导致车辆损坏，价值人民币12433元，李某将车丢弃后逃走。李某归案后辩称，自己只是想要报复被害人，并不想占有该车辆。

二、分歧意见

该案案情并不复杂，却涉及盗窃罪与故意毁坏财物罪的理解和适用问题。在本案例中主要存在以下两种分歧意见：

第一种意见认为，李某以非法占有为目的，违背权利人意志，将他人占有的财物中巴车非法据为己有，其行为触犯了《刑法》第264条的规定，构成盗窃罪。

第二种意见认为，李某并非打算非法占有他人财物，只是出于报复心理；但故意撞坏中巴车，数额较大，其行为触犯了《刑法》第275条的规定，构成故意毁坏财物罪。

三、评析意见

笔者同意第一种观点。

正确认定此案件的性质，辨析盗窃罪和故意毁坏财物罪的界限，关键要注意李某在主观方面是否具有非法占有的目的。是否具有非法占有的目的是区别取得型犯罪——盗窃罪和毁坏型犯罪——故意毁坏财物罪的关键，前者要求具有非法占有的目的，后者没有。

非法占有的目的是指排除权利人、将他人的财物作为自己的所有物进行支配，并遵从财物的用途进行利用、处分的意思。包括排除意思和利用意思两个方面内容，前者是指达到了可罚程度的排除权利人利用财产、使用财产的意思；后者是指遵从财物可能具有的用法、用途进行利用、处分。即是非本人所有而作为本人所有的意思进行处分，这里的所有是指所有权，是集占有、使用、收益、处分四项权能于一身的权利，其中处分权能包括对财物事实上的处分①和法律上的处分②。

在这里我们要特别注意把盗用③和非法占有区别开来。盗用与非法占有最重要的区别在于，盗用没有将他人财物据为己有的意思，只是临时使用，用后归还所有人、占有人。当然，盗用行为和非法占有行为最难区分的是未经许可使用耐损耗有体物的情形，如盗骑自行车、盗开机动车等，这直接决定了盗用过程中发生毁坏盗用财物的行为时是构成盗窃罪还是构成故意毁坏财物罪。依据上述描述，区分这两种情况我们主要看行为人在非法获取财物后有无将之归还给权利人的意思，该意思以行为人的行为为准而不以口供作为判断依据。

本案中李某以手中掌握的车钥匙从停车场偷偷开走贾某机动车，在车辆与路边的电线杆相撞，导致车辆损坏的情况下，李某弃车而逃。第一，车辆停在停车场，该车属于停车场占有、贾某所有，李某从停车场将其偷偷开走的行为已经具有排除权利人（所有人、占有人）的意思；第二，李某偷偷开走机动车而且事后并未归还，亦无归还的意思，而是将已经撞坏的车辆丢弃逃跑，这种行为实质上是行使了权利人的处置权。虽然其辩称自己只是想要报复被害人，盗用机动车，并不想占有该车辆，但是其表现出来的客观行为明显具有非法占有的目的，具有排除意思和利用意思，实际上也已经取得对财物的控制，财产所有人贾某也实际丧失了对该财物的控制，符合盗窃罪的构成要件，所以其盗用机动车的辩称是没有法律上的依据的，此案没有最高人民法院《关于审理盗窃案件具体应用法律若干问题的解释》第12条第（四）项规定适用的余地："为练习开车、游乐等目的，多次偷开机动车辆，并将机动车丢失的，

① 事实上的处分是指物的物质形态发生变更或者消灭，如粮食吃掉、原材料生产成成品等。

② 法律上的处分是指依照所有人的意志，通过法律行为对物进行处置，如转让、设定物上权、抛弃、赠与等。

③ 盗用是指行为人未经所有人、占有人同意，临时使用他人财物的行为。

以盗窃罪定罪处罚；在偷开机动车过程中发生交通肇事构成犯罪，又构成其他犯罪的，应当以交通肇事罪和其他犯罪实行数罪并罚；偷开机动车辆造成车辆损坏的，按照刑法第二百七十五条的规定定罪处罚；偶尔偷开机动车辆，情节轻微的，可以不认为是犯罪。”至于其将机动车撞到电线杆的行为，如果是故意，则为盗窃罪的事后不可罚行为，不处罚；如果是过失，依据《刑法》第133条：“违反交通运输管理法规，因而发生重大事故，致人重伤、死亡或者致使公司财产遭受重大损失的，处3年以下有期徒刑或者拘役；交通运输肇事后逃逸或者其他特别恶劣情节的，处3年以上7年以下有期徒刑；因逃逸致人死亡的，处7年以上有期徒刑。”因其未达到交通肇事罪的定罪标准，不构成交通肇事罪。

（河北省迁安市人民检察院　陆爱东　丁莉颉）

案例42：从一则案例辨析抢劫罪与绑架罪、敲诈勒索罪的界限

一、基本案情

被告人刘某、魏某手持弯刀两把，经密谋，一起前往某市友谊宾馆门外守候，伺机抢劫某运输公司承包装饰工程承包人邓某的钱财。当日下午2时许，当邓某行至运输公司后门处，被告人刘某、魏某将邓某劫持到出租车内，按住邓的头部，并持刀威胁其不得叫喊、反抗。随后，指使出租车司机将车开到一果园附近，将邓某拉下车后进行威胁、恐吓，抢走邓的钻石戒指一枚、现金250元、“爱立信”移动电话1部，并威胁邓于当晚8时再送4万元到西关桥头后将邓放回。同日晚8时许，当被告人刘某、魏某二人再次向邓索要4万元时，被闻讯赶来的公安人员抓获。

二、分歧意见

第一种意见认为，被告人刘某、魏某持刀威胁、恐吓，使被害人无法反抗，抢得财物，构成抢劫罪。

第二种意见认为，被告人刘某、魏某主观上以勒索钱财为目的，客观上实施了暴力绑架他人的行为，其行为构成绑架罪。

第三种意见认为，刘某、魏某其当场劫持邓某并抢走邓的钱财的行为构成抢劫罪；其威胁邓当晚再送交4万元的行为属敲诈勒索罪的未遂。

三、评析意见

正确认定本案的性质，关键要注意区分抢劫罪与绑架罪、抢劫罪与敲诈勒索罪的界限。

（一）抢劫罪与绑架罪的界限

1. 行为目的是否为劫取财物。抢劫罪以非法占有他人财产为目的，暴力行为是其实现此目的的手段，而绑架罪有的以勒索财物为目的，有的以扣押人质（基于政治等方面的原因）为目的，不局限于财产目的，还可以是其他非法诉求。

2. 取财是否具有当场性。抢劫罪表现为行为人劫取财物一般应在同一时间、同一地点，具有当场性；绑架罪表现为行为人以实施杀害、伤害或者其他侵害被绑架人的方式向被绑架人的家人、亲属或者其他有利害关系的人或者单位发出威胁，索取赎金或提出其他非法要求，可谓“挟人质以令第三方”，取财一般不具有当场性。

3. 取财的对象是否为被害人本人。抢劫罪是行为人当场从被害人处劫取财物，而绑架罪是行为人向被绑架者的亲属或利害关系人发出威胁，是“挟人质以令第三方”。

（二）抢劫罪与敲诈勒索罪的界限

1. 行为手段程度不同。抢劫罪的手段包括暴力、胁迫或者其他方法，暴力是使被害人“不能反抗”，胁迫是使被害人“不敢反抗”，“其他方法”是使被害人“不知反抗”，总之其程度要求达到足以抑制他人反抗的程度。而敲诈勒索罪的手段限于轻微暴力或者威胁手段，其暴力程度明显达不到压制被害人反抗、防止被害人回避或者逃跑。

2. 实现威胁的时间不同。抢劫罪的威胁具有当场即时发生暴力的现实可能性，如果被害人不交出财物，行为人会当场加以杀害或伤害；而敲诈勒索罪的威胁不具有当场即时发生暴力的现实可能性，具有一定时间性与空间性。如行为人威胁被害人说，如果不把钱拿出来，三天之后在某地把他杀死。

3. 占有财物的形式不同。抢劫罪中，行为人使用暴力、胁迫或者其他方法，致使被害人不能反抗、不敢反抗、不知反抗，在被害人丧失意志自由的情况下而使财物被“劫取”。而敲诈勒索罪中，其行为模式表现为敲诈勒索行为——使被害人产生恐惧——交付财物——占有财物，是在被害人意志被胁迫但尚未完全丧失意志自由的情况下，“交付”其财物。（这里的交付，也称为处分，这是基于恐惧心理而作出的意思有瑕疵的处分，是民法上的无效处分。）

综上所述，笔者同意第三种观点。本案中对被告人刘某、魏某抢走被害人随身携带财物的行为认定为抢劫罪。被告人刘某、魏某共同预谋，对被害人邓某实施了暴力，将其劫持到出租车上，抢走其随身携带的财物后又将其放掉。

从其行为特征上看，刘某、魏某二人的主要目的是得到被害人的财产，虽然对邓某人身自由有一定的直接控制，但这是为了实现抢劫的目的而实施的手段；同时，其抢走邓的钻石戒指一枚、现金250元、“爱立信”移动电话1部，是当场实现而非日后；而且刘某、魏某的威胁是向被害人邓某本人发出并不是其他利害关系人，所以对被告人刘某、魏某抢走被害人随身携带财物的行为应认定为抢劫罪而不是绑架罪。

被告人刘某、魏某在抢劫过程中，又威胁被害人在当晚送4万元到指定地点的行为构成敲诈勒索罪。因为被告人刘某、魏某二人不是当场劫财，而是要求被害人事后送钱，所以不构成抢劫罪；因为被告人刘某、魏某在当场实施暴力抢劫后，已将被害人放掉，而不是对其进行直接的人身控制，使其失去人身自由。同时威胁是向邓某本人发出，未涉及其他利害关系人，所以不构成绑架罪。刘某、魏某的行为特征在于，以非法占有为目的对被害人实施威胁，对其实行精神上的威胁、要挟，使其产生恐惧、害怕心理，基于这种恐惧、害怕而交付其个人财物，所以构成敲诈勒索罪。

（河北省迁安市人民检察院　陆爱东　丁莉颉）

案例43：毁坏性窃取变压器未遂应如何定性

一、基本案情

2014年8月25日晚，犯罪嫌疑人张某、金某伙同郑某（另处）、郭某（另处）来到某市某村东北角石渣子厂，目标锁定在水泥台上安装的变压器。四人分工明确，“装备齐全”：张某在车附近负责望风；金某、郑某、郭某三人实施破坏变压器窃取铜芯线圈行为；三轮车停放在场外，准备运送赃物。金某、郑某、郭某三人用事先准备好的扳手把变压器从水泥台上卸下，接着用折叠刀、板子、改锥等工具拆开变压器……一个小时过去，先后有两团铜线已被拆下，一团铜线已被拆下扔出墙外。三人继续“埋头苦干”，拆解变压器内剩余的铜线……负责望风的张某发现通往石渣子厂的路上有灯光，判断盗窃行为可能被人发现，张某迅速通知金某等人，四人顾不上将已经拆卸下来的铜线装上三轮车，将赃物及工具遗弃现场，迅速逃离。经该市价格认证中心鉴定，被拆变压器价值人民币27040元。

二、分歧意见

该案案情并不复杂，主要涉及毁坏性窃取变压器未遂如何定性的问题。在这个案例中主要存在以下两种分歧意见：

第一种意见认为，张某、金某，以非法占有为目的，违背权利人意志，将他人占有的财物变压器非法据为己有，其行为触犯了《刑法》第264条的规定，构成盗窃罪。

第二种意见认为，张某、金某盗窃未遂，但毁坏公私财物，变压器已被拆解不能使用，数额较大，其行为触犯了《刑法》第285条的规定，构成故意毁坏财物罪。

三、评析意见

笔者同意第二种观点。

正确认定此案件的性质，关键要注意两个方面：一是盗窃罪的既遂标准；二是毁坏性盗窃未遂如何定性。

（一）盗窃罪的既遂标准

盗窃行为包括预备阶段，实行阶段，既遂、未遂阶段（此处我们不考虑中止行为）。盗窃从着手点起，到既遂点之前，若发生意志以外的原因中断，将进入未遂阶段；既遂点之后，则为盗窃既遂阶段。既遂和未遂阶段是两条平行线，该过程具有单向不可逆性。一个犯罪行为既遂以后，是不可能再出现未遂、中止阶段的。在这里我们主要考虑一般盗窃行为，暂不考虑入户盗窃、携带凶器盗窃、扒窃的行为。

刑法之所以将盗窃罪作为犯罪加以打击，其目的就是要保护原财物所有人或者保管人对财物的合法占有状态不受非法侵害，同时也包括这种状态给自身带来的各种利益。所以，对于盗窃罪的既遂标准通常采用失控说和控制说。具体而言，犯事行为人已经取得对财物的控制，财产所有人、保管人实际丧失了对该财物的控制，即为盗窃的既遂状态。

综上所述，张某、金某拆出铜线，准备用三轮车将其运走，却在拆解过程中被人发现，由于意志以外的原因没有取得该铜线，行为属于盗窃罪未遂。

根据最高人民法院、最高人民检察院《关于办理盗窃刑事案件适用法律若干问题的解释》第 12 条规定，盗窃未遂，具有下列情形之一的，应当依法追究刑事责任：

（1）以数额巨大的财物为盗窃目标的；

（2）以珍贵文物为盗窃目标的；

（3）其他情节严重的情形。

所以，该案盗窃未遂，且不具有上述三种情形，不处罚。

（二）毁坏性盗窃未遂的处罚

犯罪嫌疑人张某、金某等人主观上为了获取利益，破坏性拆解变压器，窃取里面的铜芯线圈，客观上实施了将变压器拆解取出铜芯线圈、致变压器毁坏的行为，二人计划用三轮车将拆解下来的铜线运走，虽然已有一团铜线已被拆下扔出墙外，另一团铜线放在变压器东边 20 米处，但是他们却在拆解过程中被人发现，二人为了逃避打击将赃物及工具一并遗弃在现场，迅速逃离，所盗之物并未脱离原权利人的控制，也并未处于实施盗窃行为的张某、金某等人控制下，其盗窃行为属于未遂。

根据最高人民法院、最高人民检察院《关于办理盗窃刑事案件适用法律若干问题的解释》第11条第3款的规定："盗窃公私财物并造成财物损坏的，按照下列规定处理：……（三）盗窃行为未构成犯罪，但损毁财物构成其他犯罪的，以其他犯罪定罪处罚。"

所以，毁坏性窃取公私财物，窃取行为未遂，在主客观相一致的范围内应按照故意毁坏财物罪追究犯罪嫌疑人张某、金某的刑事责任。

（河北省迁安市人民检察院　陆爱东　丁莉頔）

案例44：捡拾特定环境中的他人财物是否构成犯罪

一、基本案情

犯罪嫌疑人李某某，因犯盗窃罪于2008年7月1日被判处有期徒刑1年，缓刑2年；因犯危险驾驶罪于2014年1月9日被判处拘役3个月；因涉嫌盗窃罪于2015年4月30日被刑事拘留，同年5月13日被执行逮捕。

2015年4月29日10时许，犯罪嫌疑人李某某到某福利彩票站购买彩票时，发现该投注站内的桌子上有一钱包，遂起歹意，趁人不备将钱包偷偷藏在身上后离开投注站，将钱包内现金人民币2510元盗走用于偿还个人债务，钱包及身份证、驾驶证、银行卡等物丢弃。

二、分歧意见

李某某在特定场合拾取他人财物的行为是否构成盗窃罪。

第一种观点认为，李某某的行为不构成犯罪。理由是：李某某在彩票站捡拾他人财物，既不是秘密窃取财物的盗窃行为，也不构成代他人保管的侵占行为，只能认定为捡拾遗失物的不当得利。

第二种观点认为，李某某的行为构成侵占罪。理由是：依据《刑法》及“两高”相关司法解释，李某某将他人遗忘在彩票站的钱包据为己有的行为，符合侵占罪第二种形式，即将他人的遗忘物或者埋藏物非法占为己有，数额较大，不予归还的行为，因此，李某某的行为应当认定为侵占罪。

第三种观点认为，李某某的行为构成盗窃罪。理由是：李某某虽然实施的是捡拾他人遗忘物的行为，但其捡拾的财物为特定情境下的钱包，即如果没有他人拿走，钱包的主人能够随时找回。李某某的行为与趁人不备窃取他人财物的行为并无本质的区别，因此应认定为盗窃罪。

三、评析意见

笔者同意第三种观点，认为李某某的行为构成盗窃罪。理由如下：

1. 本案属于非典型盗窃案件，而不是侵占案件。认定侵占罪须注意以下三点：（1）他人的财物遗忘在行为人有权控制的特定范围之内，例如，行为人家中、货摊上、汽车上等；（2）行为人没有用非法的方法使他人的财物处于自己的控制之下，即具有持有的合法性；（3）明知是他人的遗忘物，而据为己有，拒不交出。也就是说区分侵占罪与盗窃罪，关键就在于遗忘物是否在行为人有权控制的范围之内。如果行为人没有使用犯罪的方法使他人财物处于自己的控制之下，具有持有的合法性和无罪过性，以侵占罪论处；反之，如果是遗忘物在他人的有权控制的范围内，行为人趁人不备将其秘密窃为己有，则以盗窃罪论处。

本案中彩票站桌子上的钱包，即使被人短暂遗忘，但此时具有合法占有权的系该彩票站经营者，而站内其他人员均为无权占有，本案犯罪嫌疑人李某某将其秘密藏在身上，该转移占有行为系非法，应认定其行为构成盗窃罪。

2. 关于本案行为人的犯罪构成。就犯罪主体而言，犯罪嫌疑人李某某符合一般犯罪的主体特征；客观上李某某实施了以隐蔽手段秘密窃取他人财物的行为；主观上出于直接侵占他人财物的故意，其行为完全符合盗窃罪的犯罪特征。

（河北省唐山市丰南区人民检察院　李彦军）

案例45：将代为看管的财物占为己有应当如何定性

一、基本案情

刘某任某网吧收银员，与于某通过微信结识，二人约定在刘某工作的网吧见面。深夜，刘某犯困，欲去卫生间洗脸清醒头脑，便对于某说："帮我看一下，我洗把脸就回来。"随后刘某便去距离收银台20米处的卫生间洗脸，并在2分钟后返回。而于某已经趁机拿走收银台内3250元现金逃离网吧。

二、分歧意见

第一种意见认为，刘某将财物交给于某看管，构成委托关系，于某将代为保管的他人财物占为己有，数额较大，拒不退还，其行为构成侵占罪。

第二种意见认为，于某只是财物的占有辅助者，虽然刘某将财物交给于某看管，但并没有失去对财物的支配占有，于某以非法占有为目的，窃取他人数额较大的财物，其行为构成盗窃罪。

三、评析意见

笔者同意第二种意见，理由如下：

侵占罪，是指将代为保管的他人财物非法占为己有，数额较大，拒不退还；或者将他人的遗忘物、埋藏物非法占为己有，数额较大，拒不交出的行为。盗窃罪，是指以非法占有为目的，秘密窃取公私财物数额较大或者多次盗窃、入户盗窃、携带凶器盗窃、扒窃公私财物的行为。盗窃罪与委托物侵占罪的根本区别在于，盗窃罪是盗窃他人占有的财物，委托物侵占罪是侵占自己占有的他人财物。换言之，盗窃罪是行为人实施盗窃行为之前对他人的财物并不享有实际的支配占有；而委托物侵占罪则正好相反，行为人实施侵占行为时，被侵占之物当时已经在他的实际控制之下。行为人着手实行行为之前是否对他人的财物享有支配权，是区分侵占罪与盗窃罪的关键。侵占罪的成立，是行为人将业已占有，即已经形成“占有事实”的财物占为己有，即原财物所有人、占有人已经失去对该财物的控制。如果财物所有人、占有人对原财物享有占有权时，试图以不法办法占有该财物，则可能构成盗窃罪。本案中，刘某只是将网吧收银台交给于某暂时看管一下，财物脱离刘某的时间仅有2分钟，同时，刘某离去的距离仅有20米，财物尚未脱离刘某的控制范围。根据社会的一般观念，当财物尚未脱离被害人的控制范围或者脱离时间较短时，仍为被害人占有的财物。因此，本案中的收银台虽然为于某“看管”，但其并没有取得对财物的支配权。

刑法理论上的“代为保管”是指基于委托关系对他人财物具有事实上或法律上的支配力的状态，并不是当他人交代“帮我看一下”，行为人就“代为保管”了他人财物。本案中，财物的所有者是网吧所有人，作为保管者的刘某因要去洗把脸而将收银台财物暂时交于某看管，于某只能认定是占有的辅助者，对财物并不享有独立的、完全的支配权。于某以非法占有为目的，窃取他人数额较大的财物，构成盗窃罪。

（河北省唐山市路北区人民检察院　单庆梅）

案例46：本案是借款纠纷还是构成诈骗罪

一、基本案情

2009年12月，因银行贷款未批下来，王某向李某借款10万元用于购买车辆搞营运，出具“王某借李某10万元，利息10%/月，六个月之内归还”借条一份。2010年1月，在银行抵押贷款批下来之后，王某归还了李某借款10万元及其利息2万元。2010年4月，因开车时发生了交通事故，王某又向李某借款7万元用于车辆修理费，李某要求王某以现居住房屋做抵押，因王某现居住房屋为租赁房屋，所以王某将结婚时制作的虚假产权证给李某做抵押并开具“王某借李某7万元、利息10%/月，六个月内归还”借条一份。王某支付车辆修理费后又归还了李某2个月利息。2010年12月，王某无法继续经营下去，遂将车辆出售得款11万元，在归还银行10多万元后无法偿还李某借款。经查，王某借款时提供的房屋产权证是为与妻子结婚才制作的假证件。

二、分歧意见

检察机关在办理该案时，对本案的定性产生了两种不同意见：

第一种意见认为，王某的行为应定性为诈骗罪。王某以非法占有为目的，隐瞒无抵押财产的事实，使用虚假房屋产权证骗取李某7万元，触犯了《刑法》第266条之规定，构成诈骗罪。

第二种意见认为，王某的行为不构成犯罪。王某以虚假产权证做抵押向李某借款属于民事欺诈行为，不属于刑法调整范围，其行为不构成诈骗罪。

三、评析意见

笔者同意第二种意见，理由是：

民事欺诈行为与诈骗罪的关键在于行为人有无非法占有目的。根据1996

年最高人民法院《关于审理诈骗犯罪案件具体应用法律若干问题的解释》及司法实践经验，除非行为人自认具有以非法占有为目的，一般情况下应根据行为人的客观行为进行推定，如行为人诚信状况、借款时有无归还能力、提供的担保真伪、借款用途、在事发前有无归还行为或者意愿、未归还原因、事发后行为人的态度等，不能单以行为人未归还借款就推定行为人具有非法占有的主观目的。法律推定行为人具有非法占有目的，意味着主观目的的推定含有未知因素，换句话说，如果有充分证据推翻或质疑“非法占有”之推定，便不宜认定行为人具有“非法占有”的目的。

在本案中，王某为买车曾向李某借款10万元，在银行贷款批下来之后及时归还了李某10万元借款及利息；在借款7万元时，尽管提供虚假的产权证作为抵押，但是该虚假产权证并不是为实施诈骗目的而制作，而是为骗婚所作；从提供担保的过程来看，王某并非为骗取李某信任而主动提供虚假产权证做担保；王某借款理由和用途真实，就是为修车，借款数额也未明显超过修车数额；借款7万元后，曾经向李某支付利息2万元；王某卖车原因并非携款潜逃，而是无法继续经营下去；王某卖车后所得11万元，用途绝大多数为归还银行；王某并未潜逃，只是躲避李某追债；案发后王某有表示归还意愿。

综上所述，笔者认为尽管王某隐瞒无抵押财产的事实向李某借款，但是认定王某具有非法占有目的证据不足。根据刑法谦抑的精神，王某的行为不构成诈骗罪。

（河北市唐山市古冶区人民检察院　赵保亮）

案例47：扒窃后当场被发现成立盗窃罪既遂还是未遂

一、基本案情

2013年12月2日18时许，犯罪嫌疑人李某来到某市一水果摊位处，趁被害人高某在此处购买水果不备之时，将被害人高某放在上衣兜内的黑色小米手机掏出拿在手中，欲逃走时被被害人高某发觉。经鉴定，该被盗手机价值人民币1292元。公安机关以盗窃罪移送审查起诉。

二、分歧意见

第一种意见认为，犯罪嫌疑人李某的行为是盗窃未遂。理由是：我国刑法采用的是“失控加控制”说。盗窃的既遂必须以实际占有并控制财物为要件。本案中犯罪嫌疑人李某并没有实际控制财物。其是在扒窃过程中被被害人发现，其并没有实际控制财物，应以盗窃未遂处理。

第二种意见认为，犯罪嫌疑人李某的行为是盗窃既遂。犯罪嫌疑人李某刚把手机盗出拿在手中即被被害人发现，此时犯罪嫌疑人李某看起来没有控制住手机，实际上是控制后又失去了这种控制。可以说，只是犯罪嫌疑人李某控制手机的时间非常短而已，并不能认为李某从来就没有控制住手机。犯罪嫌疑人李某的行为应认定为盗窃既遂。

第三种意见认为，李某的行为是扒窃，是行为犯，不存在既遂或者未遂。理由是：扒窃犯罪不同于一般的盗窃犯罪，在认定扒窃犯罪的既遂问题上，不应严格采取“失控加控制”说，只要犯罪嫌疑人实施了扒窃行为就应认定为盗窃。

三、评析意见

笔者同意第三种观点。理由如下：

扒窃犯罪不同于一般的盗窃犯罪，有其一定的特殊性，主要表现在以下三个方面：一是社会危害性大。扒窃作案现场一般在公众场所，发案后社会影响大于一般的秘密窃取行为。《刑法修正案（八）》将入户盗窃、扒窃增加规定为犯罪，体现了其社会危害性较大，应受处罚性更严格。二是“秘密窃取”的相对性。一般的盗窃行为都是采取秘密的方式窃取他人财物，此处的他人指的是犯罪以外的人。“扒窃”行为的秘密性，相对的仅是被害人，对于其他人，往往是公开的。虽然扒窃者内心希望越少的人知道越好，但在公共场所的“扒窃”是在众目睽睽之下进行的，其主观恶性较大。三是取证难度大。扒窃行为实施时间极短，作案地点人多嘈杂，且不会留下明显犯罪痕迹，加之证人流动、被害人不能及时报案等因素，在固定证据、有效指控犯罪上带来很大困难。

基于以上特点，笔者认为对扒窃类案件要严厉打击，要根据它的特殊性来适用法律。本案中，应以盗窃罪追究李某的刑事责任。如严格采取“失控加控制”说，则不免有放纵犯罪之嫌。

（河北省唐山市路北区人民检察院　薄英杰）

案例48："盗中有骗"案如何定性

一、基本案情

2013年9月至2014年10月期间，犯罪嫌疑人刘某某与张某甲、张某乙、张某丙、张某丁五人在唐山市丰南区瑞丰钢厂购买废铝、废铜等物品。该五人为将利益最大化，经事先预谋，将货车底部加装了一个空水箱，先将空水箱加满水，并张某甲、张某乙、张某丙三人藏于车内，驾驶加满水箱水并藏了三个人的货车冒充空车，过磅后进入厂区，在厂区内无人场所，将加装水箱内的水放完并藏着的三人下车，装满废铝、废铜后出厂过磅后，多拉出等同于水箱内所加水以及三人重量的废铝、废铜，共计作案15次。公安机关经侦查实验和鉴定，满水箱水并张某甲、张某乙、张某丙三人称重共计1.16吨，计算得出五犯罪嫌疑人非法所得废铝、废铜共计价值563220元。

二、分歧意见

第一种观点认为，刘某某等人构成诈骗罪。五犯罪嫌疑人以隐瞒真相的方式，即以加满水箱水并藏三人的空车称重，以放完水箱水、人下车的满载车过磅出厂区的方法，骗取厂方的信任，诈骗厂方15次废铝、废铜共计563220元，符合诈骗罪的构成要件。

第二种观点认为，刘某某等人构成盗窃罪。五犯罪嫌疑人以非法占有为目的，秘密采取加装水箱、加满水藏人的手段，在厂方毫不知情且主观上没有处分1.16吨废铝、废铜的真实意思和行为下，秘密窃取厂方15次价值共计563220元的废铝、废铜，应构成盗窃罪。

三、评析意见

笔者同意第二种意见，认为刘某某等人的行为构成盗窃罪。

持诈骗罪的观点认为，刘某某等人的行为符合诈骗罪客观方面的特征。诈骗罪是指以非法占有为目的，使用虚构事实或隐瞒真相的方法，骗取数额较大的公私财物的行为。诈骗罪的客观方面一般表现为先后有序的四个部分：行为人实施诈骗行为；使他人陷入错误认识；他人基于错误认识自愿处分财产；行为人获取财产或财产性利益。这四个行为具有一定的客观逻辑顺序，形成一个前后紧密相连的因果锁链。本案中，刘某某等人在整个犯罪过程中，主要实施四个行为：在货车底部私自加装一个水箱，将水箱装满水并让三犯罪嫌疑人藏在车内冒充空车过磅，在厂区内无人场所放完水箱水、人下车，用货车将一废铝、废铜拉出厂外。前三个行为对厂方来说，虽具有秘密性，但其主要性质和作用还是诈骗。理由是：加装水箱、加满水并藏人、放完水且人下车这三个行为，对空厢货车（以下简称“车皮”）来说，三个行为组合形成的主要作用和效果是，改变了“车皮”重量。交易时，刘某某等人向厂方故意隐瞒了“车皮”变轻的事实，对厂方构成了欺诈，导致厂方认识错误而“自愿”多交付约1.16吨的废铝、废铜，其行为构成诈骗罪，同时也体现了诈骗罪多是智能型、交易性犯罪的一般特征。

盗窃罪，是指以非法占有为目的，秘密窃取公私财物数额较大或者多次窃取公私财物的行为。在交互使用欺骗与窃取手段的案件中，行为人采取了什么手法，被害人是否具有处分其财产的真实意思和行为，多种犯罪行为交织时哪种行为是主要方法和手段，这些往往是区分诈骗罪与盗窃罪的关键之处。

第一，刘某某等人的行为符合“秘密性”的特征。秘密性体现在：(1) 主观认识上的秘密性，即盗窃手法，犯罪嫌疑人在主观上不想让被害人知道；(2) 手段上的秘密性，即盗窃手段不为被害人所知；(3) 结果上的秘密性，即被害人并不知财物实际已经被犯罪嫌疑人所控制。也就是说，行为人采取自认为不为财物所有者、保管者或经手者所发觉的方法，暗中将财物获取的行为，并且被害人对自己的财物占有控制权利受到破坏时毫不知情。本案中，刘某某等人主观上认为，秘密采取加装水箱、加满水并藏人、放完水且人下车这些手段，暗中将1.16吨废铝、废铜拉出厂门，厂方没有发觉。当满载且包含1.16吨废铝、废铜的货车过磅出厂后，厂方在毫不知情的情况下，丧失了对该部分财物的所有权。

第二，煤矿主观上没有处分1.16吨废铝、废铜的真实意思和行为。区分盗窃与诈骗的关键还在于，被害人有没有处分其财产的真实意思和行为。在盗窃犯罪中，被害人既没有处分财产的真实意思，也没有处分财产的行为。而诈骗犯罪最本质的特征表现为，因行为人的欺诈而使被害人陷入错误认识，从而“心甘情愿”地处分其财产。本案中，厂方主观上没有处分其1.16吨废铝、废铜的真实意思；刘某某等人也没有花言巧语骗取过磅员信任，让其自觉交付该部分财物。

第三，刘某某等人的诈骗行为仅作为盗窃的方法和手段。在盗窃行为与诈骗行为相互交织时，如何定性，还要综合考量犯罪的方法和手段。行为人通过实施一些诈骗行为，为盗窃行为做准备、创造条件，对财物的最终取得方式还得靠窃而非骗，那么应定盗窃罪。这时的诈骗行为，仅表现为犯罪的辅助方法和手段。刘某某等人所使用的欺诈手段，是为窃取1.16吨废铝、废铜创造条件，起到了准备作用。通过欺诈取得对财物的持有，不是刘某某等人的目的行为，而只是其实现占有财物目的的辅助手段行为。因此，刘某某等人非法获取财物的最终取得方式是窃取而非诈骗。因此，刘某某等人应构成盗窃罪。

（河北省唐山市丰南区人民检察院　李志玲）

案例49：在网吧捡拾他人熟睡时掉落的手机如何定性

一、基本案情

2015年12月23日，任某在某网吧通宵上网。凌晨2时许，任某发现坐在自己后座位置上睡觉的网管吴某的iPone6PLUS从上衣兜里滑出掉在座位下的地板上，任某见状遂将手机捡起，藏在网吧附近小区的车棚里后又回到网吧继续上网。当日6时许，任某离开网吧后将手机带回家。第二天网管吴某发现手机丢失，经查监控当晚只有任某在该网吧上网，遂对其产生怀疑并找其询问，任某拒不承认。吴某报警，警察找任某调查，其才承认拿走手机的事实。经鉴定，iPone6PLUS手机价值人民币3148元。

二、分歧意见

第一种观点认为，任某的行为应以盗窃罪论处。理由是：任某乘吴某熟睡之机，将吴某掉在地板上的手机捡拾并藏匿，其行为符合秘密窃取的特征，任某在吴某报案后仍否认自己的捡拾行为，其非法占有他人财物的目的明显，且被其占有的财物数额较大，应以盗窃罪定罪处罚。

第二种观点认为，任某的行为构成侵占罪。理由是：由于吴某本人的疏忽，在其熟睡后，手机从其衣袋中滑落，此时手机相对于吴某本人来说是遗忘物。任某捡拾他人的遗忘物并在吴某发觉后拒不交出，其行为符合《刑法》第270条的规定，应以侵占罪论处。

第三种观点认为，任某的行为不构成刑事犯罪，应以民事范畴中的不当得利论处。理由是：网吧系公共场所，吴某因熟睡将手机掉落在地板上，此时吴某在很大程度上失去了对手机的控制，手机成为遗失物。而《刑法》第270条规定的侵占罪是将他人的遗忘物非法占为己有，数额较大拒不交出。遗失物不同于遗忘物，因此，本案中的手机不能作为侵占罪的犯罪对象。任某的行为不构成侵占罪，任某捡拾他人遗失的财物，应以不当得利论处。

三、评析意见

笔者同意第一种意见。

本案的焦点在于：如何正确认定本案中犯罪对象的性质，即涉案的手机是有效控制下的财物，还是遗忘物或遗失物。

遗忘物和遗失物是两个相近的概念，从本质上讲，遗忘物和遗失物都是财物所有人或持有人由于主观上的疏忽大意而丢失的财物，但在司法实践中不能把遗忘物等同于遗失物，二者的法律意义截然不同。

其一，遗忘物是指财物的所有人或持有人有意识地放在某处，因疏忽大意忘记拿走。典型的如某人乘坐出租车，将自己的手提包放在座位上，下车时忘记带走。遗失物则是指财物的所有人或持有人因为疏忽大意而偶然失落在某处。如某行人在途经某处时因掏东西而不慎将钱包掉在地上。

其二，遗忘物一般尚未完全脱离物主的控制范围，只是由于所有人或持有人本人的疏忽，忘记将其有意识地放置于某处的财物拿走，一经回忆一般都能知道财物的所在位置，因而容易找回；遗失物一般不知道失落在何处，所有人或持有人根本不知道是在何时何地丢失的，已基本上失去了对财物的控制，也不容易找回。遗失物既不属于盗窃罪的对象亦不属于侵占罪的对象，侵犯他人的遗失物应以不当得利论处。

本案中，吴某因熟睡滑落在地上的手机既非遗忘物也非遗失物，因为手机既非吴某有意识放置在地板上忘记拿走，也非因吴某本人的疏忽丢失在地板上。从表面上看，在吴某熟睡过程中，手机从其衣袋内滑落，手机似乎脱离了其所有人的控制，但究其实质，吴某并未因此而丧失对手机事实上的控制权。即不能因为行为人在公共场所或因吴某处于熟睡状态而否认其对手机事实上的支配权。

类似情形还有因车祸受伤昏迷不醒的人，其财物散落在地，此时他对自己财物的支配权也没有中断，他人非法占有其财物，应构成盗窃罪。又如，某人乘坐出租车时，在出租车的座位上发现一个其他乘客遗忘在出租车上的皮包，将皮包拿走即构成盗窃罪。因为在这种情况下行为人应当认识到该皮包处于出租车司机的实际控制下，如将皮包拿走侵犯了出租车司机对该物的实际控制权。

综上所述，吴某熟睡时虽然手机掉到地上，但并未丧失对手机的支配权，任某捡拾行为应认定为盗窃罪。

（河北省唐山市丰南区人民检察院　李志玲）

案例50：利用保安职务盗窃服务单位财物如何定性

一、基本案情

王某、杨某系某保安服务公司保安，2015年2月受保安公司派遣到某公司生产厂区驻勤负责生产办公设施安全。王某、杨某与田某共谋在二人晚上当班期间由田某进入该公司生产厂区盗窃机用柴油。同年5月至10月，王某、杨某在当班时先后数次联系田某，由田某进入生产厂区盗窃价值近3万元的柴油。

二、分歧意见

第一种意见认为，王某等人的行为构成职务侵占罪。理由是：（1）王某、杨某与田某勾结，由田某实施盗窃，利用了王某、杨某的职务便利；（2）王某与杨某虽不是服务单位的工作人员，但服务单位对其履行职责的情况有权进行管理、监督和检查，王某、杨某应按照服务的要求履行职责，其所盗窃服务单位的财物应当视为盗窃的是本单位的财物。因此，王某、杨某与田某勾结，利用王某、杨某的职务便利，共同盗窃服务单位的财物，构成职务侵占罪。

第二种意见认为，王某、杨某与田某勾结，利用王某、杨某的工作便利，秘密窃取服务单位财物，数额巨大，其行为均构成盗窃罪。

三、评析意见

笔者同意第二种意见，理由如下：

从犯罪主体上分析，保安是专属于保安公司的工作人员，保安公司与服务单位签订《保安服务合同》取得保安业务，保安受保安公司的派遣到服务单位履行保安职责，是代表保安公司的职务行为，因其职务行为或履行职责过程中的过错甚至犯罪致使服务单位遭受损失的，应认定为保安公司违约而承担民事赔偿责任。保安按服务单位的要求履行职责，服务单位对保安履行职责情况的监督、检查，以及要求保安公司调换不合格保安，是保安公司履行保安合同义务。服务单位对保安公司的履约情况进行监督、检查、督促，而不是对保安人员行使管理权，它也无权管理保安，因此不能将保安纳入服务单位人员的范畴。

从犯罪手段来分析，盗窃罪与采取盗窃方式的职务侵占罪，在犯罪手段上的一个重要区别就是是否利用了职务便利。从职务侵占罪的犯罪构成来看，职务侵占罪利用的职务必须是财物被侵害单位赋予给本单位人员的职务。保安在当班之机盗窃服务单位的财物，从表面上看，保安是利用了其职务便利，但其所利用的职务是保安公司依法录用其为保安，并指派其驻勤执行保安任务而依法赋予的，他履行保安职责是代表保安公司的职务行为，而不是服务单位赋予的职务行为，服务单位只是按照合同要求为保安履行职责提供了工作场地和工作对象。因此，保安利用保安公司依法赋予的保安职务，盗窃服务单位的财务，不属于职务侵占罪所要求的职务，而是利用其工作便利。

综上所述，王某、杨某作为保安，与田某勾结，利用王、杨二人当班的便利条件，共同盗窃服务单位的财物，数额巨大，应认定构成盗窃罪。

（河北省唐山市路北区人民检察院　母　宏）

案例51：车辆试乘过程中将车开走如何定性

一、基本案情

2015年5月至11月，姚某三次以买车为由试乘他人出售的二手车，在试乘过程中将车开走，后卖车人报警。

二、分歧意见

本案中姚某的行为如何定性，存在三种不同意见：

第一种意见认为，姚某谎称买车，将他人之物非法占为己有，构成诈骗罪。

第二种意见认为，姚某乘卖车人不备，将他人之物强行占为己有，构成抢夺罪。

第三种意见认为，姚某的行为构成盗窃罪。

三、评析意见

笔者同意第三种意见，理由如下：

第一，本案中区分盗窃罪、抢夺罪、诈骗罪的关键在于判断卖车人的财产损失是一种自损行为还是他损行为。盗窃罪、抢夺罪是外力入侵的“财产他损行为”，诈骗罪是由于行骗人实施诈术，被害人基于错误认识自愿交付的“财产自损行为”。诈骗罪要求被害人对财产有处分的意思，且这种意思是基于被骗后陷入错误认识的“自由意志”。结合本案事实，姚某虽然向卖车人谎称买车，让卖车人陷入错误认识将车交与姚某试车，但卖车人将车交给姚某只是同意让姚某试车，不是对车辆的财产处分行为。所以，本案中卖车人的财产损失不是一种主动奉上的自损行为，而是基于姚某的他损行为所致。故姚某的行为不构成诈骗罪。

第二，区分抢夺罪与盗窃罪的关键是财物被非法占有时，财物与所有人之间是否存在相对紧密的联系。抢夺罪最显著的特征是要求物与人之间存在紧密联系，加害人针对他人紧密占有的财物使用暴力（对物暴力），破坏他人对财物的紧密持有从而取得财物。此时，被害人虽然当场可以得知财物被夺，但往往来不及反抗，刑法理论上通常所说的“公然夺取”即是此意。本案中，姚某向卖车人谎称买车，在卖车人将车辆交付加害人，财产占有关系发生转移的情况下，趁试车之机将他人财物非法占为己有。犯罪过程中，财产和所有人处在分离状态，姚某没有对被害人及其财物实施现实或将来的暴力，而是利用试车过程中卖车人对车的松懈持有状态，以对人身和财物没有危害的、和平的方式将车驶走。所以，姚某的行为不构成抢夺罪。

第三，姚某的行为是一种盗窃行为。刑法中盗窃罪的客观表现为秘密窃取他人财物，这里的“秘密窃取”不仅包括当事人不知情，也包括当事人知情的情况，甚至盗窃行为发生在众目睽睽之下加害人堂而皇之地拿取财物。如在公共汽车上扒窃，同乘车者可能有人看见，被窃者可能知情也可能不知情。又如商场中多人在同一个摊位试穿一种大衣，其中一人将衣服穿上后，趁摊主忙于为他人服务无暇顾及时走掉。本案中姚某谎称试车，在将车开出后，趁汽车所有人与车辆分离，无力顾及时将车开走，属于盗窃行为。

综上所述，可以得出两点结论，一是区分盗窃罪、抢夺罪和诈骗罪的关键在于：物的损害是他损还是自损，盗窃罪、抢夺罪是“财物的他损行为”，诈骗罪是“财物的自损行为”。二是当认定盗窃罪和抢夺罪发生混淆时，应着重判断财物在被侵害时，财物与所有人之间是否存在紧密联系。财物与所有人之间存在紧密联系，加害人对物实施暴力破坏财物与所有人之间存在的紧密联系从而夺取财产，则成立抢夺罪。本案中，财物在被侵害时，财物与所有人不存在紧密联系，姚某是以非法占有为目的，在一种和平的方式下破坏所有人对财物的占有，应当认定是一种盗窃行为。

（河北省滦县人民检察院　陈继云）

案例52：以买车为名试车将车开走的行为如何定性

一、基本案情

2015年5月至9月，姚某先后三次以买车的名义在试车过程中分别将张某的奇瑞越野车、刘某的帕萨特轿车、安某的帕萨特轿车开走，转卖给他人。

二、分歧意见

对于本案如何定性有两种意见：

第一种意见，公安机关认为姚某的行为构成诈骗罪。姚某通过隐瞒事实真相的手段，骗取车主信任后将其车开走，其采取的手段是隐瞒事实真相，应定诈骗罪。

第二种意见，本院认为姚某的行为构成抢夺罪。姚某趁车主不备，将汽车突然开走，从而非法占有车辆，构成抢夺罪。

本案的特殊性在于，犯罪嫌疑人在行为过程中，既有隐瞒事实真相骗取他人信任的因素，又有乘人不备公然夺取的手段，关于这类抢夺与欺诈交织的客观表现如何定性，值得我们探讨。

三、评析意见

笔者同意第二种意见，理由如下：

1. 诈骗罪是指以非法占有为目的，用虚构事实或者隐瞒真相的方法，骗取数额较大的公私财物的行为。诈骗罪在客观上表现为使用欺诈方法骗取数额较大的公私财物。首先，行为人实施了欺诈行为，欺诈行为从形式上说包括两类：一是虚构事实，二是隐瞒真相；从实质上说是使被害人陷入错误认识的行为。成立诈骗罪要求被害人陷入错误认识之后作出财产处分，财产处分包括处分行为与处分意识。处分财产表现为直接交付财产，或者承诺行为人取得财产，或者承诺转移财产性利益。

2. 抢夺罪，是指以非法占有为目的，不使用暴力、胁迫等强制方法，公然夺取公私财物，数额较大的行为。抢夺罪在客观方面表现为，趁人不备，公然抢夺他人财物的行为。但行为人公然夺取财物时并不使用暴力、胁迫等侵犯被害人人身的手段行为，而是针对被抢夺财物使用强力，使其脱离被害人的控制而占为己有。诈骗罪和抢夺罪的共同点主要体现在：（1）犯罪的主体都是一般主体。（2）犯罪的主观方面都以非法占有公私财产为目的。（3）犯罪的客体都有侵犯到国家、集体、公民的财产所有权。（4）都是结果犯，并且都使用非暴力手段。区别主要体现在犯罪的客观方面，即非法获取财物的方法不同。

3. 本案中，姚某采用了欺骗手段，借买车的名义分别与车主张某、刘某、安某谈价，并借口试车，此欺诈行为让三位车主陷于错误认识（误以为他要买车）。基于此错误认识，三位车主将车辆交给姚某。虽然三位车主将车辆交给姚某是出于自愿，但三位车主并没有让姚某占有车辆的意思表示，因为姚某还没有付款，交易还没有产生，因此三位车主将车辆交给姚某的行为不能看作处分财产的行为。同时，姚某非法占有的目的是要获得对汽车的实际控制，而不是一时的占有，此时姚某的犯罪行为也还没有完成，其最终获得汽车还是要趁人不备开车逃跑，事实上，姚某就是采用了一种“诈术抢夺”的方法，通过诈骗行为，为抢夺行为创造条件，对财物的取得方式最终还是靠抢夺而非诈骗。

4. 分析犯罪行为的前后逻辑顺序，姚某的行为应认定为抢夺。诈骗罪的成立必须具备这样的客观逻辑顺序：诈骗行为——使他人陷入错误认识——他人基于错误认识处分财产——行为人获取财产或财产性利益。这四个行为先后有序，形成一个前后紧密相连的因果锁链，环环相扣，上一行为是下一行为的原因，而下一行为又是上一行为的结果，因果分明，不能颠倒，不可缺少。如果某一环节不符，则显然不构成或不能完成诈骗罪。在本案中，姚某实施的危害行为依自然意义判断也可分为四段：虚构买车的事实——车主上当受骗——车主交出车辆——姚某开车逃跑，似乎符合诈骗罪的逻辑顺序，但仔细分析可以发现：车主将车辆交给姚某试车并不是诈骗意义上的“处分”行为，而姚某虚构了事实，使财物暂时由其占有，也只是造成财物支配力的一时弛缓，因此，姚某最终非法占有车辆并不是车主将车辆给其使用，而是在于他开车逃跑。从姚某的行为看，更符合抢夺所表现出来的趁人不备、公然夺取使财物脱离所有人控制这一逻辑顺序，因此姚某的行为应认定为抢夺。

由此看来，姚某非法占有该车辆主要是以抢夺的方式实现目的的，其行为更符合抢夺罪的犯罪构成要件，应以抢夺罪追究其刑事责任。

（河北省滦县人民检察院　傅秀辉）

案例53：冒充警察敲诈钱财如何定性

一、基本案情

2015年12月19日上午10时许，犯罪嫌疑人李某甲、李某乙、王某某三人，开车流窜至甲区伺机作案。被害人赵某某（55岁）是乙县人，其正在甲区附近骑自行车闲逛时，被犯罪嫌疑人李某甲等三人发现，三人经过预谋对被害人进行敲诈，于是李某甲驾车开始对被害人尾随。被害人溜达进到了某音像店，随后李某甲、李某乙也佯装购买光盘进了音像店，发现被害人购买了四张黄色光盘。被害人购买光盘后骑车行至一胡同时，被李某甲、李某乙、王某某驾车拦住，后该三人谎称自己是警察（出示的证件系伪造），对被害人进行询问并检查，以被害人购买黄色光盘违法为由，使用将其“送派出所处理”等语言进行恫吓，向被害人索要罚款11600元，索要钱款被三人平分挥霍。

二、分歧意见

第一种意见认为，构成招摇撞骗罪。犯罪嫌疑人李某甲、李某乙、王某某三人冒充警察的身份，索要他人钱财，其行为严重影响了国家机关的威信及其正常活动，应当定性为招摇撞骗罪。按照《刑法》第279条第2款的规定，冒充人民警察招摇撞骗的从重处罚。

第二种意见认为，构成敲诈勒索罪。犯罪嫌疑人李某甲、李某乙、王某某三人以非法占有为目的，冒充警察的身份，以被害人购买黄盘违法为由，对其使用言语进行恫吓，迫使被害人交付钱财，数额较大，应当定性为敲诈勒索罪。

三、评析意见

笔者同意第二种意见。理由如下：根据《刑法》第279条的规定，招摇撞骗罪的客观方面表现为行为人冒充国家机关工作人员的身份或者职称，进行诈骗的行为。所谓的招摇撞骗，通俗地讲就是到处行骗，因而构成犯罪的行为一般都具有连续性、多次性的特点。如果行为人只有一次这种行为的，原则上不宜以犯罪论处。如果行为人既有冒充国家机关工作人员的行为，又有骗取非法利益的行为，其骗取非法利益的行为可能构成其他犯罪的，以其他罪名定罪处罚。本案中，现有证据能够证明犯罪嫌疑人李某甲等三人实施了一次招摇撞骗的行为，没有证据证明该三人在唐海镇或者其他地方实施招摇撞骗的行为。该三人只有一次招摇撞骗的行为不符合招摇撞骗连续性、多次性的特点，不宜定性为招摇撞骗罪。

李某甲等三人的行为符合敲诈勒索罪的特征，应当定性为敲诈勒索罪。招摇撞骗罪是以骗为特征的，被害人受骗后往往自愿交出财物；而敲诈勒索罪虽然也有骗的成分，但是却是以恫吓被害人为特征，即对财物的持有者实施恫吓，造成其精神上的恐惧，出于无奈被迫交出财物的行为。本案中李某甲等三人冒充警察，以送派出所处理为由对被害人进行恫吓（被害人吓得浑身哆嗦），被害人出于无奈交付财物，数额较大，符合敲诈勒索罪的特征，应当定性为敲诈勒索罪。

（河北省唐山市曹妃甸区人民检察院　高文良）

案例54：以累犯为切入分析“恶意透支”型信用卡诈骗犯罪时间

一、基本案情

王某于2008年8月24日因抢劫罪被刑满释放，2012年5月王某在没有还款能力的情况下在某银行办理一张信用卡，并于2012年6月9日开卡并使用该卡消费或取现，截止到2012年8月27日，王某共从该信用卡透支人民币27000元，发卡银行于2013年1月6日、2013年5月24日分别通过快递发函向王某催收还款，并且王某收到两封催收函，但王某至今未偿还该信用卡的欠款。王某的行为构成信用卡诈骗罪，但对王某是否构成累犯存在分歧意见。本案中王某是否构成累犯直接影响对其的量刑。

二、分歧意见

第一种意见认为，王某构成累犯。其一，王某犯罪案发时间应该从其以非法占有为目的透支信用卡之日起算，即2012年6月9日已经着手实施犯罪，此时间距王某2008年8月24日刑满释放不足5年，遂王某构成累犯；其二，《关于办理妨害信用卡管理刑事案件具体应用法律若干问题的解释》第6条规定：“持卡人以非法占有为目的，超过规定限额或者规定期限透支，并且经发卡银行两次催收后超过3个月仍不归还的，应当认定为刑法第一百九十六条规定的‘恶意透支’。”即使王某信用卡诈骗的案发时间自两次催收后3个月起算，即2013年8月24日，王某也构成累犯。

第二种意见认为，王某不构成累犯。其一，王某信用卡诈骗罪案发时间应该以发卡银行催收后3个月仍不归还的日期作为犯罪日期，王某虽然在没有还款能力情况下办理了信用卡，但是在不超过信用卡还款期限，没有发卡银行催收的情况下不宜简单认定为以非法占有为目的，之前办理信用卡、开卡、透支行为只是民事借贷行为。其二，根据《刑法》第65条规定“被判处有期徒刑以上刑罚的犯罪分子，刑罚执行完毕或赦免以后，在五年以内再犯应该判处有期徒刑以上刑罚之罪的，是累犯……”五年之内不包含当日，即王某在2013年8月25日犯罪才构成累犯。其三，《关于办理妨害信用卡管理刑事案件具体应用法律若干问题的解释》第6条规定：“持卡人以非法占有为目的，超过规定限额或者规定期限透支，并且经发卡银行两次催收后超过3个月仍不归还的，应当认定为刑法第一百九十六条规定的‘恶意透支’。”即银行两次催收后三个月的日期为2013年8月24日，从8月25日才是信用卡诈骗案发时间，遂王某的行为不构成累犯。

三、评析意见

笔者同意第二种意见，即王某不构成累犯。

第一，《关于办理妨害信用卡管理刑事案件具体应用法律若干问题的解释》第6条规定：“持卡人以非法占有为目的，超过规定限额或者规定期限透支，并且经发卡银行两次催收后超过3个月仍不归还的，应当认定为刑法第一百九十六条规定的‘恶意透支’。”主观要件的“非法占有目的”应当产生于恶意透支前或者至少与透支行为同时存在；而作为客观要件的“经发卡银行两次催收后超过3个月仍不归还”是为了缩小信用卡诈骗罪的打击范围而作出的法律规制，刑法所评价和打击的并不是透支行为本身，其所规制的是行为人逾期仍不还款的行为，刑法只对经两次催收仍拒不还款的行为施加刑罚。将案发时间定为开始透支时是不恰当的，原因在于信用卡透支的特殊性，即使行为人有非法占有的目的，只要在还款期限届满前还清欠款，其行为自然不构成犯罪。如果行为开始构成犯罪，而因犯罪嫌疑人还款的行为又重新回到合法状态，这与刑法的基本理论是不相容的。故恶意透支型信用卡诈骗的案发时间应该从“经发卡银行两次催收后超过3个月仍不归还”的第二天算起，即2013年8月25日。

第二，《刑事诉讼法》第103条规定：“期间以时、日、月计算。期间开始的时和日不算在期间以内。”《刑法》第65条规定“被判处有期徒刑以上刑罚的犯罪分子，刑罚执行完毕或赦免以后，在5年以内再犯应该判处有期徒刑以上刑罚之罪的，是累犯”的5年之内不包含当日，故王某的行为不构成累犯。

（河北省唐山市丰润区人民检察院　付　建）

案例55：非法占有目的如何确定

一、基本案情

米某某系某某水泥厂业务员，负责某地区的水泥销售及货款回收工作，其利用职务之便，截留客户水泥款挪作他用，超过3个月未曾归还且数额较大，案发后，其妻子提走个人名下存款40余万元，其本人辩称该笔钱款属于其岳父所有。区公安局以职务侵占罪提请本院批准逮捕。

二、分歧意见

在上述情况下，米某某是涉嫌职务侵占罪还是挪用资金罪，有两种不同意见：

第一种意见认为，米某某以非法占有为目的，利用职务之便侵占公司货款，侵犯了公司财产的所有权。在案发后其妻子转移财产，并且谎称财产属于其岳父，属于“有证据证明有能力归还所挪用的公款而拒不归还，并隐瞒挪用的公款去向”，涉嫌职务侵占罪。

第二种意见认为，米某某利用职务上的便利，挪用公司货款作他用，侵犯了公司财产的使用权，涉嫌挪用资金罪。

三、评析意见

笔者同意第二种看法，理由如下：

（一）挪用资金罪与职务侵占罪的区别

挪用资金罪，是指公司、企业或者其他单位的工作人员，利用职务上的便利，挪用本单位资金归个人使用或者借贷给他人，数额较大、超过3个月未还的，或者虽未超过3个月，但数额较大、进行营利活动的，或者进行非法活动的行为；职务侵占罪，是指公司、企业或者其他单位的人员，利用职务上的便利，将本单位财物非法占为己有，数额较大的行为。二者的根本区别在于是否有非法占有目的和行为。

在司法实践中，犯罪嫌疑人的主观故意是证据链条中最难认定的环节。因为主观故意若是没有外在客观表现，则经不住推敲，犯罪嫌疑人也有随时翻供的可能性。

2003 年，最高人民法院发布《全国法院审理经济犯罪案件工作座谈会议纪要》，对于行为人携带挪用公款潜逃的；挪用公款后采取虚假发票平账、销毁有关账目等手段使所挪用的公款已难以在单位财务账目上反映出来，且没有归还行为的；截取单位收入不入账，非法占有，使所占有的公款难以在单位账目上反映出来，且没有归还行为的；有证据证明有能力归还所挪用的公款而拒不归还，并隐瞒挪用的公款去向的推定为具有非法占有目的，为司法实践提供了参考。

（二）米某某的行为是否能推定为具有非法占有目的

在本案中，米某某作为水泥公司的业务员，应当知道将涉案款项据为己有、永不归还是不可能的，其也并未采取涂改账目、伪造票据等办法试图掩盖自己截留款项的行为，同时还为部分客户出具了收条。米某某在被水泥公司人员询问水泥出售款项是否已经结清时，表示还没有结清，说明其主观上依旧肯定单位对于款项债权人的身份。同时，其在公司找其对账的时候，如实交代了截留货款的行为和货款用图。其在公司写下了书面材料承认此事，至公安机关对其进行第一次询问之间的两个多月里，也没有采取逃匿、躲避等方式逃避公安机关侦查。

米某某交代，截留客户货款主要挪用至其所经营的矸子厂，并且提供了账证，账证起止时间在挪用客户货款之前，没有后期账册，但又有供货商证明其在账证结束时间之后依旧为其送过货，基于此，截留钱款去向目前难以认定；米某某妻子名下曾拥有 47 万元定期存款，案发后在未到期的情况下取出，其表示该笔欠款属于其岳父所有，根据现有证据，也不能证明米某某“具有偿还能力而拒不偿还、并隐瞒挪用公款去向”而推定其非法占有目的。因此，根据“存疑有利于被告人”原则，无法根据以上两点推断其非法占有目的。

（三）审查批准逮捕环节的证据要求

审查批准逮捕阶段处于侦查初期，在这较短的时间内难以形成完整的证据材料，从质的角度看，比较粗糙、浅薄；从量的角度看，较零星，体系也不完整。因此，审查逮捕时，既要严格遵守逮捕的三个条件，但又不能对证据过于苛求。要严格把握“有证据证明”这一条件，对于审查批准逮捕案件进行审查。

就本案来说，米某某涉嫌职务侵占一案因为缺少重要证据证明其具有非法占有目的，但是其涉嫌挪用资金罪证据较为充分。在这一情况下，既要保障诉讼活动的顺利进行，又要保证没有“错捕”，因此本院以米某某涉嫌挪用资金罪作出批准逮捕决定。

（河北省唐山市古冶区人民检察院　付宁宇飞）

案例 56：骗取银行卡和密码冒取他人存款构成何罪

一、基本案情

2014 年 3 月 8 日至 3 月 24 日间，犯罪嫌疑人刘某某经事先预谋，谎称贷款买车需要使用银行卡，从赵某某手中将其丈夫刘某的工资卡骗走，并骗其说出银行卡的密码，先后七次在银行的自动取款机上取出共计人民币 8000 元，所得赃款被其挥霍。

二、分歧意见

第一种观点认为，犯罪嫌疑人刘某某以借款买车为由，从赵某某手中骗得银行卡及密码时，已经取得该卡内财物的完全支配权，完成骗得被害人财物的行为，该行为是以虚构事实、隐瞒真相的方法骗取公私财物，应构成诈骗罪。

第二种观点认为，犯罪嫌疑人刘某某虽然预谋以欺骗方式取得他人的银行卡及密码，但被害人赵某某向其交付银行卡时，是相信了其贷款买车需要使用银行卡，交付的是使用权，而不是银行卡内的财产权。刘某某从银行卡中支取钱款的行为系在赵某某不知情的情况下完成的，符合盗窃犯罪中秘密窃取的行为特征，其行为应构成盗窃罪。

三、评析意见

结合本案案情，笔者同意第二种观点。

第一，盗窃罪与诈骗罪的主要区别在于：盗窃罪表现为行为人以秘密窃取的方法占有他人财物，在秘密窃取的情况下，行为人取得财物违反或不顾财物控制者意志，破坏其占有的状态并非法占有他们的财物；而诈骗罪是行为人通过欺骗手段骗取公私财物控制者的信任，财物控制者基于这种信任主动将财物交付行为人占有。由此来看，通俗地说，从受害人的角度而言，盗窃罪是不知情被窃取，诈骗罪是主动交付。

第二，对于这一类既实施了欺骗手段，又实施了秘密窃取手段而非法占有他人财物的情形，应当考察财产所有人、持有人、管理人是否有处分财产的意思和行为。行为人取得财产的主要手段，究竟是窃取的？还是被害人“自愿”处分的？如果行为人虽有欺骗手段，但被害人没有处分财产的意思和行为，即使得到了财产，那么主要手段还是以窃取为主。在本案中，虽然刘某某采用了欺骗的手段，骗得银行卡及密码，但其并没有就此直接占有赵某某的款项，即赵某某并没有直接将8000元钱款交付刘某某。刘某某取得8000元是自己在银行自动取款机上自主取得的款项，且其取得时赵某某并不知情。

第三，被害人是否自愿交付、处分财产是诈骗罪区别于盗窃罪的关键。应当注意的是，区分二罪时着重考虑受害人在财产转移时的主观心态不同，诈骗罪是受害人因为受骗而主动交付财产，而盗窃罪的受害人主观上没有转移财产所有权的意思表示。犯罪嫌疑人刘某某虽然采用了欺骗手段，但其取得被害人现金这项财产完全转移的决定性行为系秘密窃取，并非被害人自愿交付，被害人也没有主动转移财产所有权的意思，故其行为不符合诈骗罪的构成要件，应当以盗窃罪定罪处罚。

（河北省唐山市丰南区人民检察院　李志玲）

案例57：抢夺后持刀威胁是否构成转化型抢劫

一、基本案情

2013年12月20日午后，吴某和田某两人在偏僻路段游走寻找目标，伺机抢夺。两人驾驶摩托车来到某在建住宅小区附近，见孙某正停在路边整理电动车后座上的物品，孙某耳朵上戴有一对黄金吊坠，脖子上戴有一根较粗的金项链。田某遂下车，趁孙某不备，从后面迅速将孙某耳朵上一只价值800元的金耳坠和脖子上价值2300元的金项链抢走，并迅速坐上吴某的摩托车逃跑，反应过来的孙某大喊："抢劫啦，抓人啊！"此时路边恰有一辆三轮车经过，驾驶三轮车的司机探出头来问"咋啦？"吴、田两人误以为有人赶来追捕，田某遂从一布袋中抽出一把长约40公分的水果尖刀示威，就在孙某和三轮车司机一愣之际，吴某猛踩摩托车油门，二人扬长而去。

二、分歧意见

对于吴某和田某行为如何定性，实践中出现了两种不同意见：第一种意见认为，应认定为抢夺罪；第二种意见认为，应以抢劫罪定罪处罚。

三、评析意见

笔者同意第二种意见，理由如下：

第一，吴某和田某抢夺金耳环和金项链的行为构成抢夺罪。抢夺罪是以非法占有为目的，不使用人身强制方法，公然夺取数额较大的公私财物的行为。本罪的客体是他人财产所有权，在客观方面表现为不使用人身强制方法，一般采取的是可以使被害人立即发觉的方式，公然夺取被害人的财物。在本案中，吴某和田某趁被害人孙某不备，从其身后迅速抢走被害人金耳环和金项链，其行为已经构成抢夺罪。

第二，田某拿刀示威的行为属于“当场”以“暴力”相威胁。本案的分歧在于是否构成转化型抢劫的问题。《刑法》第269条规定，犯盗窃、诈骗、抢夺罪，为窝藏赃物、抗拒抓捕或者毁灭罪证而当场使用暴力或者以暴力相威胁的，依照抢劫罪论处。首先，该条规定的转化型抢劫罪中的“当场”是指盗窃、诈骗、抢夺犯罪当时所在的场所，或者行为人刚一离开即被发觉。如果当时追捕已中断或者结束或者完全脱离抢夺等行为的时间和地点，或者犯罪行为人在作案时未被发现和追捕，而是在其他时间、地点被发现被追捕的，就不能认为“当场”，此时，也就不构成转化型抢劫，其使用暴力或者以暴力相威胁构成犯罪的，对其前后所犯的罪行分别论处。在本案中，田某从被害人背后突然抢走金耳环和金项链，并迅速坐上同案人吴某的摩托车准备逃跑，但此时被害人已发觉，并向人求救，属于行为人刚一离开即被发觉的情形，应当认定为“当场”。其次，田某手中所持水果刀足以危及被害人或其他在场人员的身体健康或者生命安全，致使其不敢反抗，应属于以“暴力”相威胁。

第三，田某以暴力相威胁的主观目的是抗拒抓捕。转化型抢劫罪适用条件有三个：前提是实施了盗窃、诈骗、抢夺三种行为；客观要件是当场使用暴力或以暴力相威胁；主观要件是当场实施暴力或以暴力相威胁的目的是窝藏赃物、抗拒抓捕或者毁灭罪证，且只要求行为人为其中一个具体目的而当场实施暴力或者以暴力相威胁即可。本案中，吴某和田某在看到三轮车司机朝自己过来时，误以为有人赶来抓捕他们，为了防止被他人抓捕，将水果刀拿出来示威，可见，田某拿刀出来示威的主观目的就是抗拒抓捕。

第四，转化型抢劫并不要求客观上实际实施了抓捕行为。从转化型抢劫的规定看，该罪并没有要求客观上必须有人实施抓捕行为，而只需要行为人主观上是为了抗拒抓捕而使用暴力或以暴力相威胁即可。行为人在逃跑过程中如果使用暴力或以暴力相威胁，被害人及其他在场人员考虑到自身的人身安全，一般都会放弃追捕，如果据此即认为行为人不具备抗拒抓捕情节，显然不够合理。

（河北省迁安市人民检察院　张平玮）

案例58：居间介绍人私吞贿赂款如何定性

一、基本案情

2013年6月12日，李某（女，现年45岁）在与朋友张某（男，现年50岁）吃饭时，张某告诉李某说他有一个朋友丁某（男，48岁）在河北省石家庄工作，丁某能够托人运作学生上军校的事儿，说运作一个学生上军校须得花30万元的运作费，并告诉李某说有人想办的话可以找他联系。

2013年6月30日，梅某得知这一情况后主动找到李某，让李某帮忙，李某告诉梅某运作一个学生上军校得花运作费32万元，梅某当即同意。梅某为防止被骗，遂要求与李某签订一份书面协议，约定：在2013年年底前办成梅某之子上军校的事宜，否则李某全额退款，协议签订后梅某通过转账的形式转给李某32万元。

2013年7月2日，李某和张某取得联系后，将30万元通过转账的形式转给了张某。李某认为这个事儿她不能白帮忙，所以将2万元作为中介费占为己有。

2013年7月5日，张某得款后将30万元全部通过转账的形式交给了丁某。

2013年年底，李某仍没有办成此事，梅某遂要求李某退款。李某将款打给张某后曾多次催张某要求丁某尽快办理，后在张某的多次催促下，丁某承认办理学生上军校的事儿是丁某自己编造的。张某遂要求丁某退款，后丁某退给张某15万元，并称其余的钱已花了，没有钱，还不了。张某无奈只好将丁某退的15万元打给了李某，并告诉了李某真相。李某收到张某打给她的15万元后，并没有将其手中的17万元退给梅某，而是编造出种种理由拖延。后梅某认为她被骗了，遂向本地公安机关报案。

二、分歧意见

对李某行为的性质存在如下分歧意见：

第一种意见认为，李某的行为应定为诈骗罪。理由是：（1）李某没有任何法律依据占有梅某的17万元，其占有是非法的；（2）李某在张某退给她15万元以后，已经知道丁某办理学生上军校之事是虚假的，在此情况下李某却编造各种理由，拒不退款，向梅某隐瞒了事实真相，其目的就是想占有此款。据此，李某以非法占有为目的，采取了隐瞒真相的方法将现款17万元非法占为已有，拒不退还，事实上由于该款已被李某挥霍一空已无法返还，故应以诈骗罪追究李某的刑事责任。

第二种意见认为，李某的行为应定为侵占罪。理由是：（1）李某在为梅某之子办理学生上军校一事的过程中，她所起的只是一个中间介绍的作用，梅某将款交给她以后，她起到的只是一个代为保管的作用，因为事先李某并不知道办理学生上军校之事是丁某虚构的，所以一开始李某并没有非法占有款项的主观故意，不是骗，她擅自截留2万元，认为是自己应得的报酬。（2）张某将丁某退的15万元交给李某后，李某就应该退给梅某，在此过程中李某所起的也只是代为保管款项的作用，李某对梅某进行隐瞒，其目的就是想占有代梅某保管的此笔款项，案发时李某已将此款挥霍无力退还。据此，李某将代为保管的梅某的款项非法占为己有，拒不退出，应认定为侵占罪，系自诉案件。

三、评析意见

笔者认为，李某的行为不构成犯罪。理由是：

行为是否构成犯罪，必须严格遵守罪刑法定的原则，即法无明文规定不为罪，法无明文规定不处罚。诈骗罪是指以非法占有为目的，采取虚构事实、隐瞒真相的方法，骗取数额较大的公私财物的行为。本案中李某由于不知道丁某为他人办理学生上军校之事是虚假的，在主观上与丁某没有诈骗的共同故意，所以收款之后，将款项打给张某，这一行为过程李某不成立诈骗罪。

李某在收到张某退还的15万元并得知丁某办理学生上军校之事是虚假的真相后，编造各种理由拒不退款，并将款项挥霍。李某得到这15万元，不是她虚构事实、隐瞒真相的欺骗行为取得，而是在丁某的诈骗行为暴露后得到的应退还给李某的返还款，李某得款后编造各种理由拒不退还，其目的虽然是想非法占有这一返还款，但是由于占有不是欺骗所得，所以不符合诈骗罪的犯罪构成要件，不成立诈骗罪。

侵占罪是指以非法占有为目的，将代为保管的他人财物或者将他人的遗忘物或者埋藏物非法占有己有，数额较大，拒不交还的行为。

本案中因为李某占有的17万元既不是遗忘物也不是埋藏物，所以李某的行为成立侵占罪的关键就是要确认这 17 万元是不是李某代为保管的财物。对代为保管的行为方式，刑法的理论界和实务界存在两种不同观点：一是代为保管就是接受他人委托暂时代其保管；二是代为保管是指一切不以所有为内容的管理关系。但是侵占罪中的代为保管的前提必须是合法持有他人的财物。因为从刑法所保护的社会关系的正当性和法律的目的在于保护他人合法财产权利的立场来看，代为保管的他人财物应当指一切基于合法原因或根据而持有他人财物的行为，非法持有以及因犯罪持有都不能认定为侵占罪中的合法持有。

本案中，梅某为运作其子上军校而交付他人款项去跑关系，这一行为本身具有明显的违法性，甚至有涉嫌犯罪之嫌，其行为本身是不受法律保护的，为国家法律所禁止，所以从事这一违法行为所支付的财物是不受国家法律保护的，李某的持有也不能成立代为保管当中的合法持有。同时，李某持有的梅某款项，也不属于代为保管的范畴。据此，由于李某持有的梅某的款项不属于侵占罪中代为保管的范畴，所以李某的行为亦不构成侵占罪。

（河北省滦南县人民检察院　杨世新）

案例59：盗窃罪中“秘密窃取”辨析

一、基本案情

2015年7月8日下午13时30分左右，犯罪嫌疑人孙某在打工的饭店与经理李某发生矛盾，后回到饭店租住的员工宿舍收拾行李准备辞职。宿舍内只有新来的员工樊某在，孙某产生将经理李某笔记本电脑拿走的想法，以示报复。遂对樊某说，经理李某让其把笔记本电脑送去修理，新员工樊某没有接话，自顾休息，孙某遂将李某床头放置的灰色戴尔牌笔记本电脑（价值2089元）拿走。后将该笔记本电脑销赃得款1000元，不辞而别。

二、分歧意见

对此案如何定性，存在两种分歧意见：

第一种意见认为，犯罪嫌疑人孙某构成诈骗罪，其以非法占有为目的，编造受被害人委托去修理电脑的事实，蒙蔽在场的樊某，将电脑从宿舍内拿走予以转卖，属于骗取他人财物的行为，应以诈骗罪论处。

第二种意见认为，孙某的行为系盗窃罪。虽然其采取了编造事实的手段，但是该行为是为了掩盖自己盗窃目的，也是属于掩人耳目进行窃取的形式，且其盗窃的财物并非说谎对象所有，说谎对象对被盗财物并没有支配权，故不应成立诈骗罪。

三、评析意见

笔者同意第二种意见。理由如下：

首先，两种观点分歧的焦点在于在场人樊某对涉案的财务是否有支配权。如果樊某基于错误的认知，将财物交给孙某，则孙某构成诈骗罪。反之，孙某则是通过言语上的掩饰，佯装窃取。笔者认为，在本案中，案发的地点是某饭店的集体宿舍，一般住宿人员会有自己固定放置财物的位置，各成员间互不占有。如果同室友不在，其他在场人员不享有处分财物的权限。所以，本案中，樊某不具备对笔记本电脑的支配权，缺乏诈骗罪构成的客观要件。

其次，具体到本案，孙某向樊某说，经理李某让其将电脑拿走去修理。樊某不置可否，主观上分析其心理，其可能认为事不关己，自己没有去判断事实以及作出回应的必要。客观上，我们假设孙某即使不向樊某说明其拿电脑做什么，也不会影响该事件的结果。因为樊某是新来的员工，其可能不知道宿舍内财物的所属，也不知道孙某与李某的关系，所以，因孙某为掩饰其盗窃的目的而随口编造的谎言，即改变该案件的性质，有舍本逐末之嫌。

最后，关于盗窃罪是否一定要在秘密状态下进行，有在场人员情况下即不构成盗窃罪？笔者认为，不可一概而论。首先要区分盗窃罪与相似罪名的不同表现，如果需要经过财物支配权人的给予才可能占用该财物的，是诈骗罪构成的主要要素；趁人不备，抢夺财物的是构成抢夺罪的关键；使用暴力、胁迫手段获取财物的，是抢劫罪区别于他罪的表现。综上所述，笔者认为本案中，犯罪嫌疑人孙某不具备其他犯罪的主客观构成要件，且不与盗窃罪构成要件相悖，更宜定性为盗窃罪。

（河北省唐山市丰南区人民检察院　王向征）

案例60：为向女友炫富而抢车的行为应如何定罪

一、基本案情

2014年10月，孙某和其女友李某开始交往。在交往期间，孙某为炫富谎称其家中有奥迪A6轿车一辆，因平时孙某出手并不阔绰，李某并未信以为真。之后，孙某想租辆奥迪A6轿车给李某看看，但苦于租金过高，一直未租成。2015年7月1日，孙某在网上看到刘某出售奥迪A6轿车的信息，孙某遂产生将刘某奥迪A6轿车抢走的想法。后孙某根据刘某在网上发布的联系方式与其取得联系并商量买车事宜。2015年7月3日，孙某将刘某约至某废弃厂房附近，谎称与刘某交易时，持刀将刘某肩部、臂部多处扎伤，并将奥迪A6轿车抢走。2015年7月5日，孙某给刘某发信息，告知奥迪A6轿车被其扔在某浴池院内。经价格认证中心鉴定，该车价值人民币210000元。经刑事科学技术法医学人体损伤程度鉴定，刘某所受之伤为轻伤二级，自伤之日起治疗休息5周。

二、分歧意见

第一种观点认为，孙某为了在其女友李某及其朋友赵某、何某面前逞强好胜，通过强拿硬要的方式占用他人公私财物，情节严重，应当以寻衅滋事罪追究其刑事责任。

第二种观点认为，孙某以暴力方法抢劫公私财物，其行为构成抢劫罪。

三、评析意见

笔者同意第二种观点。

寻衅滋事罪是指在公共场所无事生非，起哄闹事，随意殴打、追逐、拦截、辱骂他人，强拿硬要，任意损毁、占用公私财物，破坏社会秩序，情节恶劣或后果严重的行为。

抢劫罪是以非法占有为目的，对财物的所有人、保管人当场使用暴力、胁迫或其他方法，强行将公私财物抢走的行为。抢劫罪的暴力，是指对被害人的身体施以打击或强制的暴力，借以排除被害人的反抗，从而劫取他人财物的行为。

第一，保护的法益不同。寻衅滋事罪旨在保护公共秩序或社会秩序，就“强拿硬要或者任意损毁、占用公私财物”的类型而言，由于其对象是公私财物，故其保护的法益应是公私财物的安全。但是结合“破坏社会秩序”的规定考察，刑法禁止这类行为所欲保护的法益不只是单纯的财产，而是包括与财产有关的社会生活的安宁或平稳。强拿硬要或任意损毁行为实际上侵犯了他人生活的平稳，而这种社会生活与财产密切相关。

抢劫罪保护的是公私财物的所有权及公民的人身权利。对于抢劫犯来说，其最根本的目的是要劫取财物从而获得财物的所有权，侵犯人身权利，是行为人为了取得财物所有权而使用的手段。刑法规定抢劫罪就是为了保护公民的财产权利不被侵犯，这里的财产是单纯意义上的，与社会秩序和公共秩序无关，是公民的私有权利。

本案中，孙某的行为侵犯的并不是与财产密切相关的社会生活秩序，而是侵犯了刘某作为奥迪 A6 轿车所有人的财产权利，正是因为孙某的行为，才使奥迪 A6 轿车脱离了刘某的控制。

第二，主观目的不同。寻衅滋事罪主观上是出于流氓动机，寻衅滋事罪的行为人必须出于满足耍威风、取乐等不正常的精神刺激或者其他不健康的心理需要，而实施了随意殴打、强拿硬要及任意损毁、占用公私财物等一系列的行为。行为人只要对自己的行为扰乱公共场所秩序具有认识或者放任内容，就具备了寻衅滋事罪的主观故意。

抢劫罪的目的行为是强行劫取公私财物，其实施抢劫行为就是为了获得被害人财物的所有权，侵犯公民的人身权利只是其实现财产权利的手段之一。如果行为人仅以其所输赌资或所赢赌债为抢劫对象，则其行为不构成抢劫罪。

本案中，孙某为了向其女友炫富，在租车未果的情况下又预谋劫取刘某的奥迪 A6 轿车，其主观上已经超出了耍威风等流氓动机，只有非法占有该车、取得所有权，孙某才能实现其炫富目的。

第三，使用暴力的程度不同。寻衅滋事罪中的强拿硬要是违背他人意愿强行取得他人财物的行为，既可以表现为夺取财物，也可以表现为迫使他人交付财物，强拿硬要行为虽具有一定的强制性，但不需要达到足以压制被害人反抗的程度。

抢劫中的暴力，是指对被害人的身体施以打击或强制，借以排除被害人的反抗，从而劫取他人财物的行为。行为人通过暴力手段劫取财物必须达到抑制被害人反抗的程度，这是抢劫罪暴力程度的下限，抢劫罪的暴力上限为剥夺他人生命。

本案中，孙某持刀将刘某肩部、臂部多处扎伤，这种暴力程度足以压制刘某的反抗，从而将刘某的奥迪 A6 轿车抢走。

最高人民法院、最高人民检察院《关于办理寻衅滋事刑事案件适用法律若干问题的解释》第 7 条规定："实施寻衅滋事行为，同时符合寻衅滋事罪和故意杀人罪、故意伤害罪、故意毁损财物罪、敲诈勒索罪、抢夺罪、抢劫罪等罪的构成要件的，依照处罚较重的犯罪定罪处罚。"

本案中，孙某为了向自己的女友炫富，谎称与刘某进行买车交易的同时，持刀将刘某扎成轻伤，其主观目的就是为了占有刘某的奥迪 A6 轿车，且孙某持刀扎人的暴力程度远远超出了寻衅滋事罪中"强拿硬要"的暴力范畴，应当以抢劫罪追究孙某的刑事责任更为合宜。

综上所述，孙某的行为构成抢劫罪。

（河北省迁安市人民检察院　史文超）

案例61：以自己身份为他人代办银行卡后，将款项据为己有如何定性

一、基本案情

犯罪嫌疑人赵某原是被害人肖某的司机。2012年6月，肖某令司机赵某用赵某的身份证办理了一张工商银行卡。赵某办理完银行卡交给肖某，肖某将此卡存放在某市汽车租赁有限公司，用于肖某向该公司转汇汽车月租款。2013年3月30日，肖某向此卡上存入汽车月租款25万元，赵某接到存款短信通知后欲将存款占为己有。次日，犯罪嫌疑人赵某在工商银行将此卡挂失并补办新卡，并将卡上的25万元全部转走，占为己有，并挥霍。

二、分歧意见

对于赵某的行为构成何罪，有以下分歧意见：

第一种意见认为，赵某的行为构成诈骗罪。赵某并非此存款的所有权人，却采用欺诈手段虚构事实，令银行陷入错误的认识，为其办理挂失，进而将此笔钱款转走并挥霍，赵某的行为构成诈骗罪。

第二种意见认为，赵某的行为构成盗窃罪。该案中25万元存款的所有权人为肖某，赵某采用挂失的秘密手段，将此笔款项窃取，占为己有，主观上有非法占有的目的，客观上实施了窃取的行为，符合盗窃罪的构成要件，其行为构成盗窃罪。

第三种意见认为，赵某的行为构成侵占罪。肖某利用赵某的银行卡存款，实际上相当于赵某受肖某委托管理存款，赵某以拒不归还的意思从银行取款据为己有，成立侵占罪。

三、评析意见

首先，从银行角度而言，赵某的行为不构成诈骗罪。

其次，从被害人肖某的角度而言，肖某与犯罪嫌疑人赵某没有形成委托保管关系，因而赵某的行为不符合侵占罪的构成要件。

从案情可以看出，本案中存在两种法律关系，一是被害人肖某与银行发生的存贷款法律关系；二是肖某与犯罪嫌疑人赵某因借用身份证件发生的借用法律关系。笔者认为，肖某虽然委托赵某办卡，但从肖某亲自掌管该银行卡，往该银行卡内打款25万元并没有告诉赵某等后继行为来看，都丝毫没有让赵某保管银行卡及卡内资金的意思表示。

那么，赵某是否构成所谓的法律上的占有呢？其一，笔者对本案中赵某是否具有该种占有存有一定的疑问。其二，即使赵某具有此种占有，也对判断肖某、赵某就银行卡及卡内资金是否形成委托保管关系没有任何意义。原因在于此种占有只对发卡行有效（客户可凭身份证办理取款、挂失等银行业务），对肖某而言是无效的，赵某不能以该种占有向肖某主张二人就银行卡及卡内存款存在委托保管关系。综上，肖某与赵某的委托保管关系在本案中是不存在的，虚构此种关系并以此为基础认定为侵占行为的观点是不足采信的。

最后，赵某的行为符合盗窃罪的构成要件。本案中，赵某对于该25万元存款的所有权归属是明知的，赵某的非法占有目的自其向银行挂失该卡时就已然表露无遗——该卡实际上并未丢失。赵某向银行申请挂失并补办新卡，其本意不在于重新获取账户，而是欲将账户内所存有的25万元款项据为己有，其后来将该款转移并取出挥霍也证实了赵某非法占有的目的。虽然赵某在进行银行卡挂失并补办新卡时，程序上及形式上都是合法的，但该种行为只不过是其进一步实施盗窃的一种手段和方式而已，赵某只是利用了不知情的第三人（银行工作人员）帮助其实现窃取财物的目的，其行为本质上仍然是盗窃。

（河北省唐山市人民检察院　郑茂年）

案例62：已被行政处罚过的盗窃行为是否应计算入我国刑法规定的多次盗窃

一、基本案情

2014年10月15日，姚某某在唐山市丰润区某服装店内盗走獭兔皮草一件；同年11月23日12时许，姚某某来到唐山市丰润区某商场，在该商场盗走粉底一瓶，价值347元；2015年5月23日14时许，姚某某又在唐山市丰润区某化妆培训店内盗走5瓶化妆品，价值905元。其中，姚某某前两次的盗窃行为已经被公安机关进行过行政处罚。

二、分歧意见

第一种意见认为，姚某某的行为不构成犯罪。理由如下：

1. 根据最高人民法院、最高人民检察院《关于办理盗窃刑事案件适用法律若干问题的解释》（以下简称《解释》）第2条第（二）项的规定，一年内曾因盗窃受到过行政处罚的，“数额较大”的标准可以按照前条规定标准的50%确定，根据案情，姚某某盗窃数额较大标准为2000元，因姚某某在一年内曾被行政处罚过，故姚某某盗窃数额达1000元以上才构成盗窃罪，而姚某某盗窃的数额只有905元，未达到我国法律规定的盗窃罪数额较大标准的50%，即1000元。

2. 根据“两高”《解释》第3条第1款规定，二年内盗窃三次以上的，应当认定为“多次盗窃”，姚某某前两次的盗窃行为已经被公安机关行政处罚过，根据我国刑法“一事不再罚”原则，不应再把已被处罚的盗窃行为累计为二年内盗窃三次以上，如果将已经被行政处罚过的盗窃行为计算入多次盗窃次数内则违背了禁止重复评价的原则。

第二种意见认为，姚某某的行为构成盗窃罪。理由如下：

根据“两高”《解释》第3条第1款规定，二年内盗窃三次以上的，应当认定为“多次盗窃”，根据《中华人民共和国刑法》第264条规定，多次盗窃、入户盗窃、携带凶器盗窃、扒窃的，处三年以下有期徒刑、拘役或管制，并处或单处罚金。姚某某在2014年10月至2015年5月的二年内盗窃三次，应当认定为多次盗窃，姚某某的行为虽然已经被行政处罚过，但无须考虑每一次盗窃行为是否受过行政处罚，姚某某的行为构成盗窃罪。

三、评析意见

笔者同意第二种意见，姚某某的行为应当认定为二年内盗窃三次，属于我国刑法规定的多次盗窃，构成盗窃罪。理由如下：

第一，禁止重复评价原则一般是指对同一犯罪事实不得作出两次或者两次以上的刑法评价，以避免罪刑不均衡，这与我国刑法原则要求的一事不再罚原则是一脉相承的，一事不再罚中的罚亦是指性质相同的处罚，而行政处罚与刑事处罚是两种性质完全不同的处罚，行政处罚不属于刑法评价，两者系分别、独立存在，不能相互代替。将已经受行政处罚的行为再进行刑事处罚具有理论根据和实践基础，两种不同质的处罚是可以重叠的。在实践中，已广泛开展行政执法和刑事司法衔接方面的各项工作。如国务院颁布的《行政执法机关移送涉嫌犯罪案件的规定》等。另外，将已受行政处罚的行为进行刑法规制是有立法和司法解释先例的，如2008年出台的最高人民法院《关于审理非法行医刑事案件具体应用法律若干问题的解释》中规定了“非法行医被卫生行政部门行政处罚两次以后，再次非法行医的”构成非法行医罪，此司法解释将行政处罚“前科”作为非法行医的入罪要件。可见，已受行政处罚的行为可以升格为刑事处罚，因此，姚某某在二年内连续作案三次，应适用“两高”《解释》第3条的规定，属于多次盗窃，故姚某某构成盗窃罪。

第二，在实践中，由于多次盗窃的行为具有严重的社会危险性，故我国刑法立法对多次盗窃行为加以规制，将多次盗窃入刑的立法本意是为了遏制和打击具有盗窃习性行为人的人身危险性，目的是惩罚盗窃未能达到数额较大标准且有多次盗窃行为的人，“两高”的《解释》将多次盗窃予以明确是为了防患于未然。“多次盗窃”的规定重在规制行为人的盗窃习性与人身危险性，第一种意见分析仅对姚某某一年内受行政处罚的盗窃行为进行考量，从而认为姚某某的行为不构成犯罪，是对法律的误解，与我国刑法的立法本意相背离。

第三，“两高”《解释》第3条明确规定了二年内盗窃三次以上的，应当认定为多次盗窃，此规定并没有把已被行政处罚的行为列为例外。有盗窃习性的人在受到多次行政处罚后屡教不改，如果每次盗窃作案数额达不到我国刑法规定的定罪标准，从而都不以犯罪论处，如此循环下去，将会给社会和人民群众的财产安全造成严重的危害，刑法规定对已经受行政处罚的盗窃次数作为判断行为人的人身危险性和社会危害性标准，行为人在一定的时间范围内多次实施了盗窃行为，并且屡教不改的，这正是行为人盗窃成性的体现，可以判决该行为人具有严重的人身危险性和社会危害性，因而刑法规定对其入罪就刻不容缓。

第四，“两高”《解释》本身持有对行政违法行为加以刑事处罚的司法取向。根据《解释》第 2 条第（二）项规定，一年内曾因盗窃受过行政处罚的，数额较大的认定标准可以按照规定标准的 50% 确定，那么此项规定将已被行政处罚的行为纳入刑法评价范围，实质上是对已受行政处罚的行为间接给予相当的刑事处罚。据此可以看出对行政违法行为在特定条件下加以刑事处罚的司法取向精神。

综上所述，笔者认为，已被行政处罚的盗窃行为应计入多次盗窃的次数，但是已经被行政拘留过的，刑期应当折抵。

（河北省唐山市丰润区人民检察院　张亚玲）

案例63：职务之便与工作之便的辨析

一、基本案情

犯罪嫌疑人王某系唐钢保卫部驻不锈钢公司保卫科巡逻队中队长，其伙同犯罪嫌疑人张某某、徐某某、李某某、闫某某等人多次预谋窃取唐钢不锈钢公司废钢库院内的废钢板坯。2014年12月21日晚8时许，王某冒充巡逻队大队长的名义给不锈钢公司东门值班人员打电话，将事先准备好的两辆前四后八自卸翻斗车放进厂区。同时，张某某驾驶不锈钢公司废钢库院内的天车将废钢板坯吸到废钢库院空场处，徐某某、李某某用气割将每块废钢板坯切割成7米左右，后张某某又用天车将切割好后的废钢板坯装到两辆前四后八自卸翻斗车内，共计87.38吨。后由当晚在不锈钢公司西门值班的闫某某将两辆装有废钢板坯的大车放出厂外。经唐山市路北区价格认证中心鉴定，所盗唐钢不锈钢公司废钢库废钢板坯价值达207964元。

二、分歧意见

在处理上述案件的过程中，出现了两种不同的意见：

第一种意见认为，王某等人的行为构成贪污罪。理由是：王某符合国家工作人员身份，其作为保卫科巡逻队的中队长，系本单位财物的监视占有者或者说辅助占有者，其利用当班之机，伙同他人将本单位财物非法占为己有，侵害了公共财物的所有权和国家工作人员职务行为的廉洁性，成立贪污罪。换言之，只要基于职务控制、支配、占有（包括共同占有及辅助、监视占有）单位财物，就可能成立贪污罪。本案中，犯罪嫌疑人王某的行为，属于贪污罪中的“窃取”，应当成立贪污罪，其他人亦成立贪污罪的共犯。

第二种意见认为，王某等人的行为成立盗窃罪。理由是：王某等人并没有利用职务之便“窃取”单位的财物。所谓利用职务之便，是指利用职务上主管、管理、经营、经手公共财物的权利及方便条件。利用与职务无关仅因为工作关系熟悉作案环境等方便条件非法占有公共财物的，不能成立贪污罪。换言之，只有当行为人与他人共同占有公共财物而利用职务之便“窃取”时，才属于贪污罪中的“窃取”。那么，单位中的巡逻队中队长，只是财物的监视者，不是财物的占有者，窃走单位的财物，应属于盗窃。

三、评析意见

笔者同意第二种意见。理由如下：

本案争议的焦点问题是犯罪嫌疑人王某伙同他人“窃取”单位的财物是利用“职务之便”还是“工作之便”。通常理解下，利用职务上的便利分为四种情况：一是“主管”，即行为人对财物在一定范围内具有审查、批准、调配、处置、使用、决策等权力，如国家机关的领导干部对财物具有调拨处置的决定权。二是“管理”，即行为人基于工作内容或工作职责直接对财物具有保管、处置等的权力，如单位的会计、出纳、仓管员、保管员等，其工作的职责内容就是管理、看管、保管财物。三是“经营”，即行为人将公共财物作为生产、流通手段等使公共财物增值的职务活动。四是“经手”，即行为人领取、支出或对财物的加工、修理、装配等过程中，具有直接控制或独立支配公共财物的职务活动。

认定利用“职务之便”，要与利用“工作之便”相区别。“工作之便”一般是指行为人与非法占有的财物之间并无职责上管理与支配的权限，仅仅是因工作关系熟悉作案环境或易于接近作案目标、凭工作人员身份容易进入某些单位等，对非法占有财物形成了便利条件。也就是说，行为人对于所非法占有的财物，如果具有职务上所赋予的独立支配的权力，就是利用职务上的便利；如果对非法占有的财物并无直接控制与独立支配的职责与权力，则属于利用工作上的便利。本案中，犯罪嫌疑人王某作为单位保卫科巡逻队的中队长，负有厂区内财产安全保卫以及生产秩序维护等职责，其对单位的财物并不具有占有、支配的权力。第一种意见认为王某是利用职务之便、作为监视占有者或辅助占有者而窃取财物的行为构成贪污罪的观点是不恰当的。

综上所述，笔者认为，犯罪嫌疑人王某仅是利用了工作便利，实施了窃取单位财物的行为，应当以盗窃罪追究犯罪嫌疑人王某等人的刑事责任。

（河北省唐山市路北区人民检察院　刘　巍）

案例64：以蒙眼方式转移被害人注意力拿走手机如何定性

一、基本案情

2015年5月3日晚，犯罪嫌疑人段某、彭某前往某餐厅就餐，段某发现就餐人员张某面前的餐桌上放有一部苹果手机，即生占有之意，遂与彭某商议。之后，段某从后面用双手捂住张某的双眼，遮蔽其视线，同时彭某趁张某不备将手机拿走。张某最初以为是朋友与其开玩笑，但拨开段某的手后，发现并不认识对方，随即发现手机已经不见，两犯罪嫌疑人已向餐厅门口跑去，追赶不及。经鉴定，该手机价值人民币5531元。

二、分歧意见

第一种意见认为，犯罪嫌疑人的行为构成盗窃罪，理由是：犯罪嫌疑人以非法占有他人财物为目的，采取不为被害人察觉的蒙眼方式转移被害人的注意力，趁机窃取被害人的财物，符合盗窃罪的犯罪构成要件。

第二种意见认为，犯罪嫌疑人的行为构成抢夺罪，理由是：犯罪嫌疑人蒙住被害人眼睛，积极改变被害人认知状态，然后趁其不备拿走财物，属于乘人不备公然夺取他人财物，应当以抢夺罪论处。

三、评析意见

笔者同意第二种意见，理由如下：

盗窃罪是指以非法占有为目的，秘密窃取公私财物数额较大或者多次盗窃公私财物的行为。抢夺罪，是指以非法占有为目的，乘人不备，公然夺取数额较大的公私财物的行为。二罪在犯罪主体、主观方面、侵犯的客体方面基本上相同，区别就在于客观方面。盗窃罪是秘密窃取财物，即行为人采用自认为不被他人发觉的方法占有他人财物，只要行为人主观上意图秘密窃取，即使客观上已被他人发觉或注视，也不影响盗窃性质的认定。抢夺罪则是乘人不备、公然夺取他人财物，具体是指采用可以使被害人立即发觉的方式，公开夺取其持有或管理下的财物。

就本案而言，犯罪嫌疑人的作案手段已超出秘密窃取的范畴，应定性为具有公然夺取性质的抢夺罪。

1. 从作案手法来看，段某的蒙眼手法，仅保证作案瞬间的顺利得手，而不顾及该行为被被害人立即发现。抢夺罪中的犯罪嫌疑人以瞬间夺取被害人的财物为目的，实施的行为具有突然性，行为发生时间短暂，被害人会立即意识到财物的丧失。抢夺之前被害人并未意识到危险，抢夺一瞬间被害人虽然当场可以得知财物被夺，但往往来不及反抗。刑法理论上通常所说的公然夺取即是此意。

2. 从犯罪嫌疑人的角度出发，为了方便同伙能够顺利拿取手机，蒙眼的段某必然会首先尽量遮挡住被害人的视线。被害人在转头之前，其手机已经被彭某拿走。财物所有人、管理人对自身财物的占有，需要眼、耳、鼻、手等多个器官的协同作用。一旦某种器官机能因外力作用而突然受到限制，其掌控财物的能力必然大为降低。本案中，行为人能够顺利取财的关键，不在于有人拿手机而被害人未意识到，而在于被害人受制于行为人的作案手段，短暂性地被迫与其财物失去了感官联系，而非仅仅是注意力转移问题。

（河北省唐山市路北区人民检察院　朱　烨）

案例65：以索债为由拆割工厂设备的行为如何定性

一、基本案情

贾某与王某之间存在债务纠纷，贾某欠王某67000元，且债务已经到期，贾某直到去世也没有还钱给王某，王某以此为由，在通知了贾某的儿子贾某某（高某的继子）后，贾某某明确表示不管此事，同时也没有通知贾某妻子高某（工厂现在的所有人）的情形下，王某从高某的工厂拆割走一个水洗磨、一个大铁斗子、传送带及架子、磁选辊两个，还有设备上的零铁件，经价格鉴定为190440元。之后，王某把拆割的设备以废铁价卖了46000元。

二、分歧意见

第一种意见认为，犯罪嫌疑人王某的行为不构成犯罪。王某切割工厂设备的主观目的是实现自己的合法债权，收回自己应得的财产。最高人民法院《关于审理抢劫、抢夺刑事案件适用法律若干问题的意见》（以下简称《意见》）中规定："行为人为索取合法债务，使用暴力、威胁等手段的，一般不以抢劫罪定罪处罚。"以此类推，在此案中，王某为索取合法债务使用的手段是拆割了工厂的设备，其行为手段的社会危害性明显低于抢劫罪，因此，犯罪嫌疑人王某的行为不构成犯罪。

第二种意见认为，犯罪嫌疑人王某的行为构成盗窃罪。王某在没有经过工厂所有人高某的同意下，将工厂的设备拆割并以废品价卖出，将变卖后的财物占为己有，其性质是以非法占有为目的，秘密地将他人财物占为己有且数额较大的行为。

第三种意见认为，犯罪嫌疑人王某的行为构成故意毁坏财物罪。理由是：其一，犯罪嫌疑人王某从主观上对于毁坏财物的结果持一种放任的态度；其二，王某客观上实施了将设备切割的行为，对整条生产线造成了破坏，毁坏了涉案物品的使用价值和功能且达到了故意毁坏财物的数额。

三、评析意见

笔者赞同第三种观点。结合案情和具体情况，可以认定犯罪嫌疑人王某的行为构成故意毁坏财物罪。具体分析如下：

一是犯罪嫌疑人王某的行为构成犯罪。王某采取非法手段获取了自己的合法财产，其形式上符合了相关财产罪的构成要件，实质上也存在一定程度上的社会危害性。从现行的法律规定、司法实践和社会公众对以盗窃、故意毁坏财物等方式实现债权的容忍度来看，其行为具有法益侵害性，超出了私力救济的范围，应当进行相关刑事处罚。同时，最高人民法院《意见》对于抢劫罪的规定只适用于抢劫罪本身，不应进行扩大类推解释。

二是犯罪嫌疑人王某的行为不符合盗窃罪的犯罪构成。盗窃罪，是指以非法占有为目的，秘密窃取公私财物，数额较大，或者多次盗窃、入户盗窃、携带凶器盗窃、扒窃的行为。首先，盗窃罪主观方面要求以非法占有为目的，此案中，犯罪嫌疑人王某从工厂把设备拉走，因正常的债务纠纷引起，想填补自己的损失，因此，王某不具有非法占有的直接故意；其次，盗窃罪的客观方面要求秘密窃取，王某在切割设备之前曾联系高某，没有联系上，但通知了贾某的儿子（高某的继子）贾某某，所以，王某的行为不具有秘密窃取的特点。

三是犯罪嫌疑人王某的行为符合故意毁坏财物罪的犯罪构成。故意毁坏财物罪，是指故意毁灭或者损坏公私财物，数额较大或者有其他严重情节的行为。本案中，犯罪嫌疑人虽然出于欠债还钱的犯罪目的，但是主观上对于毁坏财物持一种放任的态度，而犯罪目的是犯罪主观方面一个综合考量的情节，犯罪嫌疑人王某对毁坏财物应是出于间接故意。同时，王某客观上实施了切割设备的行为，使整条生产线遭到了破坏，造成了财物毁损的结果，涉案物品的价值经鉴定为 190440 元，但王某以废品价卖掉 46000 元，使涉案物品的价值降低。因此，犯罪嫌疑人王某的行为符合我国刑法理论中故意毁坏财物的主客观构成要件，涉嫌故意毁坏财物罪。

（河北省乐亭县人民检察院　蒋玲玲）

案例66：债务人盗走质押物如何定性

一、基本案情

魏某驾车去朋友严某处借钱。严某为了让魏某能尽快还钱，要求魏某将其名下的轿车作为质押，魏某同意，于是二人约定：魏某向严某借款5万元，利息1000元，一个月内归还，以轿车作质押。魏某当场给严某写下简单借条，但轿车作为质押物未写入借条内。严某将人民币5万元借给了魏某，魏某将轿车及行驶证、车钥匙交给了严某。一个月后魏某借口有急事无法还款，要求严某再宽限几天，严某同意。后来，魏某用备用钥匙偷偷开走被质押的轿车。随后，魏某补办了轿车的行驶证并更换手机号码，严某发现后报案。经鉴定，该轿车按当时的市场价计算价值人民币8万余元。

二、分歧意见

第一种意见认为，魏某与严某之间的质权合同不成立，魏某的行为不构成盗窃罪。《物权法》规定，“设立质权，当事人应当采取书面形式订立质权合同”。本案中，双方未以书面形式订立质权合同，合同不成立。魏某开回自己轿车的行为不构成犯罪。

第二种意见认为，魏某与严某之间的质权合同成立，但魏某的行为不构成盗窃罪。魏某与严某之间的口头合同系双方合意的情况下订立，且未违反国家的法律、法规，因此质权合同成立。但魏某偷偷取回自己轿车的行为不构成盗窃罪。依据通说，盗窃罪侵犯的客体是公私财产的所有权。而本案中轿车的所有权在质押后并未转移，仍属于魏某，魏某的行为表面看具有秘密窃取的特征，但其窃取的不是他人财物而是其本人财物，魏某的行为不构成盗窃罪。

第三种意见认为，魏某与严某之间的质权合同成立，且魏某的行为构成盗窃罪。魏某与严某之间的质权合同成立，质押物已归严某合法占有，魏某将质押物窃走，事后补办车的行驶证、更换手机号码等行为，反映出魏某非法占有

该质押物的主观故意明显，其行为应构成盗窃罪。

三、评析意见

笔者同意第三种意见。

一是魏某与严某之间的质权合同是否成立?《合同法》第36条规定：“法律、行政法规规定或者当事人约定采用书面形式订立合同，当事人未采用书面形式但一方已经履行主要义务，对方接受的，该合同成立。”本案中，魏某将轿车及轿车的行驶证、车钥匙交给了严某。这一行为表明魏某履行了该质权合同主要义务，严某一方表示接受。根据《合同法》的规定，魏某与严某之间的质权合同成立，严某合法占有质押物轿车。

二是魏某的行为是否构成盗窃罪？我国传统刑法理论的“所有权说”限制了刑法保护的范围，造成司法适用上的困扰，不利于发挥刑法保护法益的作用。结合本案，不能因为魏某轿车尚未办理过户手续，就认为其偷偷开走轿车的行为不构成盗窃罪。刑法的目的是保护法益，犯罪的本质是侵害或威胁法益。盗窃罪所保护的法益应是合法的占有关系。首先，以占有关系作为盗窃罪侵犯的客体，可以全面地反映盗窃罪的特征，由于占有是行为人对财产进行支配的前提，任何盗窃行为必定通过破坏对财物的占有才能最终侵犯财产权利，因此盗窃行为的实质就在于对公私财物占有关系的侵犯。其次，盗窃罪所侵犯的一般是合法的占有关系，非法的占有关系不受法律保护。

综合盗窃罪构成的其他几个方面，刑法所规定的盗窃行为是指行为人违反合法占有人的意思，以平和手段将财物转给自己或者第三人占有的行为。结合到本案，魏某以秘密窃取的方式破坏了严某对于质押物轿车的合法占有关系，确立了自己对于轿车的新的占有关系，从民法上来说，严某失去了质押物，就不能以更强的效力主张其5万元的债权。此外，魏某事后补办质押物的行驶证、更换手机号码等行为，又反映出其主观上是直接故意，具有非法占有目的，故魏某行为构成盗窃罪。

（河北省迁安市人民检察院　陆爱东　张平玮）

案例67：司机私自变卖运输货物的行为定性

一、基本案情

司机张某某受雇于个体车主李某，从内蒙远联钢铁厂向唐山佳奇钢铁厂运送钢坯。车主李某与内蒙远联钢铁厂协议规定，货物运输期间，由李某负责保管，丢失损坏由李某负责赔偿。2013年3月6日，司机张某某开车将100余吨钢坯从内蒙远联钢铁厂拉到唐山佳奇钢厂北厂过磅后，将本应到南厂卸货的大车偷偷开到唐山市丰润区，并将该车上的钢坯以16万元的价格卖给了丰润区张各庄村收废品的李某某。当张某某返回佳奇钢厂磅房过车皮时，谎称货已卸到南厂，并要求过磅员为其出具收货证明，但被过磅员识破并报案。案发后公安机关追回全部钢坯，经物价部门价格认定钢坯总价值为337952元。

二、分歧意见

对张某某的行为如何定性，存在四种意见：

第一种意见认为，张某某的行为涉嫌职务侵占罪。张某某作为司机，利用保管钢坯的职务便利，非法侵占财物。

第二种意见认为，张某某的行为涉嫌盗窃罪。张某某采取秘密的方法，偷偷将钢坯卖掉后却谎称已卸货，非法占有目的明确，涉嫌盗窃罪。

第三种意见认为，张某某的行为涉嫌诈骗罪。张某某未将货物卸到唐山某钢铁公司，却谎称已卸货，其以非法占有为目的，虚构事实，隐瞒真相，骗取他人财物目的明确，应认定为涉嫌诈骗罪（未遂）。

第四种意见认为，张某某的行为涉嫌侵占罪。张某某将保管的他人财物拒不交出，侵占意图明显。

三、评析意见

笔者同意第四种意见，理由如下：

职务侵占罪是指公司、企业或者其他单位的人员，利用职务上的便利侵占本单位的财物。其犯罪主体是公司、企业或其他单位的人员，是特殊主体。本案中张某某是个体车主的司机，显然不具备职务侵占罪的主体身份，其行为不构成职务侵占罪；盗窃罪是以秘密手段，窃取他人财物，本案中张某某出售的钢坯一直在其手合法保管，不存在秘密窃取，所以不构成盗窃罪；诈骗罪是指以非法占有为目的，用虚构事实或者隐瞒真相的欺骗方法，使财物所有人、管理人产生错觉，信以为真，从而自愿地将财物交出，其犯罪对象是不为自己控制的他人财物。而本案张某某是基于司机的身份，合法保管着货物，不存在他人被蒙骗的情况下交出财物，故张某某的行为不构成诈骗罪；侵占罪是指以非法占有为目的，将代为保管的他人财物、他人遗忘物或者埋藏物非法占为己有，拒不交还的行为。其中代为保管既包括代为收藏、管理财物，又包括依有关规定或者依照某种契约如借贷、租赁、委托、寄托、合伙、抵押等而合法持有的代为保管。所谓拒不归还，是指依法、依约应当将他人的财物交还而拒不交还的行为。如财物所有人明确提出交还并举有证据证明属其所有，行为人仍视而不见，明确表示不予归还；或者表示归还，但事后又擅自处分致使实际无法归还；或者谎称财物被盗、丢失等欺骗手段拒不归还的行为等。本案中张某某基于司机身份合法保管钢坯，其私自将钢坯出售，又谎称其已卸货，拒不交还意图明显，张某某的行为完全符合侵占罪的构成要件。

（河北省唐山市人民检察院　张志华）

案例68：针对破坏盗取变压器铜芯的盗取数额认定

一、基本案情

2012年6月至2014年9月，林甲、林乙、姜某等人交叉结伙，用钳子、扳子、绝缘杆、锤子、斧子、壁纸刀、手电筒等工具，先后多次盗取变压器。2012年6月，几人见马路边电线杆上未通电的变压器，便合谋将固定该变压器的螺丝拧开把变压器放到地上，然后把里边的铜线圈拿走，外壳等部件抛弃。利用同样的作案手段、方法先后七次到某市停产的选矿厂、废弃的球团厂、野地等地方破坏盗取变压器铜芯然后离开，每次获利几百元、几千元不等，涉案金额高达十几万元，性质恶劣，后果严重。

二、分歧意见

第一种意见认为，盗取的数额为整台变压器的价值。

行为人以非法占有为目的，完全违背所有人的意志，将他人所有的财物非法据为己有，其行为构成《刑法》第264条规定的盗窃罪。林甲、林乙、姜某等人的行为在将变压器从电线杆上拆卸放到地上的时刻，行为人事实上即占有控制了财物，犯罪行为已经既遂，事后将变压器铜芯拆走，抛弃其余部件的行为实质上不具有期待可能性（不能期待行为人在盗窃财物之后还将财物妥善保管，或者明知该赃物会成为自己犯罪的证据而不予毁坏），属事后不可罚的处理赃物的行为。所谓的盗窃后处理赃物的行为，要求主体上前后具有一致性；侵害法益的同一性；对象仅限于盗窃所得之物；事后行为与主体行为之间事实层面的必然联系性。根据立法规定及司法实践，行为方式主要包括持有、使用、出卖、毁损、变造等。所以，该盗窃罪的数额为整台变压器的价值。

第二种意见认为，盗取数额为拆取的铜芯的价值。

林甲、林乙、姜某等人主观上明确认识到破坏窃取变压器铜芯的行为对象（数额较大的变压器）、行为性质（盗取他人所有财物的危害行为）、行为内容

（破坏窃取变压器铜芯儿）及行为与结果之间的因果关系，且希望或追求危害结果的发生，并在这样的故意内容支配下客观上实施了拆卸变压器，取走里面的铜芯，将其余部件抛弃的窃取行为，在主客观相一致的范围内成立窃取变压器铜芯儿的盗窃罪。对于抛弃的部分，构成故意毁坏财物罪，该情形属于想象竞合，从一重罪盗窃罪处罚。所以，该盗窃罪的数额为拆走的铜芯的价值。

三、评析意见

一直以来，电力设备盗取事件屡禁不止，在利益诱因的驱使下，一些不法分子瞄准了这条生财之道，挥钳动剪。由于变压器非常重，运输不便，所以整机盗取的案件相对较少，犯罪分子一般在现场先将变压器拆卸盗取铜芯然后离开，因为铜芯体积小、价格高，便于藏匿、运输、转移及脱手。这类案件作案目标一致，作案手段专业，这种破坏盗取铜芯的行为，其盗窃数额的认定直接影响定罪、量刑，影响罪与非罪、此罪与彼罪，关乎对犯罪嫌疑人的惩处力度。笔者认为，针对这种破坏变压器盗取铜芯的行为，在数额认定方面应具体案件具体分析，如果破坏的变压器部件没有可替代性，部分零件破坏将导致整台变压器报废，此种案件盗窃数额应为整台变压器的价值；如果破坏的变压器部件具有可替代性，重新安装该部件可以使变压器正常运转，此种案件盗窃数额应为盗走的零部件的价值。因此，对犯罪分子的惩处应做到罪责刑相适应，具体案件具体分析。

（河北省迁安市人民检察院　陆爱东　丁莉颉）

案例69：从一案浅谈职务侵占罪主体认定问题

一、基本案情

2007年年初，唐山市某设备检修有限公司聘用高某为业务副厂长，负责该公司与唐钢公司的业务往来及结算货款工作。高某与该公司没有签订要式的劳动合同，但是双方约定，公司不给高某按月结算固定工资，也不缴纳保险，高某将所结回业务款第一时间交回公司后，公司再从每一笔业务的纯利润里拿出60%的提成款作为劳动报酬给高某。公司为方便高某联系业务，为高某开具了正式的授权委托书，委托其为公司业务副厂长，全权负责对唐钢的业务往来，并为其在公司提供了办公地点。2008年至2009年期间，高某利用自己负责与唐钢结算货款的职务便利，将唐钢公司结算给该公司的28万元承兑汇票非法占为己有，用于自己挥霍及个人消费使用。

该案以职务侵占罪提请批准逮捕后，对高某行为主体身份认定的认识上出现了分歧。

二、分歧意见

第一种意见认为，高某的行为构成职务侵占罪，应依法批准逮捕。理由是：高某是受该公司的委托，以公司名义从事经营活动，并用结算货款职务之便将公司货款28万元占为已有，符合职务侵占罪构成要件，应予批捕。

第二种意见认为，高某的行为属经济纠纷，不构成犯罪。理由是：（1）双方系合伙关系，而不是《劳动法》规定的管理与被管理关系；（2）高某在业务活动中是以公司的名义签订合同，结算货款，高某属公司的委托代理人，故高某不属于公司的职工。因此，不构成职务侵占罪，双方之间存在代理提成和借款等问题，若有争议，属于典型的经济纠纷。

第三种意见认为，高某的行为构成侵占罪，应提起自诉。理由是：高某受公司委托，在结算货款过程中，负有保管所结算货款的职责，高某将28万元货款的银行承兑汇票私自贴现使用，属代为保管他人财物期间将保管物据为己有的行为，符合我国《刑法》第270条规定的普通侵占罪的特征，构成侵占罪。

本案争议的焦点在于职务侵占罪主体的认定问题。高某属受公司委托人员，根据民法原理，受托人只能在委托人的委托事务范围内，以委托人的名义处理委托事物，其后果直接归属于委托人。这类人员是否能成为职务侵占罪的主体？

三、评析意见

笔者同意第一种观点。理由如下：

我国《刑法》第271条第1款规定的职务侵占罪，是指公司、企业或者其他单位的人员，利用职务上的便利，将本单位财物非法占为己有，数额较大的行为。显然，本罪主体为特殊主体。在司法实践中，由于当前企业用工形式的多样性和不规范性，导致对此类犯罪主体身份认定的困难，造成在实践中认识上存在分歧。

职务侵占罪的构成要件主要包括行为主体和行为内容。关键决定于受托人是否具有“公司、企业或者其他单位人员”的身份。如果具有“委托单位职员”身份，且受委托单位委托，非法占有委托单位的财物，显然属于公司职员利用职务之便将本单位财物非法据为己有的情形，构成职务侵占罪的主体。

行为主体分析：由于当前公司、企业或者其他单位用工制度的不规范，日常工作中往往存在一些单位未与相当部分职工签订劳动合同而用工的现象。这些受雇用的人员由于未与用人单位签订劳动合同，是否属于“公司、企业或其他单位的人员”的问题，司法实践中争议较大。严格地讲，没有与用工单位签订书面用工合同的人员，不能成为该用工单位的职员。但是，司法实践中，往往存在受雇用人员接受用人单位管理，从事用人单位指定的工作，并获得劳动报酬，虽然欠缺订立书面合同的形式要件，但双方实际履行了劳动法所规定的权利义务而形成了事实劳动关系，对于此类人员，笔者认为，应当认为其为“公司、企业或者其他单位的人员”，可成为职务侵占罪的主体。

就本案来说，该公司正是看中高某的销售能力及与唐钢的关系，为了拓展本公司的业务，才将其聘为业务副厂长。所以高某事实上在从事该公司的员工所从事的事务，不管是领取固定工资，还是按销售比例提成，抑或是否签订劳动合同，均应认定为本罪的行为主体。

行为内容分析：高某具有“职务”且利用职务便利。高某为业务副厂长，履行单位赋予的拓展业务的职责，应视为高某担任的工作具有一定“职务”。因此，高某利用其“职务”上的便利将主管、经营的本单位财物非法占为己有，应认定其构成职务侵占罪主体。

最终，将高某以职务侵占罪批准逮捕。

（河北省唐山市路北区人民检察院　李　伟）

刑法分则适用

四、危害公共安全犯罪

案例70：从一则交通肇事案看“禁止重复评价”的适用

一、基本案情

犯罪嫌疑人郗某驾驶轿车沿公路由东向西行驶至事故地点时，被害人刘某骑一辆电动三轮车沿公路对向行驶过来，电动三轮车突然向左转弯，犯罪嫌疑人郗某及时踩刹车但还是来不及撞到了被害人刘某，郗某及时拨打“120”并报警，之后将车留在现场去家里找钱，事后交警传唤郗某，因郗某去亲戚朋友家找钱且找到钱后去医院找被害人耽误了时间，所以没有及时到交警队报到，交通事故责任书认定犯罪嫌疑人郗某交通肇事后逃逸负事故的主要责任。被害人刘某经人体损伤程度鉴定为重伤二级。

二、分歧意见

第一种意见认为，将郗某评价为交通肇事罪不属于重复评价。因为根据罪刑法定原则，按照最高人民法院《关于审理交通肇事刑事案件具体应用法律若干问题的解释》第2条的规定：“交通肇事致一人以上重伤，负事故的全部和主要责任，并具有下列情形之一的，以交通肇事罪定罪处罚：……（六）为逃避法律追究逃离事故现场的。”郗某因“逃逸”被认定为负事故的主要责任，同时符合第六种情形的，应评定为交通肇事罪，不属于重复评价。

第二种意见认为，“逃逸”情节在定罪过程中被使用了两次，属于重复评价。持此种观点的人认为，从最高人民法院《关于审理交通肇事刑事案件具体应用法律若干问题的解释》第2条的规范用语可以看出，适用本款的前提条件是行为人的过错对事故应负全部或主要责任，同时具备该条款的第六种情形，两者必须都具备。行为人的过错认定应当排除依据交通肇事逃逸推定为主要责任或全部责任的情形。

三、评析意见

笔者同意第二种观点。禁止重复评价的观点，可以追溯到罗马时期，即罗马法关于“对同一案件不可以提起两次诉讼”、“任何人不应受两次磨难”的观点，这一观点经过几千年的发展和完善，已成为一个基本的法律原则。虽然禁止重复评价原则被刑法理论和司法实务界所公认，但是我国刑法尚未明确规定此项原则，因此对此原则的使用主体、客体、范围、情形等缺乏统一的认识。笔者认为，从保障人权的原则出发，在定罪阶段，定罪情节只能在该过程中做一次评价，定罪情节指的是一个犯罪的法定构成要件要素。例如，在本案中，因逃逸情节犯罪嫌疑人郗某被交通事故认定为负事故的主要责任，在“具有下列情形”中就不应该将逃逸再作为一个定罪情节加以适用，否则就是对同一构成要素进行了两次评价，违背了本条款的精神实质。

（河北省乐亭县人民检察院　蒋玲玲　兰金莹）

案例71：车主指使司机违规驾驶是否构成交通肇事罪共犯

一、基本案情

2015年5月15日12时许，车主郑某某指使犯罪嫌疑人李某某驾驶核定载质量为34吨、实际超载8.58吨且机件不符合技术标准的重型半挂车，沿玉滨公路由北向南行驶至肇事地点，遇张某某无证驾驶无号牌的二轮摩托车拉载周某某由西向东行驶，两车发生交通事故，致车辆损坏，张某某、周某某受伤。后张某某、周某某经医院抢救无效死亡。经玉田县公安交通警察大队道路交通事故认定书认定，李某某负此次事故主要责任，张某某负此次事故次要责任，周某某无责任。最终玉田县公安局以李某某涉嫌交通肇事罪向玉田县人民检察院移送审查起诉。

二、分歧意见

第一种意见认为，郑某某构成交通肇事罪共犯，应予追诉。

郑某某是肇事车辆所有人，其指使李某某超载驾驶，最终发生交通事故，致二人死亡，且负事故主要责任，其行为符合最高人民法院《关于审理交通肇事刑事案件具体应用法律若干问题的解释》第7条："单位主管人员、机动车辆所有人或者机动车辆承包人指使、强令他人违章驾驶造成重大交通事故，具有本解释第二条规定情形之一的，以交通肇事罪定罪处罚。"因此，郑某某应与李某某构成交通肇事罪共犯，应予追诉。

第二种意见认为，车主郑某某不构成交通肇事罪的共犯。因为最高人民法院《关于审理交通肇事刑事案件具体应用法律若干问题的解释》第2条第2款第（五）项规定："交通肇事致一人以上重伤，负事故全部或者主要责任，并具有下列情形之一的，以交通肇事罪定罪处罚：……（五）严重超载驾驶的……"因此在交通肇事罪中，超载仅仅限定于严重超载，即根据《道路交通安全法》规定，超过核定载质量的30%属严重超载。而本案中，肇事车辆拉载货物超载8.58吨，并未达到核定载质量34吨的30%，不属于严重超载。因此，车主郑某某不能构成交通肇事罪的共犯。

三、评析意见

笔者同意第一种观点，应当对郑某某予以追诉。因为交通肇事罪是指违反交通运输管理法规，驾驶机动车发生交通事故，致人重伤或者死亡，且负事故主要责任或者全部责任的行为。车主是否构成共犯，主要看其是否指使或者强令他人违章驾驶，最终出现了驾驶人构成交通肇事罪的结果。在这里“违章驾驶”是指违反《道路交通安全法》的规定，其中包括“严禁超载”，即只要是“超载”驾驶就是违章驾驶，并不存在必须符合“严重超载”才算违章驾驶的规定。此外，李某某驾驶的车辆不符合技术标准，制动存在问题，这也符合最高人民法院《关于审理交通肇事刑事案件具体应用法律若干问题的解释》第2条第2款第（三）项“明知是安全装置不全或者安全机件失灵的机动车辆而驾驶的”的规定，根据该项也可以认定车主郑某某已经构成交通肇事罪的共犯。因此，笔者认为对车主郑某某应予追诉。

（河北省玉田县人民检察院　李倩倩）

案例72：车主指使司机违规驾驶是否构成交通肇事罪共犯再议

一、基本案情

2015年5月15日12时许，车主郑某某雇用犯罪嫌疑人李某某驾驶核定载质量为34吨、实际超载的（注：郑某某称此前一直让李某某超载运输）重型半挂车，沿玉滨公路由北向南行驶至33km处，遇张某某无证驾驶无号牌的二轮摩托车拉载周某某由西向东行驶，重型半挂车前部撞二轮摩托车左侧，致车辆损坏，张某某、周某某受伤。后张某某、周某某经医院抢救无效死亡。经玉田县公安交通警察大队道路交通事故认定书认定，李某某负此次事故主要责任，张某某负此次事故次要责任，周某某无责任。本案中对于犯罪嫌疑人李某某构成交通肇事罪没有争议，而对于车主郑某某是否构成交通肇事罪存在不同意见。

二、分歧意见

第一种观点认为，郑某某构成交通肇事罪共犯，应予追诉。郑某某是肇事车辆所有人，其明知货车不应该超载运输，而为了赚取更大的个人经济利益，其仍示意被雇用者李某某超载驾驶，最终因货车负荷过重且车辆制动系统不灵，导致与二轮摩托车相撞，造成二人死亡，且李某某负事故的主要责任。综上所述，郑某某的行为符合最高人民法院《关于审理交通肇事刑事案件具体应用法律若干问题的解释》第7条机动车辆所有人指使他人违章驾驶造成重大交通事故的情形，应与李某某共同构成交通肇事罪。

第二种观点认为，车主郑某某不构成交通肇事罪的共犯。因为在本案中，李某某驾驶的货车实际超载8.58吨，并未达到货车核定载质量34吨的30%，不属于严重超载。而按照最高人民法院《关于审理交通肇事刑事案件具体应用法律若干问题的解释》第2条第2款第（五）项规定："交通肇事致一人以上重伤，负事故全部或者主要责任，并具有下列情形之一的，以交通肇事罪定罪处罚：……（五）严重超载驾驶的……”因此在交通肇事罪中，只有严重超载才能成为交通肇事罪的构成要件，即不超过核定载质量的30%不能成为构成交通肇事罪的情形。故本案中的肇事车辆因不属于严重超载，所以车主郑某某不构成交通肇事罪的共犯。

三、评析意见

笔者同意第一种观点，应当对郑某某以交通肇事罪的共犯予以追诉。因为交通肇事罪是指违反交通运输管理法规，驾驶机动车发生交通事故，致人重伤或者死亡，且负事故主要责任或者全部责任的行为。车主是否构成共犯，主要看其是否指使或者强令他人违章驾驶，最终出现了驾驶人构成交通肇事罪的结果。在这里如何理解“违章”驾驶成为解决问题的关键。“违章”是指机动车、非机动车驾驶人或行人违反道路交通安全法规及交通管理的行为。追本溯源，在《中华人民共和国道路交通安全法》中明确规定“严禁超载”。因此，只要是“超载”驾驶就是违章驾驶，并不存在必须符合“严重超载”才算违章驾驶的规定。因此，通过分析车主郑某某的行为，在主观方面其明知不应超载驾驶仍为谋利示意驾驶人李某某进行超载运输，存在主观上的故意；在客观方面郑某某示意李某某超载驾驶的行为造成了二人死亡的后果，且负事故主要责任；在客体上，侵害了他人的生命权；在主体上郑某某作为自然人符合一般客体的要求。综上所述，郑某某的行为也构成交通肇事罪。

此外，本案中另一重要情形为李某某驾驶的车辆制动系统存在问题，这也符合最高人民法院《关于审理交通肇事刑事案件具体应用法律若干问题的解释》规定的构成交通肇事罪的情形之一：“明知是安全装置不全或者安全机件失灵的机动车辆而驾驶的。”根据该项只要能够证明车主郑某某主观上知道货车制动存在问题仍示意李某某驾驶运输，也可以认定郑某某构成交通肇事罪的共犯。

（河北省玉田县人民检察院　李倩倩）

案例73：构成危险驾驶罪后又发生交通肇事构成犯罪的行为如何定性

一、基本案情

被告人梁某在自家饮酒后驾驶大货车在道路上行驶与骑电动车的蔡某相撞，造成电动自行车损坏、蔡某当场死亡的重大交通事故。经公安机关物证检验鉴定，被告人梁某当日驾驶机动车时血液中酒精含量为166mg/100ml，系醉酒驾驶机动车。经道路交通事故责任认定：被告人梁某负此次事故的全部责任，蔡某无责任。

二、分歧意见

本案争议焦点在于梁某的行为应认定为交通肇事罪还是以危险方法危害公共安全罪。

第一种观点认为，梁某的行为构成交通肇事罪。《刑法》第133条第2款是关于有醉酒驾车或追逐竞驶行为，情节恶劣同时又构成其他犯罪的如何适用法律的规定。被告人梁某醉酒后驾驶机动车，其行为已触犯《刑法》第133条之一的规定，构成危险驾驶罪；但被告人梁某驾驶机动车又肇事致一人死亡，负事故的全部责任，其行为又触犯《刑法》第133条之规定，构成交通肇事罪。按照《刑法》第133条之一第3款的规定，醉酒驾驶机动车同时构成其他犯罪的，依照处罚较重的规定定罪处罚。据此被告人梁某的行为应当按“交通肇事罪”定罪处罚。

第二种观点认为，梁某的行为构成以危险方法危害公共安全罪。案例中被告人梁某醉酒驾驶机动车致一人死亡，并不能简单地将其行为依照认定构成“交通肇事罪”定罪处罚，应当根据《刑法》第115条之规定，依照“以危险方法危害公共安全罪”定罪处罚，其理由是：

首先，从主观上看，“危险驾驶罪”的主观上是故意，是明知而为之，对不特定的人和物有潜在的危险。如果危险驾驶的过程造成重大人员伤亡或财产损失，那么行为人对他的行为所产生的后果从主观上就是间接故意，是一种放任行为；而“交通肇事罪”的主观上是过失，是疏忽大意。如果将梁某的行为认定为“交通肇事罪”，那就是“过失”犯罪；而他的醉酒驾驶行为是“故意”犯罪。这就意味着梁某的一个行为演变出了两个罪过形式，即由开始的主观故意变成了主观过失，那就不难看出他的罪过形式越来越轻。所以梁某醉酒驾驶的过程致人死亡的行为是一个连续的故意行为，其行为所产生的后果是对不特定的人和物造成损害的间接故意。如果将梁某的行为认定为“交通肇事罪”，那就是将梁某的一个故意行为人为地割裂成两个主观不一致的客观行为，这就是所谓的断章取义。此外，两个主观方面不一致的犯罪又如何吸收为一罪呢？从数学逻辑来讲，只有同类项才能合并，这就意味着故意犯罪与过失犯罪不能同时混在一起择一重罪处罚。所以，梁某醉酒驾驶致人死亡的行为从主观上就是一种间接故意，是对不特定的人和财产造成损害的放任。

其次，从客观上来讲，“危险驾驶”是一种以危险的方法实施的客观行为，如果其行为致人伤亡或者使公私财产遭受重大损失的，其客观要件也符合《刑法》第 115 条的规定，就应当将案例中梁某的行为认定为“以危险方法危害公共安全罪”定罪处罚，这恰恰符合《刑法》第 133 条之一第 2 款的规定，择一重罪处罚的原则。这也体现了“重罪”的本意。

最后，从《刑法修正案（八）》制定的初衷和修改的本意来讲，也是为了维护广大人民群众的生命和财产安全才将“危险驾驶”入刑，意在重罚和警示在道路上驾驶机动车追逐竞驶或醉酒驾驶机动车无视他人生命的行为。那么“危险驾驶”的过程构成“交通肇事罪”的就不能依照“交通肇事罪”定罪处罚。如果案例中梁某醉酒驾驶机动车致一人死亡的行为，简单地将其行为依照“交通肇事罪”定罪处罚，那么其“危险驾驶”的行为就没有受到任何惩罚，它和一般的交通肇事罪的处罚就没有任何区别，也失去了危险驾驶入刑的本意，这既没有体现择一重罪的原则，也没有体现对危险驾驶的震慑。

三、评析意见

危险驾驶以行为入罪，定罪量刑简单明了，但是当醉酒驾驶或者追逐竞驶（情节恶劣）机动车发生重大事故构成犯罪的，是否也应当以交通肇事罪定罪呢？

危险驾驶罪是行为犯，交通肇事罪是结果犯。将在道路上追逐竞驶，情节恶劣或者醉酒驾驶入刑体现了我国立法对公共安全的保护变“结果本位”为

“行为本位”的转变，对公共安全给予了更深层次的保护，从而达到惩前毖后的效果，这也叫作司法保护前移，从而最大限度地杜绝或减少交通领域恶性事故的发生。因此，因“危险驾驶”后又造成重大交通事故构成犯罪的，已经超出了交通肇事刑罚所能惩罚的范围。参照最高人民法院《关于醉酒驾车犯罪法律适用问题的意见》，按照“以危险方法危害公共安全”定罪更符合立法本意，更能达到惩罚犯罪、保护公民生命财产安全的目的。

从近几年全国发生的醉酒后驾驶机动车致多人伤亡的案例来分析，大多都以“以危险方法危害公共安全罪”处以重刑，甚至是极刑。笔者只是例举了醉酒驾驶机动车的行为，而没有例举在道路上追逐竞驶，情节恶劣的现象。如果行为人在道路上追逐竞驶，造成人员伤亡或者重大财产损失的行为依照“交通肇事罪”定罪处罚，不仅没有体现择一重罪的原则，更是对受害人及其家属的伤害，甚至使广大人民群众在公共交通领域产生心理的恐惧。只有让危险驾驶的行为人受到严惩，才能使行为人不敢触碰这条“高压线”，才能达到立法的本意。

综上所述，笔者建议，针对构成危险驾驶罪后又发生交通肇事构成犯罪的行为的现象，法律应完善关于危险驾驶罪的补充规定，对于构成危险驾驶罪后同时又发生普通的交通肇事，且认定为交通肇事罪能够达到罪责刑相适应的，法律规定构成交通肇事罪；对于构成危险驾驶罪后同时又发生重大的交通肇事，认定为交通肇事罪完全不能评价犯罪嫌疑人的罪责的，法律应认定为以危险方法危害公共安全罪，实现罪责刑相适应，达到惩戒犯罪，保护法益的宗旨。

（河北省迁安市人民检察院　杨晓勇）

案例74：驾驶员突发疾病引发交通事故如何追责

一、基本案情

某日，犯罪嫌疑人甲驾驶面包车载数人行驶在公路上。当车将要转弯时，其突然失去意识，一头栽在方向盘上，任车肆意行驶，与对面行驶而来的面包车相撞，造成一死一伤、两车受损的重大交通事故。昏迷的甲当时被车上的其他乘车人员抱到路边上，约一个多小时后意识恢复。经交通部门认定，甲负此次事故的主要责任。后经检察机关批准，以其涉嫌交通肇事罪被逮捕并移送审查起诉。对甲的行为是否应追究刑事责任，存在分歧。

二、分歧意见

第一种意见认为，不应对甲的行为追究刑事责任，应属意外事件。

根据《刑法》第133条之规定，行为人违反交通运输管理法律、法规，因而发生重大交通事故的，构成交通肇事罪，应依法追究刑事责任。而本案犯罪嫌疑人甲在事故发生前正常行驶，没有违反交通运输管理法律、法规行为，之所以发生肇事，是因突发疾病，导致其失去意识，而使所驾车辆失控，本人对其疾病的发生毫无准备，意想不到。对造成的后果非操作方面的疏忽大意，也非源于技术上的过于自信。因此，认定其主观方面出于过失，没有法律依据。相反，突如其来的病魔如同一场势不可挡的洪流，将其吞没，不可抗拒，应认定为意外事件，不应承担刑事责任，而属于民事调解的范畴。

第二种意见认为，对甲应追究刑事责任。

理由是犯罪嫌疑人甲案后到医院检查，被诊断为：头外伤，怀疑癫痫病。而其在公安机关侦查阶段的供述中称，曾经在8岁和16岁时犯过抽疯病（未能调取其相应病历，也没有相关证人证实），十多年来一直未复发。根据公安部《驾驶证申领和使用规定》，有癫痫病等妨碍安全驾驶疾病的不能申请机动车驾驶证。甲明知自己患有癫痫（俗称“抽风”），而该病一旦发作，意识完全丧失，驾驶车辆不仅会危害本人的身体健康，还可能会对社会造成极大危害，其根本就不该驾驶，如同酒驾一样，为法律所禁止。甲在明知自身存在上述情况的前提下，依然因疏忽大意或过于自信而导致了危害结果的发生。应该依实际情况认定其涉嫌交通肇事罪或者以其他危险方法危害公共安全罪，追究刑事责任。

三、评析意见

笔者同意第一种意见。理由是：（1）甲是否明知自己患有癫痫病的证据，就目前证据看，只有其本人供述年幼时曾有过病史，其家人、老师、校长、邻居、村医等均无证明，也无就医记录，况且其本人成年后服过兵役，证明体检过关。（2）案后，其本人在医院未得到有效确诊，是否患有此病，难以确定。（3）即使其患过该病，直到成年后十多年内未能复发，按一个普通人的意识推断应属病愈，且又无专门的医疗经历和特定医嘱，不属于不得申领驾驶证的情形。对案发时突然意识不清这一症状，其无法预见和避免，而且自己又经过体检、当兵，对自己身体健康程度的判定应属于合理信赖。因此，行为人虽然在客观上造成了损害结果，但不是其故意也非其过失，是由于其不能预见的原因所致，属于意外事件，即无罪过事件，对其不应追究刑事责任。

（河北省唐山市曹妃甸区人民检察院　刘翠红）

案例75：交通肇事逃逸如何认定

一、基本案情

2014年12月13日19时许，李某驾驶一辆无牌轿车，自东向西行至某立交桥西侧时，与自北往南过人行横道的行人朱某发生碰撞。事故发生后，李某下车询问被害人伤情，见被害人无应答、头歪向一边，只有微弱的气息，便迅速驾车逃离现场。朱某倒地后，被自东向西行驶的三辆车辆先后碾压，导致朱某死亡。同年12月17日李某向交警部门投案自首。由于被害人在车辆重复碰碾之下，肢体碎损严重，现有科技手段无法准确认定死亡时间。

二、分歧意见

在审理本案的过程中，围绕李某逃逸行为的定性问题，出现了分歧：

第一种意见认为，不应追究李某逃逸致人死亡的刑事责任。理由是：根据最高人民法院司法解释，交通肇事逃逸人对事故负主要责任情况下，如要追究其刑事责任，需有致一人重伤以上的危害后果。而本案中，虽然客观上发生了致一人死亡的严重后果，但属于多因一果，在现有证据无法确认第一碰撞是否已致被害人死亡或者重伤的情况下，不能合理有效排除第一次碰撞仅造成被害人轻伤的可能性。因此，按照“疑罪从无”原则，应不予追究第一肇事碰撞人的刑事责任。

第二种意见认为，李某构成故意杀人罪（间接故意）。理由是：本案中，尽管刑法已经规定交通肇事逃逸致人死亡的行为符合结果加重犯构成，但被害人朱某在当时的情形下（天已黑，而且路上过往车辆很多），对肇事人的救助行为极度依赖，而肇事人并未履行救助义务，最终导致被害人死亡。

第三种意见认为，李某构成交通肇事罪，且符合逃逸致人死亡的加重情节。李某驾驶无牌车辆撞人后逃逸，发生致一人死亡的交通事故，并对事故负主要责任，按照《刑法》第133条及相关司法解释之规定，其行为已构成交通肇事罪。

三、评析意见

笔者同意第三种意见，认为李某的行为符合交通肇事罪逃逸致人死亡的加重情节。案例中的李某驾驶无牌车辆撞伤一人后逃离现场，致使朱某最终死亡。对逃逸致人死亡的理解应遵循刑法上因果关系的判断标准，即逃逸是因，死亡是果，二者存在因果关系。行为人肇事致被害人受伤，但尚不足以导致其死亡，如果及时救助完全可能避免死亡结果的发生，但由于行为人畏罪潜逃，以致延误抢救时机，从而导致被害人死亡，应以交通肇事罪定罪，且依逃逸致人死亡的刑罚进行处罚。虽然在李某后还有三辆车先后碾压朱某，但是李某明知已将朱某撞伤而不及时救助，导致朱某死亡，因此李某的逃逸行为与朱某的死亡结果存在因果关系，依法成立交通肇事罪，且符合逃逸致人死亡的加重情节。如果肇事者在肇事后，逃逸的同时又采取了积极的手段和措施，如将被害人带至荒郊野外抛弃，将被害人推至路坑、路沟里等，由于这些积极的手段、措施而直接导致被害人死亡的，该“积极逃逸”行为本身可能构成故意杀人罪。案例中的李某没有实行积极逃逸的行为，因此构成交通肇事罪。交通肇事致人伤害后逃逸，置被害人于车辆来往密集的道路上不顾，放任被害人处于高度危险境地之中。这种行为比一般交通肇事行为性质更加恶劣，结果更具危害性。若对这种交通肇事后不履行报案、保护现场、救治被害人等义务并甚至有可能由此导致被害人死亡的行为不严厉追究，反而对交通肇事后积极救治被害人或报案的行为予以刑事处罚，将不利于对交通肇事行为的公正处理，不利于发挥法的规范作用和调整功能，不利于形成良好的社会秩序，也是对“疑罪从无”原则的机械理解和滥用。

（河北省唐山市曹妃甸区人民检察院　孙卫新）

案例76：交通肇事与正当防卫的界定

一、基本案情

2012年10月30日15时左右，被告人孙某某驾驶桑塔纳轿车由北向南行驶，与由南向北行驶的被害人徐某某驾驶的载人无牌证的三轮摩托车发生碰撞，被害人徐某某未停车，继续驾车行驶，被告人孙某某掉头追赶，在追至二车平行行驶时示意对方停车，被害人徐某某加速继续行驶，被告人孙某某所驾车辆由东向西超越被害人的三轮摩托车后，在其前方停车，被害人刹车并打方向致所驾三轮车侧翻倒地起火，车上乘客刘某某当场死亡，被害人徐某某经送医院抢救无效，于次日死亡，被告人肇事后驾车驶离现场。

二、分歧意见

第一种观点认为，本案中，孙某某的行为显然是为保护自己合法权益，并且来不及采取公力救济的紧急情况下采取的，符合正当防卫的构成要件，孙某某的这种行为应属于正当防卫。

第二种观点认为，孙某某追赶被害人所驾驶的三轮摩托车并强行超车、企图逼停被害人的行为，直接导致被害人驾驶的三轮摩托车侧翻并起火燃烧，造成两人死亡的交通事故。因此，行为人的违章行为是导致事故发生的主要原因。综上所述，行为人孙某某的行为已经构成交通肇事罪。

三、评析意见

笔者同意第二种观点，孙某某的防卫行为应当有合理的限度，通常认为其采用的手段和方式应当与实现他的权利相适应，如果超出这个限度“防卫过当”应当承担相应的法律责任。从孙某某追赶徐某某的行为来看，在追赶上被害人后强行超车，企图逼迫徐某某停车，这一行为对正在高速行驶的徐某某产生了巨大的危险，结果导致徐某某采取措施不当当场翻车起火，后孙某某逃离现场，其行为显然超出了正当防卫的范围，应当构成交通肇事罪。

从犯罪的主观方面看，交通肇事罪的行为人主观方面表现为过失，包括疏忽大意的过失和过于自信的过失。这种过失是指行为人对自己的违章行为可能造成的严重后果的心理态度而言。本案中，行为人孙某某驾驶机动车辆，明知追逐、强行超车、变更车道会影响该车道内车辆的正常行驶，仍过于轻信能够避免交通事故的发生，其主观上系过于自信的过失。从犯罪的客观方面看，“违反交通运输管理法规，因而发生重大事故”是交通肇事罪构成要件的客观方面，这里涉及交通事故的责任认定即体现肇事司机的违规程度与所造成的严重后果之间的关系。本案中，暂且不论孙某某最后逃逸的行为，其在第一次事故发生后，为了追究被害人的责任，而驾驶机动车追赶被害人，并在追赶上后强行超车，企图逼停被害人，其行为违反了《道路交通安全法实施条例》第44条“变更车道的机动车不得影响相关车道内行驶的机动车的正常行驶”之规定，确有违反道路交通安全法的行为。此外，孙某某在第二起交通事故中承担事故主要责任。这是因为按照《道路交通安全法实施条例》第44条“变更车道的机动车不得影响相关车道内行驶的机动车的正常行驶”之规定，行为人孙某某应负事故的主要责任，同时按照《道路交通安全法实施条例》第92条第1款规定“发生交通事故后当事人逃逸的，逃逸的当事人承担全部责任，但是，有证据证明对方当事人也有过错的，可以减轻责任”，行为人孙某某作为发生交通事故的当事人，在发生事故后逃逸，同时因被害人也有过错，所以最终认定孙某某负该起事故的主要责任。本案中，事故最后致使两人死亡，造成了严重后果，且孙某某驾驶车辆的违章行为与交通事故严重后果之间具有刑法上的因果联系，按照刑法规定构成交通肇事罪。

（河北省唐山市曹妃甸区人民检察院　孙卫新）

案例77：从一则案例分析交通肇事后离开现场行为的责任认定

一、基本案情

犯罪嫌疑人郭某某于2014年6月20日23时40分许，驾驶“波罗”牌小型轿车，沿甲路由南向北行驶至某村路段时，与前方同方向骑人力三轮车的任某某相撞，造成任某某颅脑损伤当场死亡的重大交通事故。犯罪嫌疑人郭某某负事故的主要责任。事故发生后，郭某某立即拨打了“120”和报警电话，并将情况告知了其妻李某及胞姐郭某。当李某及郭某赶到现场后，郭某某突然抱住头部蹲在地上，直喊头痛。郭某便打车陪同郭某某去了某医院，医院诊断为癫痫发作，为其办理了住院手续。留下其妻李某等候交警勘查现场。之后郭某某身体康复后主动到警方接受讯问。案发后，就民事赔偿部分，双方已自愿达成和解协议。犯罪嫌疑人郭某某赔偿被害人家属各项经济损失36万元。

二、分歧意见

此案中，郭某某的行为造成了一人死亡的重大交通责任事故，其行为涉嫌交通肇事犯罪毋庸置疑。但对于郭某某擅自离开现场的行为是否属于肇事逃逸存在不同的意见。

第一种意见认为，郭某某在交警尚未到场、未接受交警讯问的情况下就擅自离开了肇事现场，郭某某的行为应当认定为交通肇事逃逸；

第二种意见认为，郭某某在肇事后虽然离开了现场，但系因其疾病发作去医院救治，且其之前也拨打了“120”和报警电话，并留下其妻李某配合交警询问，因此其行为不构成肇事逃逸。

三、评析意见

笔者同意第二种意见，郭某某的行为不构成交通肇事逃逸。

（一）交通肇事逃逸的成立要件

1. 交通肇事逃逸的前提要件。根据最高人民法院《关于审理交通肇事刑事案件具体应用法律若干问题的解释》（以下简称《解释》）相关规定，行为人只要具备《解释》第2条规定的八种情形之一，即构成交通肇事罪的基本犯，其逃逸行为构成交通肇事逃逸。

2. 交通肇事逃逸的时间要件。《解释》将“逃逸”的时间界定为“在发生交通事故后”，那么是否事故发生后的任何时间逃跑均可认定为逃逸？笔者认为，只有在交通事故发生后、事故处理机关将行为人列为肇事嫌疑人采取首次处理措施前这段时间内的逃跑行为方能成立“逃逸”。

3. 交通肇事逃逸的空间要件。《解释》未对“逃逸”的场所作出限定，就其立法目的来看，交通肇事逃逸的空间要件是指逃离事故发生现场或与事故具有紧密联系的场所，如抢救事故伤亡者的医院、调查事故责任的交警部门等。交通肇事逃离现场的行为是逃逸的典型特征，但由于逃逸行为本质是对抢救义务的不作为和对责任承担的逃避，因此认定肇事人“逃逸”不能仅看肇事人是否离开现场，其关键在于肇事人是否同时具备“积极履行求助义务”和“立即投案”的行为特征，二者缺一不可。

4. 交通肇事逃逸的主观要件。《解释》将交通肇事逃逸的主观目的限定为“为逃避法律追究”，即指行为人在明知自己造成交通事故的情况下，为逃避履行相关法定义务和承担相应法律责任而产生逃跑直接故意的主观动机。但在实践中，交通肇事行为人在肇事后离开现场的原因和目的是多种多样的，因此正确认定行为人主观上是否具有逃避法律追究的故意具有重要意义。

上述四点是认定交通肇事逃逸的必需要件。

（二）本案中郭某某行为的认定

1. 郭某某驾车发生交通事故致一人死亡并负事故主要责任的行为，依据《刑法》第133条规定，已涉嫌交通肇事犯罪，构成交通肇事罪的基本犯。

2. 郭某某在肇事发生后不久，事故处理机关将其确定为事故嫌疑人并采取措施之前，确有离开交通肇事现场的客观行为。

3. 郭某某在肇事发生后，及时拨打了“120”和报警电话，并通知了家人到场。只是因为其因情绪紧张失控导致癫痫病发作无法控制而不得已去医院救治，客观上造成了郭某某所处空间的转移，离开了肇事现场。

4. 郭某某虽然离开了肇事现场，但主观上并不具备逃避法律追究和救助义务的故意。首先，拨打急救和报警电话的行为，应当看作其对伤者实施求助、主动承担法律责任的行为。其次，只是在其家人到场后，其本人疾病复发送其到医院救治，才离开了肇事现场。同时他还留下其妻协助警方的调查。其身体康复后主动到警方接受讯问。显然，郭某某不具备逃避法律追究的主观故意。

综上所述，笔者认为，郭某某的行为缺乏主观上逃避法律追究的直接故意，因此不构成交通肇事逃逸。

（河北省唐山市丰南区人民检察院　李彦军）

案例78：山场炮工搅拌、倒运爆炸物的行为如何定性

一、基本案情

2014年4月的一天晚上，贾某将40枚雷管、9.9公斤炸药和用柴油搅拌的2吨化肥，装入铲车斗内，让铲车司机运至山上山场，运输距离7公里左右；在伙同他人正往打好的炮眼内装雷管、炸药和搅拌好的化肥，准备放炮时，被当场抓获。侦查机关以贾某涉嫌非法运输爆炸物罪向检察机关移送审查起诉。

二、分歧意见

基于以上事实，对涉嫌犯罪的贾某应如何定罪，出现以下分歧意见：

第一种意见认为，贾某的行为构成非法运输爆炸物罪。理由是：雷管、炸药属于爆炸物，国家有严格的管制措施。贾某让铲车司机将其拉到山场，途经7公里左右，属于刑法规定运输爆炸物的行为，应构成非法运输爆炸物罪。

第二种意见认为，贾某的行为不构成犯罪。理由是：贾某虽然属于山场炮工，有用柴油搅拌化肥、将爆炸物放入铲车斗内、让铲车司机将其运抵山场的行为，但这属于贾某的工作职责。运输爆炸物是铲车司机的行为，而不是贾某的行为；贾某的指使应当属于搬运，不是刑法意义上的运输。因此，贾某的行为不构成犯罪。

第三种意见认为，贾某的行为构成以危险方法危害公共安全罪。理由是：贾某搅拌化肥、放置雷管炸药、指使铲车司机运抵山场、途经7公里左右，虽未发生爆炸，但危害的是不特定主体的生命、财产安全，其行为应构成以危害方法危害公共安全罪。

三、评析意见

笔者同意第三种意见。理由如下：

《刑法》第114条规定，以危险方法危害公共安全罪中的“以危险方法”是指与放火、决水、爆炸以及投放危险物质的危险性相当的，足以危害公共安全的方法。也就是说，一旦使用该方法，造成的危害后果应当是无法确定的和难以控制的，其危害性是非常大的。雷管炸药的存放、运输有严格的规定，贾某将40枚雷管、9.9公斤炸药以及用柴油搅拌的2吨化肥存放在一起，由铲车运输7公里左右，途经公路、铁路、村庄等许多基础设施，人为、碰撞、挤压等不确定因素存在，都有可能导致发生爆炸，造成重大人员、财产的损失。本案中，贾某的上述行为虽未造成严重后果，但其行为足以造成不特定的多数人的伤亡或公私财产的重大损失，具有重大安全隐患，社会危害性极大。因此，贾某的行为应构成以危险方法危害公共安全罪。

（河北省滦县人民检察院　毕小军）

案例79：私自购买爆炸物进行非法采矿行为如何定罪

一、基本案情

某矿井由尹某开采，手续到期后因故予以废弃。丁某、赵某商量合伙开采此矿井，因二人未办理采矿许可证等手续，无正常的供药来源，遂商量非法购买炸药进行生产。后丁某购买炸药48公斤放入矿井下备用。因群众举报，该矿井正在生产时被公安机关查获，当场扣押炸药19.05公斤。经鉴定，造成矿产资源破坏价值16万元。

二、分歧意见

第一种意见认为，丁某、赵某构成非法买卖、储存爆炸物罪和非法采矿罪，应数罪并罚。非法买卖、储存爆炸物罪，是指违反国家有关爆炸物管理法规，擅自买卖、储存爆炸物，危害公共安全的行为。非法采矿罪，是指自然人或者单位违反矿产资源法的规定，未取得采矿许可证擅自采矿的，擅自进入国家规划矿区、对国民经济具有重要价值的矿区和他人矿区范围采矿的，擅自开采国家规定实行保护性开采的特定矿种，经责令停止开采后拒不停止开采，造成矿产资源破坏的行为。从两者的概念可见，非法买卖、储存爆炸物行为侵犯的是爆炸物的管理规定和正常的管理秩序。非法采矿行为侵犯的是国家对矿产资源和矿业生产的管理制度以及国家对矿产资源的所有权。本案中，丁某、赵某非法买卖、储存爆炸物的行为和非法采矿的行为侵犯了不同的法益，行为侵犯数个法益的为数罪，应坚持数罪并罚原则。

第二种意见认为，丁某、赵某构成非法买卖、储存爆炸物罪和非法采矿罪，但非法买卖、储存爆炸物的行为和非法采矿的行为成立牵连犯，应以非法买卖、储存爆炸物这一重罪定罪处罚。

三、评析意见

笔者同意第二种意见。理由如下：

一般认为，牵连犯，是指犯罪的手段行为或结果行为，与目的行为或原因行为分别触犯不同罪名的情况。即在犯罪行为可分为手段行为与目的行为时，如果手段行为与目的行为分别触犯不同罪名，便成立牵连犯。本案中，丁某、赵某在没有采矿许可证等手续而无法获取合法炸药来源的情况下，通过私自购买炸药进行爆破的方式达到开采矿石的目的，符合手段行为和目的行为分别触犯不同罪名的规定，成立牵连犯。

牵连犯为法律拟制的一罪。刑法理论上一直认为，对牵连犯应从一重罪处罚，或者从一重从重处罚。我国刑法总则并没有明文规定牵连犯的处罚原则。在刑法分则中有明确规定对牵连犯实行数罪并罚的情况，但不包括非法买卖、储存爆炸物和非法采矿。那么，对于本案，在刑法总则没有明文规定处罚原则，且在刑法分则没有明确规定数罪并罚的情况下，应当本着有利于犯罪嫌疑人的原则，对于本案中的非法买卖、储存爆炸物行为和非法采矿行为坚持从一重罪处罚，或者从一重从重处罚，即以一重罪定罪处罚。

根据本案非法买卖、储存爆炸物的数量，属于情节严重，法定刑为十年以上有期徒刑、无期徒刑或者死刑。根据非法采矿造成矿产资源破坏价值数额，法定刑为三年以下有期徒刑、拘役或者管制，并处或者单处罚金。因此，就本案而言，应当以非法买卖、储存爆炸物罪定罪。

（河北省遵化市人民检察院　齐晓静）

案例80：玩火取乐多次焚烧蔬菜大棚应当如何定性

一、基本案情

2016年1月，16岁的袁某和李某在寒假期间，出于寻求刺激的目的，先后7次在深夜焚烧毗连村庄的多位村民正在生产返季节蔬菜的大棚，二人的放火行为造成村民财产损失12余万元。

二、分歧意见

第一种意见认为，犯罪嫌疑人均为未成年人，主观认知和判断能力有限，出于寻求刺激的目的，无事生非，多次放火取乐，构成寻衅滋事罪；第二种意见认为，犯罪嫌疑人采取放火的方法，直接针对与其家庭有矛盾的村民的财物，造成被害人重大财产损失，构成故意毁坏财物罪；第三种意见认为，犯罪嫌疑人多次放火焚烧村民正在生产返季节蔬菜的大棚，毁坏农业生产，构成破坏生产经营罪；第四种意见认为，犯罪嫌疑人的放火行为危害了公共安全，构成放火罪。

三、评析意见

笔者同意第四种意见，理由如下：

寻衅滋事罪，是指行为人为寻求刺激、发泄情绪、逞强耍横等，无事生非，实施《刑法》第293条规定的任意损毁公私财物等行为。该罪侵犯的客体是公共秩序，主观方面是直接故意，行为人的犯罪动机是为了满足耍威风、取乐等不正常的精神刺激或其他不健康的心理需要。主观上的不正当动机与客观上的无事生非，是该罪的基本特征。

故意毁坏财物罪，是指故意非法地毁灭或者损坏公私财物，数额较大或者情节严重的行为。该罪侵犯的客体是公私财物所有权。犯罪对象可以是任何公私财物，但破坏特定公私财物，刑法另有规定的，应依规定处理。主观方面表现为故意，包括直接故意或者间接故意。

破坏生产经营罪，是指由于泄愤报复或者其他个人目的，毁坏机器设备、残害牲畜或者以其他方法破坏生产经营的行为。该罪侵犯的客体是生产经营的正常活动。破坏的对象必须与生产经营活动有直接联系，破坏用于生产经营的生产工具、生产工艺、生产对象等。主观方面表现为直接故意，并且具有泄愤报复或者其他个人目的。

放火罪，是指故意放火焚烧公私财物，危害公共安全的行为。该罪侵犯的客体是公共安全，即不特定多数人生命、健康、重大公私财产以及公共生产、生活的安全。也就是说，放火行为一经实施，就可能造成不特定多数人的伤亡或者不特定的公私财产遭受难以预料的重大损失。这种犯罪后果的严重性和广泛性往往是难以预料的，甚至是行为人自己也难以控制的。这也是放火罪同以放火方法实施的其他犯罪行为的本质区别。主观方面表现为故意，放火的动机多种多样，但不论出于何种动机，都不影响放火罪的成立。

本案的关键在于犯罪嫌疑人的放火行为是否足以危及公共安全。判断行为人的放火行为是否足以危及公共安全，则要结合行为人放火的时间是白天还是黑夜，地点是居民区还是偏僻处及周围的具体环境等因素进行综合分析。本案中，犯罪嫌疑人多次在夜深人静之际焚烧毗连村庄的蔬菜大棚，如果不是闻讯赶到的村民扑救及时，一旦火势蔓延，后果将不堪设想，足以危害周围不特定多数人的生命、健康、公私财物及公共生产、生活的的安全。同时犯罪嫌疑人的放火行为，也造成了多位村民的重大财产损失。虽然犯罪嫌疑人放火的动机是出于刺激和好玩，但多次放火足以说明其对火势后果持放任的态度。

综上所述，犯罪嫌疑人的放火行为在客观上足以危及公共安全，主观上明知但仍放任危险的发生，符合放火罪的构成要件，已构成放火罪。

（河北省唐山市路北区人民检察院　母　宏）

案例81：无证驾驶致人重伤后逃逸如何量刑

一、基本案情

犯罪嫌疑人王某某无证驾驶一小型轿车由北向南行驶至某区X路段时，将行人张某某撞倒，致使张某某受伤。事故发生后，王某某驾车逃逸，后被公安机关抓获。经司法医学鉴定，张某某所受损伤为重伤二级。因王某某无证驾驶且发生交通事故后逃逸，公安机关在道路交通事故认定书中认定王某某承担此次事故全部责任。

二、分歧意见

对该案王某某如何量刑有三种分歧意见：

第一种意见认为，王某某无证驾驶致人重伤且逃离现场，构成交通肇事罪，应在3年以下有期徒刑幅度内量刑。理由是：根据最高人民法院《关于审理交通肇事刑事案件具体应用法律若干问题的解释》（以下简称《解释》）第2条第2款之规定："交通肇事致一人以上重伤，负事故全部或者主要责任，并具有以下情形之一的，以交通肇事罪定罪处罚：（一）酒后、吸食毒品后驾驶机动车辆的；（二）无驾驶资格驾驶机动车辆的；（三）明知是安全装置不全或者安全机件失灵的机动车辆而驾驶的；（四）明知是无牌证或者已报废的机动车辆而驾驶的；（五）严重超载驾驶的；（六）为逃避法律追究逃离事故现场的。"结合本案，被告人王某某兼具上述条款第（二）、（六）项两种情形，既无驾驶资格且肇事后逃逸。《解释》第2条第2款第（一）至（六）项规定之间为选择关系，即逻辑"或"的关系，六者地位均等，肇事者具备了其中任何一种或同时具有这六种情形，均仅作为犯罪构成要件。就本案而言，被告人同时具备了第（二）、（六）项规定的情形，均应作为交通肇事罪的构成要件，对被告人应在3年有期徒刑以下量刑。

第二种意见认为，应对王某某在3年以下有期徒刑幅度内量刑。但其理由与第一种意见不同，认为应具体问题具体分析。王某某的逃逸行为是否构成加重量刑情节取决于公安机关作出事故责任认定书时，是否考虑到王某某肇事后逃逸的情形。如果公安机关在认定王某某承担事故全部责任时已经考虑了其逃逸行为，则根据禁止重复评价原则，不应再将其逃逸行为作为加重处罚的量刑情节。如果公安机关在认定王某某承担事故全部责任时未考虑其逃逸行为，则应将其逃逸行为作为加重处罚的量刑情节。本案中，公安机关在作出责任认定时已经考虑了其逃逸行为，不应再将其逃逸行为作为加重量刑情节考虑，应在3年有期徒刑以下量刑。

第三种意见认为，王某某无证驾驶致人重伤，构成交通肇事罪，其逃逸行为构成加重情节，应在3年以上7年以下有期徒刑幅度内量刑。

三、评析意见

对于上述三种意见，笔者同意第三种意见，即对王某某应在3年以上7年以下有期徒刑幅度内量刑。理由如下：

第一，对司法解释条文的理解应结合法条综合分析。《解释》第2条第2款是对《刑法》第133条中“致人重伤”而应“处三年以下有期徒刑或者拘役”的情形的具体解释，即只有具备所列举的六种情形之一的才构成交通肇事罪。第（六）项规定的情形实际上属逃逸情形的一种，且系最典型、危害性最大的逃逸情形，如不具备第（一）至（五）项，仅具备第（六）项，则第（六）项构成定罪情节。《解释》将这种逃逸情形在一定条件下作为定罪情节来适用，显示了对此种逃逸情形严厉打击的指导思想。兼具第（一）至（五）项时，第（六）项则构成量刑情节。《解释》第3条明确规定，“交通运输肇事后逃逸，是指行为人具备本解释第二款第（一）至（五）项规定的情形之一，在发生交通事故后为逃避法律追究而逃跑的行为”。因此，结合《解释》的第2条及第3条，可以明显看出立法者的原意在行为人具备第（一）至（五）项规定的情形之一的情况下，第（六）项则构成量刑情节。

第二，对“禁止重复评价”应做正确理解。持第二种意见的人认为，公安机关在认定王某某负事故全部责任时已经对逃逸行为做了第一次评价，如果将其交通肇事致一人重伤后逃逸的行为作为加重量刑情节，属于对同一逃逸行为做第二次评价，有违“禁止重复评价原则”。笔者不同意这种观点。当行为人“交通肇事致一人以上重伤，负事故全部或者主要责任时”，如果仅具有第（六）项规定的“为逃避法律追究逃离事故现场”情形，那么，其仅构成交通肇事罪，在3年以下量刑；如果其同时具有了第（一）至（五）项情形时，行为人本身就实施了时间上连续的可以分离的两种行为，这两种行为以交通肇事的发生为中心点，具有前后的承继关系，对这两种行为的性质分别进行评估，则不属“重复评价”。

司法实践中，在犯罪嫌疑人交通肇事后逃逸的情况下，交警部门在作出责任认定时基本都要考虑肇事人逃逸的情节，如果我们持“因为犯罪嫌疑人肇事后逃逸的情节在交警责任认定时已经考虑，而不能对其适用肇事后逃逸的加重量刑情节，否则违反了禁止重复评价原则”这样一种观点，那么法律规定肇事逃逸的加重量刑情节又有何意义呢？这将意味着几乎所有的犯罪嫌疑人交通肇事致人死亡后逃逸的案件都无法适用3年以上7年以下有期徒刑的加重量刑情节，这显然是违反了立法原意，也不符合司法实践。

被告人王某某无证驾驶车辆肇事后重伤一人的行为，已经违反了《解释》第2条第2款第（二）项的规定，构成交通肇事罪，又因其逃逸，违反了《刑法》第133条的规定，该行为是犯罪行为之后的行为，具有时间上的连续性，又与前一犯罪行为相区别，应单独进行评价，作为本案法定量刑情节。

综上所述，笔者认为对犯罪嫌疑人王某某无证驾驶致一人重伤并在事故发生后逃逸的行为应在3年以上7年以下有期徒刑幅度内量刑。

在该案起诉至丰润区人民法院后，人民法院经过审理，认为王某某违反道路交通安全法规，造成一人受重伤的重大交通事故，且肇事后逃逸，负事故全部责任，其行为已构成交通肇事罪，判处有期徒刑3年10个月。

（河北省唐山市丰润区人民检察院　张振华　杨立芹）

案例82：醉酒驾车致人死亡应当如何定性

一、基本案情

2015年1月29日晚，杨某与朋友聚会饮酒，聚会结束后杨某驾驶丰田吉普车自西向东行驶至某路段时，与自北向南行走在人行横道上的三名行人发生碰撞，致使三人重型颅脑损伤而死亡。杨某随后自首。经检验，杨某的血液中检出酒精218.6mg/100ml，属醉酒驾车。经道路交通事故责任认定书认定，杨某负事故全部责任，行人无责任。

二、分歧意见

第一种意见认为，杨某醉酒驾驶机动车，危害公共安全，造成多人死亡，构成以危险方法危害公共安全罪；第二种意见认为，杨某违反道路运输管理法规，因而发生重大事故，致人死亡，构成交通肇事罪。

三、评析意见

笔者同意第二种意见，理由如下：

本案围绕案件定性的争议，关键在于如何区分交通肇事罪与以危险方法危害公共安全罪，主要应从以下几个方面把握：（1）客体与客观方面，交通肇事罪侵犯的客体是交通运输安全，客观方面表现为行为人违反道路交通安全法规，并且发生重大事故；以危险方法危害公共安全罪侵犯的客体是社会的公共安全，客观方面主要表现为以放火、决水、爆炸以及投放危险物质以外的危险方法危害公共安全，如私设电网、驾车撞人、向人群开枪等。（2）主观故意方面，交通肇事罪主观方面表现为过失，主要是应当预见自己的行为可能发生危害结果，因为疏忽大意而没有预见，或者已经预见却轻信能够避免，以致发生危害结果；以危险方法危害公共安全罪主观方面表现为故意，行为人明知其实施的危险行为危害公共安全，实践中除少数对危害公共安全的结果持希望态度，属于直接故意外，多数持放任态度，属于间接故意。(3) 犯罪后果方面，交通肇事罪要求有致人重伤、死亡或者使公私财产遭受重大损失的严重危害结果的发生，属于结果犯；以危险方法危害公共安全罪并不要求以发生严重危害结果作为犯罪成立的要件，行为人所使用的危险方法危及公共安全即可，属于危险犯。(4) 量刑处罚方面，交通肇事罪的最高刑为有期徒刑；以危险方法危害公共安全罪的最高刑为死刑。

最高人民法院《关于醉酒驾车犯罪法律适用问题的意见》(以下简称《意见》) 规定："行为人明知酒后驾车危险、醉酒驾车危害公共安全，特别是在肇事后继续驾车冲撞、造成重大伤亡，说明行为人主观上对持续发生的危害结果持放任态度，具有危害公共安全的故意。对此类醉酒驾车造成重大伤亡的，应依法以危险方法危害公共安全罪定罪。"本案中，杨某醉酒驾车撞倒行人，引发交通事故，致使三人死亡，主观上对其违反道路运输管理法规是明知故犯，但对其违章行为所引发的重大事故，主观上并无积极追求或者放任危害结果的发生，因而应属交通肇事罪。此外，杨某在事故发生后没有逃逸或继续冲撞，而是自首，根据《意见》规定，不构成以危险方法危害公共安全罪。

(河北省唐山市路北区人民检察院　赵　娜)

刑法分则适用

五、破坏社会主义市场经济秩序犯罪

案例83："借卡恶透"能否认定为信用卡诈骗罪

一、基本案情

2013年3月，犯罪嫌疑人王某在建行申请办理了一张信用卡，然后自愿将信用卡借给张某，到2014年3月，张某恶意透支本金48017.29元。

二、分歧意见

第一种意见认为，张某借卡恶意透支的行为构成冒用型信用卡诈骗罪，适用《刑法》第196条第1款第（三）项的规定。根据信用卡的相关规定，信用卡只能由合法持卡人本人使用，张某将借来的信用卡当作自己的信用卡使用，刷卡消费后又拒不偿还，符合冒用型信用卡诈骗罪的构成要件。

第二种意见认为，张某借卡恶意透支的行为构成恶意透支型信用卡诈骗罪。根据《关于办理妨害信用卡管理刑事案件具体应用法律若干问题的解释》，"恶意透支"是指持卡人以非法占有为目的，超过规定限额或规定期限透支，并经发卡行两次催收后超过3个月仍不偿还的行为，这里所谓的持卡人包括实际的使用人。张某作为信用卡的实际使用人，恶意透支本金48017.29元，经发卡行催收后仍不偿还，符合恶意透支型信用卡诈骗罪的构成要件。

第三种意见认为，张某不构成犯罪。

三、评析意见

笔者同意第三种意见，借卡恶透的行为虽然具有较大的社会危险性，但是并不符合信用卡诈骗罪的构成要件。理由如下：

1. 张某借用王某的信用卡使用也是一种冒用，张某在签单时也需要冒用办卡人王某的签名，但是刑法意义上的冒用必须是以违反合法持卡人的意志为前提的，征得持卡人同意使用其信用卡的，不具有法益侵害性。本案中王某自愿将信用卡借给张某使用，王某的法益就不存在被张某侵害的问题，所以，张某不符合冒用型信用卡诈骗罪的构成要件。

2. 张某的行为也难以认定为恶意透支型信用卡诈骗罪。因为《刑法》第196条第2款规定的持卡人是指合法持卡人，并不包括实际使用人。另外，“恶意透支”还设定了“经发卡行两次催收后超过三个月仍不偿还”的要件，而发卡行只能向合法持卡人催收，不可能向卡的实际使用人催收。因此，张某作为借卡人恶意透支型不符合信用卡诈骗罪的主体要件。

3. 张某借卡透支系一般民事纠纷，王某既然自愿将信用卡借给张某，就不存在张某骗取信用卡的情节，至于张某恶意透支后拒不偿还的，银行也完全可以向合法持卡人王某催收，王某则需要为自己的过失承担还款义务，王某还完款后可以向张某追偿。因此，张某借卡透支的行为不构成犯罪。

（河北省遵化市人民检察院　黄建奎）

案例84：持卡人经催收后部分还款行为的认定

一、基本案情

2009年4月25日，犯罪嫌疑人杨某某在中国建设银行唐海支行办理了一张信用卡（436748005764××××），截至2014年12月19日共透支本金26103.96元。自2014年5月开始，杨某某连续3个月未遵照约定按时还款，发卡银行于2014年9月18日及2014年11月5日两次对其进行电话催收，犯罪嫌疑人杨某某于2014年10月14日还款2064元，2015年3月16日还款0.3元；另发卡银行于2015年3月23日从犯罪嫌疑人杨某某处扣款0.09元、2015年4月6日扣款0.06元、2015年4月23日扣款0.09元、2015年5月6日扣款6.89元，且杨某某以故意不接听银行催收电话方式逃避银行催收。公安机关2015年5月20日立案进行侦查，犯罪嫌疑人杨某某于2015年5月22日被抓获归案，同日杨某某向银行还款2000元。

二、分歧意见

关于本案的定性存在以下两种意见：

第一种意见认为，杨某某的行为不构成信用卡诈骗罪。理由如下：杨某某在银行催收后没有实施逃匿、改变联系方式以及逃避银行催收等行为，并且曾多次部分还款，由其对信用卡系持续关注可以认定田某没有“非法占有”的目的，且不能认定“两次催收后超过3个月仍不归还”。

第二种意见认为，杨某某明知没有还款能力而大量透支，无法归还，且经发卡行多次催收后超过3个月仍不归还，应当认定信用卡诈骗罪。

三、评析意见

笔者同意第二种意见。理由如下：

杨某某的透支行为属于“以非法占有为目的的恶意透支”。

犯罪嫌疑人杨某某透支信用卡两万多元，采用分期还款的形式每月还款2800元左右，以其月收入4000多元完全可以支付，但犯罪嫌疑人没有遵照约定按时还款，按照信用卡业务相关规定转为超过3个月需一次性归还全部透支数额。犯罪嫌疑人至案发前透支26103.96元，无能力偿还，且拒不接听发卡银行电话。银行两次催收后，犯罪嫌疑人虽表示愿意还款，亦有还款表现，但其仅在超出还款期多日后向发卡银行偿还远低于应还款额的欠款，并不能阻却其“非法占有目的”的存在。

部分还款不影响银行两次催收的效力，银行的催收行为合法有效。

部分还款一方面是持卡人的一种客观行为，另一方面还能够体现持卡人在面对银行催收时的主观还款意愿，应从主客观方面考量其效力。从客观方面看，信用卡欠款系银行与持卡人的债权债务关系，持卡人在银行催收后归还部分透支款的，债务部分消灭，该部分不属于催收不还，故不追究刑事责任；未归还部分的债权债务关系继续存在，持卡人对该部分仍属催收不还。从主观方面看，持卡人在申办信用卡时已经了解了银行关于透支的规定，因此持卡人在银行催收后应归还全部欠款。持卡人归还部分欠款时，其对于银行催收的剩余部分金额仍系明知并应按时归还，银行不需履行司法解释规定的两次催收以外的催收义务。

最高人民法院、最高人民检察院《关于办理妨害信用卡管理刑事案件具体应用法律若干问题的解释》第6条第1款规定，经发卡银行两次催收后3个月仍不归还的，可以认定“恶意透支”。这里的“两次催收”应以银行的催收到达持卡人为准，但是，因持卡人自身的原因导致银行无法联系持卡人的情况除外。银行催收一旦到达持卡人则生效，效力及于催收涉及的全部金额。催收的效力仅在两种情况下终止：一是持卡人归还全部透支款，催收目的全部实现，催收效力终止；二是持卡人与银行另行达成还款协议，催收效力因银行的允诺而终止。除上述两种情形外，无论持卡人有多少次还款行为，也无论还款金额为多少，银行对于尚未归还部分的催收效力均继续发生作用，不需对该部分金额进行重新催收；银行对于已归还部分的催收效力则因催收目的的实现而终止，该部分金额应从犯罪金额中予以扣除。因此，待法定期限届满，持卡人对已经银行催收而尚未归还的部分金额构成恶意透支，当这部分金额达到刑事追诉标准时，构成信用卡诈骗罪。

本案中，犯罪嫌疑人杨某某非正常还款的日期为2014年5月，银行自2014年8月可以开始催收，其中第二次催收时间为2014年11月5日，犯罪嫌疑人在2015年2月6日前未归还全部透支款的，系催收不还。犯罪嫌疑人在公安机关立案前有还款行为，时间分别为2014年10月14日、2015年3月16日、2015年3月23日、2015年4月6日、2015年4月23日、2015年5月6日。其中2014年10月14日的还款2064元系在银行第一次催收后第二次还款前归还，银行对于已归还部分（2064元）的催收效力则因催收目的实现而终止，该部分金额应从犯罪金额中予以扣除；2015年3月16日、2015年3月23日、2015年4月6日、2015年4月23日、2015年5月6日的还款系在银行催收后3个月内归还，故从犯罪金额中扣除；犯罪嫌疑人在案发后还款2000余元，则只能作为量刑情节予以考虑。

综上所述，在银行两次催收后的3个月内，持卡人归还部分欠款的行为不影响催收的整体效力，但已归还金额应从犯罪金额中予以扣除。如此认定，既能做到罚当其罪，罪责刑相适应，符合宽严相济的刑事政策；又能够鼓励持卡人积极偿还欠款以减少银行损失，降低金融风险，符合本罪的目的。

（河北省唐山市曹妃甸区人民检察院　张　娜）

案例85：出售假冒注册商标的伪劣香烟构成何罪

一、基本案情

犯罪嫌疑人刘某系某烟酒店老板。2014年4月底、5月初，其从他人手中多次购进白沙（蓝）、利群（红）等假冒注册商标的伪劣香烟。2014年5月6日、5月17日、5月24日，刘某在明知其所持的是假冒注册商标且伪劣卷烟的情况下，将该烟卖给张某，销售金额为人民币77442.5元。经河北省烟草专卖局鉴定，其所销售的香烟为假冒注册商标且伪劣卷烟。

二、分歧意见

关于本案的定性，有两种不同意见：

第一种意见认为，犯罪嫌疑人刘某从他人手中多次购进品牌伪劣香烟，并在明知是伪劣烟的情况下，多次向他人销售，销售价值达77442.5元，达到了我国刑法规定的销售伪劣产品罪5万元的立案标准，故构成销售伪劣产品罪。

第二种意见认为，犯罪嫌疑人刘某的行为不仅触犯了《刑法》第140条规定的销售伪劣产品罪，其行为同时还触犯了《刑法》第214条的规定，构成销售假冒注册商标的商品罪。

三、评析意见

笔者赞同第二种意见。理由如下：

1. 从客体上分析，销售假冒注册商标的商品罪侵害的客体是商标权人的商标专用权和消费者的合法利益，且侵犯商标专利权是主要方面；而销售伪劣产品罪侵害的客体是国家产品质量监督管理制度和消费者的合法权益，其中，侵犯消费者的合法权益是主要方面。本案中经鉴定，其所销售的香烟为假冒注册商标且伪劣卷烟。本案中，犯罪嫌疑人既侵犯了商标权人的商标专用权，又侵犯了消费者的合法权益。

2. 从客观要件上说，销售假冒注册商标的商品罪，在客观方面表现为销售明知是假冒注册商标的商品，销售金额或者违法所得数额较大的行为，销售伪劣产品罪在客观方面表现为行为人在产品中掺假、掺杂、以假充真，以次充好或者以不合格产品冒充合格产品，销售金额在5万元以上的行为。本案中，犯罪嫌疑人刘某明知其所持的既是假冒伪劣香烟，又是假冒注册商标的香烟的情况下，仍然将香烟出售给他人。

3. 从产品、商品性质上看，销售伪劣产品罪犯罪的对象是伪劣产品，其产品是不合格的，销售假冒注册商标的商品罪的犯罪对象是假冒他人已经注册的商品，既可能是伪劣产品，也可能是合格产品。根据鉴定意见显示，犯罪嫌疑人刘某销售的香烟既是伪劣香烟又是假冒已经注册商标的香烟。

4. 根据最高人民法院、最高人民检察院《关于办理非法生产、销售烟草专卖品等刑事案件具体应用法律若干问题的解释》（2010年3月26日，法释〔2010〕7号）第5条规定，行为人实施非法生产、销售烟草专卖品犯罪，同时构成生产、销售伪劣产品罪、侵犯知识产权罪、非法经营罪的，依照处罚较重的规定定罪处罚。而根据《刑法》第140条规定销售伪劣产品数额较大的，处2年以下有期徒刑或者拘役，并处或者单处销售金额50%以上2倍以下罚金。《刑法》第214条规定，销售明知是假冒注册商标的商品，销售数额较大的，处3年以下有期徒刑或者拘役，并处或者单处罚金。很明显，我国刑法对销售假冒注册商标的商品罪的处罚稍重于销售伪劣产品罪，因此，刘某应当以销售假冒注册商标的商品罪定罪处刑。

（河北省唐山市丰润区人民检察院　高儒琦）

案例 86：诈骗罪、合同诈骗罪以及一般民事经济纠纷的区分

一、基本案情

李某某经营钢材生意。2014 年 1 月，其使用化名“张小中”与一钢材公司老板周某某相识，并开始从周某某经营的钢材公司购进钢材，并陆续支付货款，持续 2 月余，交易额达 200 余万元。在 2014 年 3 月的一天，李某某从该钢材公司拉走 4 车钢材（价值 50 余万元），并支付了 7 万元的定金。李某某将钢材拉到外地卖出收回货款后，将其中 8 万元用于购买车辆，其余钱款用于个人日常生活花销等。后李某某拒绝接听周某某公司会计的电话后将手机关机。周某某经调查，发现“张小中”并非其真实身份，遂报案。经查，李某某此时已经无力支付。

二、分歧意见

对李某某的行为应如何认定，产生了三种分歧意见。

第一种意见认为，李某某的行为构成诈骗罪。李某某虚构了“张小中”的身份，属于虚构事实、隐瞒真相，其从该公司拉走钢材后进行了销售，之后与售货方失去了联系，体现了非法占有货物的主观故意。李某某以非法占有为目的，以虚构事实、隐瞒真相的手段骗取周某某的信任，使周某某交付财物，数额特别巨大，其行为已构成诈骗罪。

第二种意见认为，李某某的行为不构成犯罪，属于民事纠纷。李某某虽然有谎称自己身份的行为，但李某某自称“张小中”之后，从周某某处陆续拉走货物并陆续支付货款，交易时间长达 2 个月之久，且交易金额也达到 200 余万元，属于正常的交易行为，李某某并无非法占有财物的主观故意。其未能及时支付货款，属于买卖合同中，买方未能履行支付货款的义务，其行为是违约行为，该案属于民事纠纷，不应以刑事犯罪处理。

第三种意见认为，李某某的行为构成合同诈骗罪。李某某虽谎称自己的身

份，但其最初从周某某处拉走大量的货物并支付货款，属于形成了一定交易习惯的买卖行为。但李某某在2014年3月购买价值50余万元的货物并支付部分货款，后未按照交易习惯继续支付货款，而是将货款用于个人挥霍，后与卖方失去联系，进而携款逃匿，致使周某某无从追回货款，李某某已具有非法占有他人财物的主观故意。李某某的行为属于履行合同过程中收受他人财物后逃匿的行为，其行为属于合同诈骗行为。

三、评析意见

笔者同意第三种意见。理由是：

虽然李某某开始因为某些原因，虚构了"张小中"的身份，但其从周某某的公司拉走货物并支付货款的行为，属于正常交易，对于之前的200余万元的交易，应无非法占有的主观故意。李某某与周某某在市场经济活动中形成了固定的交易习惯，在周某某已经基于交易习惯对李某某产生信任的情况下，李某某将货物拉走卖掉后挥霍货款，并与周某某公司人员断绝联系，当然违背了市场经济活动中基本的诚实信用原则。但同时，李某某在资金链断裂的情况下，既未及时支付周某某的货款，实现合同的完全履行；又未进行正常的资金周转，而是将收取的货款挥霍，致使周某某丧失收回货款的可能性，已经体现了非法占有货物的主观故意。而且其为了躲避周某某而失联的行为，属于逃匿行为，其不愿支付货款，非法占有周某某财物的主观故意更加彰显。李某某的行为不仅违反诚实信用原则，也触犯了我国《刑法》第224条规定，收受对方当事人给付的货物、货款、预付款或者担保财产后逃匿的构成合同诈骗罪。

在司法实践中，合同诈骗罪与民事纠纷行为往往难以区分，究其原因，二者确实存在相似之处。譬如本案，李某某的行为构成合同诈骗罪，同时，其行为当然也是一种违约行为，但此时的违约行为由民事法律关系调整的范围上升到刑事法律关系调整的范围。区分合同诈骗与一般的经济纠纷的关键在于，行为人是否有非法占有的主观故意。合同纠纷往往是合同当事人具有一定的履约能力担保，只是由于客观上的某些原因，虽经多方努力仍不能履行合同而使对方当事人遭受严重损失所产生的纠纷，造成纠纷的当事人本身并无占有他人财物的故意。而合同诈骗案件中，行为人具有非法占有他人财物的故意，对于违约结果是积极追求的。在本案中，李某某在收受他人货物后，将卖得货款用于个人挥霍，导致合同不可履行，其对违约行为的积极追求，体现了诈骗的主观故意，其行为属于合同诈骗行为。

（河北省玉田县人民检察院　张绍平　宋海健）

案例87：渠道外进货是否构成非法经营罪

一、基本案情

魏某某，女，因涉嫌非法经营罪于2014年1月23日被公安局取保候审。魏某某在某区经营个体“魏姐烟酒超市”，持有烟草专卖零售许可证。2013年7月至2014年初，魏某某多次从天津市汉沽区董某某处购进违规卷烟，以每条进货价加价2~5元后销售。2014年1月8日凌晨5时许，烟草专卖局执法人员将被不起诉人魏某某查获。在其库房和其底商经营的烟酒店内当场查获各种违规卷烟1291条。经检验均为真烟，总价值95106元。

二、分歧意见

魏某某经营烟草过程中从渠道外进货销售的行为是否构成非法经营罪。

第一种观点认为，魏某某的行为构成非法经营罪。理由是：魏某某虽然具有烟草专卖零售许可证，且所进卷烟均系真烟，但其行为违反了唐山市公、检、法及烟草专卖局联合下发的打击制售假烟违法犯罪活动领导小组办公室会议纪要中关于“非法流通卷烟达到50000元即涉嫌非法经营罪”的相关规定，魏某某渠道外进货达95106元，因此其行为构成非法经营罪。

第二种观点认为，魏某某的行为不构成非法经营罪。理由是：依据《刑法》及“两高”相关司法解释，在魏某某合法取得烟草专卖零售经营权的情况下，仅凭其渠道外进货烟草并销售的行为，不能认定其构成非法经营犯罪。

三、评析意见

笔者认为，魏某某的行为不构成非法经营罪。理由如下：

1.《刑法》第225条规定：“违反国家规定，有下列非法经营行为之一，扰乱市场秩序，情节严重的，处五年以下有期徒刑或者拘役，并处或者单处违法所得一倍以上五倍以下罚金；情节特别严重的，处五年以上有期徒刑，并处违法所得一倍以上五倍以下罚金或者没收财产：（一）未经许可经营法律、行政法规规定的专营、专卖物品或者其他限制买卖的物品的……”结合这一条规定，联系本案，魏某某属于合法持有烟草专卖零售许可证，显然不符合上述规定中的非法经营行为。

2. 2010 年 3 月 23 日，“两高”下发的《关于非法生产、销售烟草专卖品等刑事案件应用法律若干问题的解释》中规定，未经烟草专卖行政主管部门许可，无生产许可证、批发许可证、零售许可证，而生产、批发、零售烟草制品的，依照非法经营罪定罪。该解释只规定了无证生产、批发、零售三种情况构成非法经营犯罪，而未将单纯的渠道外进货包含在内。本案中，魏某某在合法持有烟草专卖零售许可证的情况下，未从本地烟草专卖部门进货，而是通过关系从异地购进烟草真品用于批发、零售，只是违反了唐山市地方行政法规，并未触犯刑法的相关规定，因此，魏某某的行为只构成了行政违法而不是刑事违法。

3. 刑法设立非法经营罪的立法本意之一在于保护特殊商品专卖专营、限制买卖的市场秩序。无证经营烟草专卖品的行为侵犯国家的烟草专卖制度，应按非法经营罪定罪处罚；而有证违规经营真烟的行为虽违反了有关烟草经营范围、进货销售渠道等具体规定，但并未违反烟草专卖制度，不符合非法经营罪的本质要件。所以，本案中对魏某某的行为不能按非法经营罪处理，只能给予行政处罚。

（河北省唐山市丰南区人民检察院　李志玲）

案例88：如何认定合同诈骗犯罪中的非法占有目的等问题

一、基本案情

犯罪嫌疑人贾某某原系某钢厂下属商贸公司经理，2011年在担任经理期间开始投资期货，至2013年8月共亏损500余万元。后辞职，2014年4月又借用他人名义投资期货，同样不断亏损。为筹集资金继续炒期货，希望翻本并获利，2014年6月15日，贾某某让高某对朋友么某某谎称其从金某钢厂购买的钢材因客户不要，钢厂不退货也不退钱，低价销售为由，让么某某帮助卖货。经联系，名扬商贸公司愿意低价收购。2014年6月17日，贾某某电话联系金某钢厂订购钢材，按照之前商定的型号，以先拉货后付款方式拉出钢材107.62吨，以总价30.53余万元（不含税款）销售给名扬商贸公司，该批钢材出厂价为32.36余万元（含税款，税款为150元每吨）。收到货款后贾某某将该款转至其期货账户用于炒期货，全部亏损。案发后贾某某向金某钢厂坦诚了上述事实。经查，贾某某以类似方式多次骗取钢厂钢材，变现后全部投入期货，涉案数额多达200余万元。

二、分歧意见

对于贾某某的行为应如何认定，主要有两种意见：

第一种观点认为，贾某某的行为不构成犯罪。理由是：贾某某向金某钢厂订购钢材，确实用于销售，且销售价格并不明显低于市场价，无虚构事实、隐瞒真相行为；该货款被用于期货投资，虽有挪用行为，也属于商业行为，贾某某非法占有的主观目的不明显。

第二种观点认为，贾某某的行为构成合同诈骗罪。理由是：贾某某以订购钢材为名将钢材低价销售给他人，目的是将钢材变现用于期货投资，期货是高风险行业，投资期货导致无法偿还的，可认定为其有合同诈骗行为。

三、评析意见

笔者同意第二种意见，对贾某某应以合同诈骗罪定罪处罚。理由如下：

首先，贾某某具有非法占有的主观目的。在现实经济合同中，当事人利用欺骗方式获取财物、利益的现象时有发生，有的属于诈骗犯罪，需要追究刑事责任；有的属于民事欺诈行为，应以经济纠纷加以解决，所以如何区分诈骗犯罪与民事纠纷特别是民事欺诈纠纷的界定与处理，是长期困扰司法界的棘手问题。各方对此有不同的认识与理解，但对行为人是否具有非法占有的目的作为区分两者的关键，这一点已达成共识。然而，非法占有的目的是行为人的主观心理态度，除行为人供述外，很少有直接的证据证明行为人的主观心理态度。在办案实践中，诈骗类犯罪的嫌疑人一般具有较高的智商、反侦查、反审讯等能力，往往辩称自己没有非法占有的主观故意，虚构事实，转移焦点，模糊办案人员的关注重点及办案思路，企图逃避刑罚。在律师辩护中，也主要从主观方面进行辩护。因此，有无非法占有的主观目的的认定难也是导致该类犯罪改判率、发回重审率居高不下的重要原因。

目前，理论界和实务界均提出运用刑事推定的方式解决这一问题，《刑法》第224条合同诈骗罪中体现了这一思想，具有该条第2款第（一）至（五）项规定五种行为之一的，均直接定以合同诈骗罪，如第（四）项收取货款后携款逃匿的，直接可认定为合同诈骗行为。其中第（五）项为兜底条款，没有具体罪状，也正因此，在判断行为人的行为是否属于第（五）项时经常引起办案人员的争论，张军在其主编的《刑法分则及配套规定新释新解》中认为收取货款后没有用作履行合同而无法返还的，属于该规定的内容之一。司法考试教材中也认为，收取对方货款后不按照合同约定履行义务，用于风险投资的，符合第（五）项规定的情形之一。

笔者赞同上述观点，并且认为判断是否具有非法占有的目的，应从多方面考虑，一是签订合同的主体是否真实，是否从事过涉案的相关行业；二是有无履约能力，具体到案件应分析行为人履约的现实性和可能性，不能简单地将签约时无履行能力的一律认定为诈骗行为；三是是否有诈骗的行为手段，应分析诈骗行为在合同中是否起根本性、决定性作用，如果仅是对信誉、数量等有夸大情节，可认定为民事欺诈行为；四是事后行为人是否积极履约、挽救，收取货款、财物后没有积极履约而是用于非法赌博等活动，或用于风险投资，或无正当理由拒不返还的，均可推定具有非法占有的主观目的。

贾某某从金某钢厂提出赊购钢材的目的并非进行正常的钢材买卖交易，以谋取正常利润，而是在其多次因炒期货造成亏损近千万的情况下，为继续炒期货筹集资金，将所赊购钢材变卖用于投资炒期货，以冀谋取暴利，造成货款全部损失的后果。其欺骗手段起根本性、决定性作用，并且期货投资是一种高风险的投资，未得到货款（钢材）权利人的授权，该行为属于《刑法》第224条第2款第（五）项规定的内容，可以认定贾某某具有非法占有厂家钢材的主观故意。

其次，贾某某具有虚构事实、隐瞒真相的行为。其隐瞒将所赊购钢材低于出厂价变卖用于炒期货的真实目的，同金某钢厂等厂家订立钢材买卖口头合同，并对名扬商贸公司等收购公司谎称因所购钢材原客户不要，厂家不退款也不退货，以低价销售为由，事先联系好收购方，以便更快地得到货款，因此贾某某向厂家虚构了真实需求的客户，隐瞒了订立口头合同的真实目的，具有虚构事实、隐瞒真相的行为。其所联系的客户并非基于正常的钢材买卖交易向其提出钢材需求，而是贾某某以低价销售为名非理性市场交易地找到的客户，其目的也是将所赊购钢材尽快变现。

最后，此案诈骗行为发生在签订履行合同过程中。对于合同诈骗罪中"合同"的范围，应根据合同诈骗罪的侵犯客体及立法目的，来进行具体理解和把握。第一，合同诈骗罪规定在《刑法》分则第三章第八节扰乱市场秩序罪中，该节犯罪危害的客体为他人财产所有权和国家合同管理制度，破坏了社会主义经济秩序，因此合同诈骗罪中的"合同"，必须体现一定的经济秩序，现行《合同法》基本涵盖了绝大部分民商事合同，其对民商事合同的各种规定应作为刑事法中规定的合同签订、履行等概念理解的重要参考。"合同"的内容宜限于经济合同，行政、人身抚养等非经济类合同通常不应视为合同诈骗罪中的合同。第二，关于合同的形式，口头合同是《合同法》规定的法定合同形式之一，其内容只要体现市场经济活动的，应作为《刑法》中合同诈骗罪所保护的犯罪客体，而不局限于书面合同。一般而言，发生在生产经营领域的宜定合同诈骗；发生在日常生活交易的口头合同诈骗的宜定普通诈骗。贾某某利用其做钢材生意所形成的信誉，在明知没有履行能力也不愿积极履行合同义务的情况下，仍然同他人订立口头合同，造成低价销售钢铁、所得货款没有用于履行合同且无法返还的严重后果，应视为在签订、履行合同中以其他方法骗取对方当事人财物。

（河北省唐山市丰润区人民检察院　孟庆文）

案例89：色诱男性网友高消费应当如何定性

一、基本案情

2015年2月至7月间，酒吧老板钱某雇用年轻貌美的周某、吴某等人，通过社交软件和相亲网站结识男性网友，邀约对方到钱某的酒吧，以低价红酒、茶点、水果诈骗对方进行高额消费，共计实施72起，获利27余万元。

二、分歧意见

第一种意见认为，本案属于民事欺诈。理由是：酒吧老板雇用酒托女，其主观目的是提高酒吧的营业额。酒吧具有合法的资质、正常的营业场所，在整个过程中也确实对被害人提供了酒水、茶点和环境等方面的服务，不是纯粹的无本生意。虽然酒水等消费品的实际价值与标明的价格差距较大，但是被害人对点单消费的基本事实没有认知错误。虽有色诱网友，以低价酒水等让被害人高额消费的欺诈行为，但并不构成诈骗罪。

第二种意见认为，钱某等人的行为应认定为诈骗罪。理由是：行为人以非法占有为目的，通过隐瞒事实真相的方法，以网友身份引诱被害人到酒吧进行高消费，连续骗取多名被害人的财产，数额巨大。

三、评析意见

笔者同意第二种意见。理由如下：

民事欺诈行为是指一方当事人故意告知对方虚假情况，或者故意隐瞒真实情况，诱使当事人作出错误的意思表示。诈骗罪是指行为人以非法占有为目的，使用欺骗方法，骗取数额较大的公私财物的行为。民事欺诈行为的目的在于通过欺骗与他人发生、变更、终止一定的民事法律关系，从而获利。诈骗罪在主观上以非法占有他人财物为目的，虽然诈骗行为在客观上有时也会引起他人一定的民事法律行为意思的表示，但是诈骗罪行为人却没有承担法定或约定的民事义务和实际履行民事法律行为的意思。因此，区分民事欺诈与诈骗罪的关键是看行为人在主观上是以骗取他人财物为目的，还是通过履行民事法律行为而获得利益。

本案中，犯罪嫌疑人的行为始终围绕着非法占有他人财物这一目的展开，酒托女通过网络，以交朋友、搞对象等明示或者暗示方法引诱被害人前往酒吧，使被害人误认为到酒吧见面并且进行正常消费就是双方关系进一步发展的前奏和代价。酒托女隐瞒了自己与酒吧的关系，使被害人对其在酒吧消费的实质产生了错误认识。酒吧完成了以低价酒水冒充高档酒水的服务，以交易的表象掩盖犯罪的本质。被害人在发现消费金额异常时，如果不是为了在心仪的女网友前保全颜面，也不会轻易付款。正是因为犯罪嫌疑人的欺骗行为，使被害人最后交付了财物，受到了损失。换言之，犯罪嫌疑人所实施的欺骗行为与被害人“自愿”付款导致财物损失的后果之间存在刑法上的因果关系。因此，犯罪嫌疑人的行为完全符合诈骗罪的行为方式，即行为人实施欺骗行为→对方产生错误认识→对方基于错误认识处分财产→行为人或第三人取得财产→被害人遭受财产损失。犯罪嫌疑人合伙骗取多名被害人财物达27余万元，具有明显的社会危害性，应当以诈骗罪论处。

（河北省唐山市路北区人民检察院　赵　娜）

案例90：诉讼欺诈侵财行为如何定性

一、基本案情

2013年10月，赵某向郑某借款10万元用于投资，并书写了借条。2014年1月，赵某分三次以现金方式归还了借款和利息，但忘记向郑某收回借条。同年8月4日，郑某以借条为证据，向法院提起诉讼，要求判决赵某归还10万元和利息6000元。2015年2月3日，法院一审判决赵某向郑某归还借款和利息共计10.6万元。同日，赵某不服一审判决，提出上诉。同年4月30日，二审法院裁定驳回赵某上诉，维持原判。10月20日，郑某通过申请法院强制执行，从赵某处取得10.6万元。11月1日，赵某报警。

二、分歧意见

第一种意见认为，郑某以捏造的事实提起民事诉讼，妨害司法秩序，严重损害赵某的合法权益，其行为构成虚假诉讼罪。第二种意见认为，郑某以非法占有为目的，通过虚假陈述、隐瞒真相等手段，向法院提起民事诉讼，使法院作出错误裁判，从而达到占有他人财产的目的，其行为构成诈骗罪。

三、评析意见

笔者同意第二种意见，理由如下：

本案是一起典型的诉讼欺诈案件。所谓诉讼欺诈，是指行为人以非法占有为目的，通过伪造或者变造证据、捏造事实、恶意串通等手段，向法院提起民事诉讼，意图使法院作出错误裁判，从而达到占有他人财产目的的一种恶意诉讼行为。诉讼欺诈行为应当定性为诈骗罪。首先，从犯罪构成理论看，诉讼欺诈行为人主观上具有诈骗他人财物的故意，客观上以提起民事诉讼为手段，提供虚假的陈述，出示虚拟的证据，使法院作出有利于自己的判决，从而达到骗取他人财产的目的。诉讼欺诈具有诈骗罪的最突出特征“骗”，行为人的诉讼欺骗行为与被害人的财物受损之间存在刑法上的因果关系，完全符合诈骗罪虚构事实或者隐瞒真相，骗取他人财物的本质特征。其次，从境外司法实践看，德、日两国的刑法通说和审判实践均认定诉讼欺诈成立诈骗罪。他们认为，诉讼欺诈行为，对其定性不应侧重于甄别“诉讼”行为，而要对实质的“行骗”行为进行界定，“诉讼”仅为行为人的手段，而“行骗”是行为人行为的实质认定。诉讼欺诈行为比一般诈骗行为更为“高明”，行为人的高明之处在于借助法院作为工具，借助诉讼作为途径。

《刑法修正案（九）》增设了虚假诉讼罪，规定在《刑法》第307条后，作为第307条之一。其第1款规定：“以捏造的事实提起民事诉讼，妨害司法秩序或者严重损害他人合法权益的，处三年以下有期徒刑、拘役或者管制，并处或者单处罚金；情节严重的，处三年以上七年以下有期徒刑，并处罚金。”第3款规定：“有第一款行为，非法占有他人财产或者逃避合法债务，又构成其他犯罪的，依照处罚较重的规定定罪处罚。”从法律条文的文意理解，仅有虚假诉讼行为，没有非法占有他人财产行为，应以虚假诉讼罪论处；行为人虚假诉讼行为已经构成虚假诉讼罪，并且因此非法占有他人数额巨大的财产时，应该以诈骗罪追究其刑事责任。

（河北省唐山市路北区人民检察院　冯世斌）

案例91：无经营许可销售假烟行为的定性

一、基本案情

2013年8月的一天，犯罪嫌疑人王某某在无烟草经营许可证的情况下，经电话联系从一名叫“小龙”的男子处购买假冒哈德门、白梅、红山茶及石家庄等香烟共计3000条用于其经营的烟酒店销售。2013年9月4日8时许，犯罪嫌疑人王某某在某小食品仓库院内接货时，被该县烟草专卖局工作人员查获，当场查获香烟3000条。经鉴定，王某某所购买香烟均系假冒注册商标且伪劣卷烟，价值人民币15余万元。

二、分歧意见

对于本案中犯罪嫌疑人王某某的行为如何定性，有两种不同意见：

第一种意见认为，非法经营罪中的专营专卖物品不包括伪劣物品。本案查获的伪劣卷烟的货值金额达到《刑法》第140条规定的销售金额定罪起点数额标准的三倍以上（15万元），依据最高人民法院、最高人民检察院《关于办理非法生产、销售烟草专卖品等刑事案件具体应用法律若干问题的解释》（以下简称《解释》）第1条、第2条之规定，应认定被告人王某某的行为构成销售伪劣产品罪（未遂）。

第二种意见认为，一方面，犯罪嫌疑人王某某既是无证销售，又是销售伪劣产品，还是销售假冒他人注册商标的商品，属于同一个行为同时触犯了有交叉和包含关系的法条，构成法条竞合犯，应当依照处罚较重的定罪处罚。另一方面，犯罪嫌疑人的行为所触犯的三个罪名中非法经营罪的外延最小，假冒注册商标罪的外延最大，非法经营罪仅在专营、专卖物品是伪劣假冒时，才与其他两罪包容交叉。按照特殊法条优于普通法条原则，非法经营罪属于特殊法条，应优先选用。所以本案应以非法经营罪定罪。

三、评析意见

（一）非法经营罪与销售伪劣产品罪之辨析

依据《刑法》第225条的规定，非法经营罪是指违反国家的规定，故意从事非法经营活动，扰乱市场秩序，情节严重的行为。该罪的本质在于严重扰乱市场秩序的非法经营活动，犯罪对象为国家专营、专卖物品，常见的如食盐、烟草等或者限制买卖的物品如种子等，以及未经批准从事经营活动的行为。制售烟草制品构成非法经营罪必须要符合的条件就是没有取得烟草经营资质。烟草制品属于国家规定的专营专卖物品，其生产、销售均由国家实行垄断经营，统一管理。根据《烟草专卖法》和《烟草专卖实施条例》的规定，生产、销售烟草制品，必须经国家烟草专卖行政主管部门批准，颁发生产企业许可证、批发企业许可证或者零售许可证等，否则就属于《刑法》第225条第（一）项规定的情形。

生产、销售伪劣产品罪，是指生产者、销售者违反产品质量管理法规和工商行政管理法规，故意在产品中掺杂、掺假，以假充真，以次充好或者以不合格产品冒充合格产品，销售金额在5万元以上的行为。本罪的犯罪对象是伪劣产品，限于除药品、食品和医疗器械等特定种类之外的普通伪劣产品，否则应当构成生产、销售假药等特殊罪名。涉烟行为如果构成本罪的，主要表现为生产者、销售者违反国家对产品质量的监督管理法规，在烟草制品中掺杂、掺假，以假充真，以次充好或者以不合格的烟草冒充合格烟草制品，达到销售金额5万元以上或者销售金额未达到5万元，但与未销售货值金额合计达到15万元以上的行为。

（二）王某某无证销售假烟的罪名选择

第一种意见认为王某某的行为构成销售伪劣产品罪（未遂）最重要的观点就是非法经营罪中的专营专卖物品不包括伪劣物品。但是根据我国《刑法》第225条和《刑法修正案（七）》第8条规定，非法经营罪的本质在于严重扰乱市场秩序的非法经营活动，犯罪对象为国家专营、专卖物品或限制买卖的物品，侵犯的客体是国家对市场的正常管理和市场交易秩序。如果说未经许可而非法经营合格的国家专营、专卖的烟草制品，已经侵害了本罪的客体，那么假烟的原材料都是专卖品，且假烟也在专卖管理范畴之内，相对于真品烟来说，卖假烟对市场秩序的危害更大。因此，非法经营的犯罪对象应当包括假冒伪劣的专营专卖商品。

在本案中，犯罪嫌疑人王某某无许可证而销售假烟，其行为既符合非法经营罪的犯罪构成，又符合销售伪劣产品罪的犯罪构成，形成了法条上的竞合。根据《解释》第5条的规定，行为人实施非法生产、销售烟草专卖品犯罪，同时构成生产、销售伪劣产品罪、侵犯知识产权罪、非法经营罪的，依照处罚较重的规定定罪处罚。因此，本案应择一重罪进行处罚。

对重罪的理解，笔者认为，并不是简单地看法条上规定的刑期的轻重，而是分析王某某实际领刑的轻重。比较两罪的法定刑，销售伪劣产品罪的法定最高刑是无期徒刑，但起点刑是二年以下，非法经营罪的法定最高刑是有期徒刑，但起点刑是五年以下，如果按照《解释》第5条的规定，除经营伪劣卷烟数额特别巨大被判处无期徒刑的情况以外，涉烟类案件在较低的刑档，一般应按非法经营罪定罪量刑。本案中王某某被查获的伪劣香烟价值人民币15万余元，如果构成销售伪劣产品罪的话，该罪未遂形态下起点数额为15万元，就需要比照既遂犯从轻或者减轻处罚，其实际刑期必定在2年以下。而如果按照非法经营罪来量刑的话，按《解释》的规定，销售伪劣烟草制品的，定罪起点数额为5万元，应处5年以下有期徒刑或者拘役，并处或者单处违法所得1倍以上5倍以下罚金。因此，比较两个罪名，以非法经营罪进行定罪处罚，被告人实际获刑较重。

综上所述，笔者同意第二种观点，即犯罪嫌疑人王某某构成非法经营罪。

（河北省玉田县人民检察院　郭莉斯）

案例92：向熟人借钱给予高利能否构成非法吸收公众存款罪

一、基本案情

2011年7月至今，犯罪嫌疑人马某在经营废纸打包厂期间以需要资金为由，亲自向熟人白某甲、张某、徐某、白某乙、王某、马某某、赵某等人以月息1分、2分、3分、5分和1角的方式借款170余万元。

二、分歧意见

本案在办理过程中，对犯罪嫌疑人马某是否构成非法吸收公众存款罪存在两种不同的意见：

第一种意见认为，马某违反国家金融管理法律规定，以提高利率的方法吸收公众存款，扰乱金融秩序，且数额在100万元以上，数额巨大，因此，马某构成非法吸收公众存款罪。

第二种意见认为，犯罪嫌疑人马某的借款人都是自己熟悉的人，不符合向社会不特定对象吸收资金的犯罪构成；而且根据现有证据，犯罪嫌疑人马某并没有向社会公开宣传，也没有“口口相传”的情况，现有证据不足以证明犯罪嫌疑人马某向被害人借款的方式符合非法吸收公众存款罪的构成要件。

三、评析意见

笔者赞同第二种意见。理由如下：

最高人民法院《关于审理非法集资刑事案件具体应用法律若干问题的解释》第1条规定，违反国家金融管理法律规定，向社会公众（包括单位和个人）吸收资金的行为，同时具备四个条件的，除刑法另有规定的以外，应当认定为《刑法》第176条规定的“非法吸收公众存款或者变相吸收公众存款”：

（1）未经有关部门依法批准或者借用合法经营的形式吸收资金；

（2）通过媒体推介会、传单、手机短信等途径向社会公开宣传；

（3）承诺在一定期限内以货币、实物、股权等方式还本付息或者给付回报；

（4）向社会公众即社会不特定对象吸收资金。

本案中被害人都是和犯罪嫌疑人马某熟识的人，现有证据不足以证明犯罪嫌疑人马某借款的被害人属于社会上不特定的对象。

犯罪嫌疑人马某向被害人借款的方式都是登门去借，并打了借条，而且在向被害人赵某借款时不仅打了10万元的借条，还将车牌号为冀BX××××迈腾轿车抵押给了赵某。而且根据现有证据，犯罪嫌疑人马某并没有向社会公开宣传，也没有“口口相传”的情况，现有证据不足以证明犯罪嫌疑人马某向被害人借款的方式符合非法吸收公众存款罪的客观构成要件。

以现有证据，犯罪嫌疑人马某不构成非法吸收公众存款罪。

（河北省唐山市丰润区人民检察院　吴　倩）

案例93：以散装润滑油冒充名牌润滑油出售如何定性

一、基本案情

2009年6月至7月，陈某某、翟某某以散装润滑油冒充“长城”牌润滑油的方式，多次向经销商销售润滑油。其中，翟某某销售假冒长城润滑油64桶，销售金额达108800余元；陈某某销售假冒长城润滑油103桶（其中小包装10桶），其中49桶销售未遂，销售金额达56442元。

二、分歧意见

对于翟某某和陈某某的行为定性，主要有三种不同意见：

第一种意见认为，翟某某和陈某某构成销售伪劣产品罪；第二种意见认为，翟某某和陈某某构成假冒注册商标罪；第三种意见认为，翟某某和陈某某构成销售假冒注册商标的商品罪。

三、评析意见

笔者认为，翟某某和陈某某的行为应当构成假冒注册商标罪，具体理由如下：

（一）关于生产、销售伪劣商品罪与侵犯知识产权犯罪的牵连问题

首先，生产、销售伪劣产品罪是指生产者、销售者故意在产品中掺杂、掺假，以假充真、以次充好或者以不合格产品冒充合格产品，销售金额在5万元以上的行为，本罪侵犯的客体是国家对产品质量的监督管理制度和消费者的合法权益；本罪的犯罪对象是伪劣产品，即生产、销售的商品，违反国家法律、法规的规定，质量低劣或者失去了使用价值。销售假冒注册商标的商品罪是指明知是假冒注册商标的商品而故意予以销售，销售数额较大的行为，本罪的客体是国家商标管理秩序或商标注册人的商标专用权；本罪的犯罪对象是注册商标。

其次，销售伪劣商品罪往往与假冒注册商标罪、销售假冒注册商标的商品罪相互交叉竞合，犯罪分子为了能够顺利地销售伪劣产品，往往冒用名牌产品的注册商标；而假冒商标或者销售假冒注册商标的商品，往往也是将自己生产的质量较差的商品冒充他人质量较好或信誉较好的商品，其实质也是一种以次充好的行为。严格区分两者的界限，根据假冒产品的性质进行区分，生产、销售伪劣产品罪的犯罪对象是伪劣产品，即质量低劣不合格的产品，主要是从产品的性能看，它是不合格的。而假冒注册商标罪、销售假冒注册商标的商品罪的犯罪对象，是假冒他人已注册的商标，从性质上看，可能该商品本身就是伪劣产品，也可能该商品针对其产品的性能是合格的，如某厂生产的白酒滞销，便假冒另一酒厂已注册的“酒鬼”牌商标推销等。对后者，只能认定假冒商标罪或销售假冒注册商标的商品罪。

最后，本案中翟某某与陈某某将散装伪劣润滑油灌装到“长城”牌润滑油空桶后，假冒“长城”牌润滑油予以出售，属于行为人用伪劣产品假冒他人注册商标的商品进行生产、销售，是一种牵连犯罪。牵连犯，是指以实施某一犯罪为目的，其方法行为或者结果行为又触犯其他罪名的犯罪形态，实质是数个独立的行为之间具有方法行为与目的行为，或者原因行为与结果行为的牵连关系，但裁判上作为一罪处理。所以，在此情况下属于目的行为与手段行为的牵连犯罪，应从一重罪处罚。同时，根据最高人民法院《关于办理生产、销售伪劣商品刑事案件具体应用法律若干问题的解释》（法释〔2001〕10号）和最高人民法院、最高人民检察院、公安部《关于办理侵犯知识产权刑事案件适用法律若干问题的意见》（法发〔2011〕3号）的规定，行为人实施生产、销售伪劣商品犯罪，同时构成侵犯知识产权犯罪的，依照两罪中处罚较重的规定定罪处罚。

（二）关于假冒注册商标罪与销售假冒注册商标的商品罪的吸收问题

首先，行为人未经注册商标所有人的许可，在同一种商品上使用与其他注册商标相同的商标后，又将该种商品出售，获取非法利益的，属于吸收犯罪。吸收犯，是指数个犯罪行为，其中一个犯罪行为吸收其他的犯罪行为，仅成立吸收的犯罪行为一个罪名的犯罪形态。吸收犯的数个行为之间具有吸收关系，前一犯罪行为可能是后一犯罪行为发展的所经阶段，后一犯罪行为可能是前一犯罪行为发展的自然结果。

其次，在上述情况下，其前行为与后行为是吸收行为与被吸收行为，属假冒注册商标罪的整个犯罪过程的组成部分，彼此间存在联系，后行为是前行为的必然结果，行为人在自己的商品上使用他人注册商标，多是为了将自己的商品出售，在此情况下，可认定行为人的行为构成假冒注册商标罪，而不能实行数罪并罚。

最后，根据最高人民法院、最高人民检察院《关于办理侵犯知识产权刑事案件具体应用法律若干问题的解释》（法释〔2004〕19 号）第 13 条的规定："实施《刑法》第二百一十三条规定的假冒注册商标犯罪，又销售该假冒注册商标的商品，构成犯罪的，应当依照《刑法》第二百一十三条的规定，以假冒注册商标罪定罪处罚。"

（三）关于本案中翟某某与陈某某的行为确定何种罪名的问题

鉴于本案中翟某某与陈某某将伪劣散装润滑油倒装在"长城"牌润滑油空桶内，以冒充"长城"牌润滑油的方式，多次向经销商销售润滑油，销售数额均已达到 5 万元以上。因此，根据《刑法》第 140 条的规定，生产者、销售者故意在产品中掺杂、掺假，以假充真、以次充好或者以不合格产品冒充合格产品，销售金额 5 万元以上不满 20 万元的，处 2 年以下有期徒刑或拘役，并处或者单处销售金额 50% 以上 2 倍以下罚金。根据《刑法》第 213 条规定，未经注册商标所有人许可，在同一种商品上使用与其注册商标相同的商标，情节严重，处 3 年以下有期徒刑或者拘役，并处或者单处罚金。假冒注册商标罪的法定刑较高，处罚重于销售伪劣产品罪，同时，由于翟某某和陈某某实施假冒注册商标犯罪，又销售该假冒注册商标的商品，应当以假冒注册商标罪定罪处罚。综上所述，应当以假冒注册商标罪追究翟某某与陈某某的刑事责任。

（河北省唐山市曹妃甸区人民检察院　赵　磊）

案例94：债权人提议并陪同债务人租赁汽车质押获利应当如何定性

一、基本案情

林某为了筹集赌资，以投资为由向朋友孙某借款10万元，双方约定借款期限一年，利息2万元。林某见期限届满无力偿还借款，告以实情。孙某多次催要无果，见林某负债累累，遂提议林某向汽车租赁公司租赁汽车质押变现以还借款。在孙某的陪同下，林某从某汽车租赁公司租赁了一辆价值人民币20万元的汽车，又将汽车质押给第三人从而套现12万元，孙某借款及利息得以偿还。林某向汽车租赁公司支付2个月汽车租金后，无力继续支付汽车租金，遂逃匿。

二、分歧意见

第一种意见认为，孙某的行为属于民事纠纷，不构成诈骗罪。理由是：孙某的本意在于帮助林某租赁汽车抵押套现以偿还自己的债务，其动机是转嫁债务，目的在于维护自己的合法债权。林某先与汽车租赁公司签订租赁合同，后与第三人签订质押合同，属于典型的民事行为。孙某从林某处取得的12万元是林某清偿其合法债务的结果，其没有骗取财物的直接行为。

第二种意见认为，孙某明知林某无正当职业，没有偿还债务能力，为了使自己的债权得到清偿，不仅向林某提议，而且陪同林某从汽车租赁公司租赁汽车，并将汽车质押变现，最终将所获得的全部款项归自己所有。孙某与林某构成合同诈骗罪的共犯。

三、评析意见

笔者同意第二种意见，理由如下：

合同诈骗罪，是指行为人以非法占有为目的，在签订、履行合同的过程中，采取虚构事实或者隐瞒真相的方法，骗取对方当事人的财物，数额较大的行为。本案中，林某的行为构成合同诈骗罪已经确认无疑。孙某是否认定为林某的共犯，关键在于孙某是否具有非法占有的目的。目的犯之目的是行为人一种主观心理要素，主观目的的证明不能以行为人的口供为转移，即不能以行为人供有则有，供无则无，而应当将主观目的的证明建立在客观事实的基础之上。为此，就必须采用推定方法，根据客观存在的事实推断行为人主观目的之存在。推定时应当考虑以下几个方面：

1. 行为人是否具有签订、履行合同的条件，是否创造虚假条件。
2. 行为人在签订合同时有无履约能力。
3. 行为人在签订和履行合同过程中有无诈骗行为。
4. 行为人在签订合同后有无履行合同的实际行为。
5. 行为人对取得财物的处置情况，是否有挥霍、挪用及携款潜逃等行为。
6. 行为人未履行合同的具体原因。

本案中，孙某出于使自己的债权顺利清偿的动机，明知林某负债累累，既无签订、履行汽车租赁合同的条件，也无履行汽车租赁合同的能力，却向林某提议租赁汽车质押变现还款的犯意，并且陪同林某前往汽车租赁公司租赁汽车，隐瞒了租赁汽车的真实意图——“租赁汽车质押借款以偿还孙某借款”，使汽车租赁公司在不明真相的情况下与林某签订、履行租赁合同并交付汽车，又将租赁汽车质押变现的全部款项据为己有。综上所述，孙某主观上具有非法占有租赁汽车的故意。

（河北省唐山市路北区人民检察院　冯世斌）

案例95：以租赁车辆抵押获利的行为如何定性

一、基本案情

2015年10月30日，犯罪嫌疑人刘某以自己真实身份在某租车行租赁了一辆白色宝马轿车，并与租车行签订了租车协议，后刘某以借款名义将该车及行驶证抵押给了董某，抵押价格10万元，刘某拿到10万元后，用于赌博及还债，经鉴定该车实际价值为15万元。后该车被租车行追回。

二、分歧意见

第一种观点认为，对犯罪嫌疑人的行为不宜认定为犯罪。虽然刘某将租赁来没有所有权和处置权的汽车抵押给他人，但汽车需要到指定的机关登记过户才发生所有权转移，租车行没有车辆损失，至于其抵押该车的借款应属于民事案件，不宜认定为犯罪。

第二种观点认为，对犯罪嫌疑人的行为应认定为诈骗罪。刘某将无所有权和处置权的汽车抵押给董某，将抵押借款用于挥霍，主观上有骗取董某钱财的故意，客观上又造成了董某钱财的灭失，应认定为构成诈骗罪。

第三种观点认为，对犯罪嫌疑人的行为应认定为合同诈骗。刘某与租车行签订了租车协议后，将车开走，其真实意图并未租车使用，而是将车抵押给他人借款挥霍，主观上有骗取该车的故意，并将该车置于随时灭失的风险，属于在履行租车合同时，将标的物非法占为己有，应认定为合同诈骗罪。

三、评析意见

笔者同意第三种观点。理由如下：

第一，本案中刘某在明知自己不具有对租用来的汽车的抵押处置权的情况下，擅自将汽车抵押给董某用于借款，具有明显的侵占他人财产的犯意，且数额巨大，因此，刘某的行为明显不属于民事法律调整的范围，其行为不构成犯罪的观点不能成立。

第二，本案不宜认定为诈骗罪。在犯罪嫌疑人刘某将车作为抵押物向董某借款的过程中，刘某没有虚构事实或隐瞒真相的行为。出借人董某明知该车行驶证登记的并非刘某姓名，即应知晓刘某不是该车的所有权人，且其并未去相关部门将车辆进行抵押登记，仅保持对该车辆的占用权即进行了出借，不属于基于被骗而作出的判断。因而对刘某行为不应认定为诈骗罪。

第三，犯罪嫌疑人刘某为达到以租车做抵押借款的目的，与租车行签订了租车协议，在履行租车协议过程中，将车抵押借款，违反了合同约定的使用目的及保管义务，置于被他人主张权利之地，属于“以非法占有为目的，在签订、履行合同过程中，骗取对方财物”的行为，不管最终财物的损失由哪一方承担，刘某的犯罪行为均已完成，符合合同诈骗罪的构成。刘某的诈骗对象为汽车租赁行，应以汽车的实际价值15万元认定其犯罪的数额。刘某租车后以质押的方式对车辆进行处置，且其并无实际履约能力，实质上对车辆的质押已成为一种变卖，所得钱款用于偿还赌债及挥霍，属于刑法意义上的非法占有的故意。因此，不论从客观行为看还是从主观故意看，刘某都构成了合同诈骗的犯罪特征。

综上所述，笔者认为，本案中犯罪嫌疑人刘某的两个行为，应视为一个整体的犯罪计划，其基于非法占有他人财物的目的，骗取了借款，所得金钱用以偿还赌债和挥霍。因其与租车行之间签订有租赁协议，依据特殊法优于普通法的原则，宜定性为合同诈骗罪，而不仅仅是民间债务纠纷。

（河北省唐山市丰南区人民检察院　赵久民）

刑法分则适用

六、妨害社会管理秩序犯罪

案例96：从一则案例辨析污染环境罪与重大责任事故罪的界限

一、基本案情

2013年9月，被告人蔡某为谋取利益，未办理任何审批手续，在某村一养羊场内私建一电镀厂，该电镀厂里有两个一米见方的池子，一个是电镀池，一个是清洗池。被告人贾某明知其无证经营，仍为被告人蔡某提供加工设备、技术人员、电镀用的铬酐、硫酸等原料及电镀业务。该厂聘请两名工人，袁某负责电镀技术，丁某负责车床。蔡某、贾某为了节省成本，在建厂过程中未按照环保要求对电镀槽、冲洗槽做有效的防渗处理，便将加有铬酐、硫酸等的液体放置于槽内进行电镀作业。2014年1月，附近村民发现饮用水变为绿色，经查明，系该厂槽内六价铬电镀液体渗漏，使该厂附近土壤及地下水受到严重污染所致，经相关物价部门鉴定，经济损失高达150多万元。案发后，为了逃避打击，蔡某、贾某指使被告人丁某、袁某，将槽内剩余电镀液体转移或倒出，并用玉米秧、锯末、水泥残渣填充，用水泥砂浆封堵镀槽、洗槽的方法毁灭伪造证据。

二、分歧意见

本案中，丁某、袁某帮助蔡某、贾某毁灭、伪造证据，情节严重，其行为已触犯《刑法》第307条第2款之规定，犯罪事实清楚，证据确实、充分，以帮助毁灭、伪造证据罪追究其刑事责任没有任何异议。但对蔡某、贾某的行为如何定罪，主要存在以下两种分歧意见：

第一种意见认为，被告人蔡某、贾某主观上出于故意，违反国家规定，排放、倾倒、处置有毒物质，造成150多万元的财产损失，其行为已触犯《刑法》第338条，构成污染环境罪。

第二种意见认为，被告人蔡某、贾某在生产、作业中主观上由于过失，违反有关安全管理的规定，造成严重后果，其行为已触犯《刑法》第 134 条，构成重大责任事故罪。

三、评析意见

正确认定本案的性质，关键要注意辨析污染环境罪和重大责任事故罪在主观罪过方面的界限，而认定此罪与彼罪的罪过形式，关键看行为人对其行为所造成的危害社会的结果所持的心态。

从故意、过失的内涵角度考虑，我国刑法无论是对故意犯罪还是过失犯罪的规定，都是从行为人对自己的行为所导致的“危害社会的后果”而言的，而非针对“危害社会的行为”。故意，是指明知自己的行为会发生危害社会的结果，并且希望或者放任这种结果发生的心理态度。过失包括疏忽大意的过失和过于自信的过失，前者是指行为人应当预见自己的行为可能发生危害社会的结果，因为疏忽大意而没有预见，以致发生这种结果的责任形式；后者是指行为人已经预见自己的行为可能发生危害社会的结果，但轻信能够避免，以致发生这种结果的心理态度。

（一）污染环境罪的主观罪过——故意

笔者认为，污染环境罪的主观罪过形态为故意，这种故意是针对行为人对自己的行为所引起的污染环境的后果的心理态度而言，即明知自己的行为会造成严重污染环境的后果，而希望或者放任这种情况发生。

依据现行《刑法》第 338 条污染环境罪的规定，实施污染环境行为所造成的危害后果是“严重污染环境”，既包括造成了财产损失或者人身伤亡的重大环境污染事故，也包括虽然还未造成环境污染事故，但是已使环境受到严重污染或者破坏的情形。根据一般人的常识来判断，行为人在进行违法排放“有害物质”时完全能够认识到其行为会造成对环境的破坏，对“严重污染环境”结果的出现我们不能肯定行为人是希望结果出现但至少是持放任的心态。

当然，在司法实务中常出现这样的情况：实施污染环境行为的犯罪嫌疑人辩称其并不想造成环境的污染，更无意侵害人民群众的身体健康，他们实施污染环境的行为仅仅是出于获取经济利益的动机。我们从两方面可以很容易推翻这种辩解：第一，污染环境罪入罪并未要求行为人主观上存在非法获取经济利益的主观目的，这一目的属于主观超过要素，不能决定是否构成本罪；第二，污染环境罪的主体大多数是单位，这些单位对自己行为的违法性有着明确的认识，因为环境影响评价是这些单位例行年审必不可少的项目，单位在进行生产经营活动时往往是明知相关的规章制度的。在这种情况下，行为人对污染环境的行为明知而为之，对污染环境的结果至少是放任的态度。综上所述，这种否认构成污染环境罪的辩解是没有法律上的依据的。

综上所述，污染环境罪的主观罪过为故意。

（二）重大责事故罪的主观罪过——过失

笔者认为，重大责任事故罪的主观罪过形态为过失，这种过失是针对行为人对自己的行为所引起的重大事故后果的心理态度而言，即应当预见自己的行为可能产生重大责任事故的后果，因为疏忽大意而没有预见或者已经预见而轻信可以避免。

重大责任事故罪通常的表现模式为故意违章 + 过失引起结果，即行为人明知自己的行为违章，但对自己的违章行为造成的严重危害结果往往是持一种反对、排斥、根本不希望其发生的过失心理态度。在重大责任事故中，我们试想，有谁是抱着放任危害结果发生的心理态度呢？只可能是疏忽大意或者过于自信地认为结果不会发生。

综上所述，笔者认为蔡某、贾某的行为构成污染环境罪。

本案中，被告人蔡某未办理任何审批手续，同时未按照环保要求对电镀槽、冲洗槽做有效的防渗处理，便将加有铬酐、硫酸等的液体处置于槽内进行电镀作业。被告人贾某明知其无证经营，仍为被告人蔡某提供加工设备、技术人员、电镀用的铬酐、硫酸等原料及电镀业务。对于这种铬酐、硫酸等重污染的物质，环保部门有严格的使用要求，稍有不慎便会造成严重后果，这点根据一般常识我们便可得知。所以我们可以推知，蔡某、贾某清楚地知道电镀行为会导致铬酐、硫酸等有毒物质渗到地下，污染附近土壤及地下饮用水的危害结果，但他们仍然为了获取经济利益，违规操办工厂，可以看出他们对污染环境的危害结果不存在排斥、反对的心理态度，不存在疏忽大意没有预料到，也不存在轻信可以避免。我们虽不能肯定二者对“严重污染环境”结果的出现是持希望的心理态度，但至少可以肯定是持放任的心态，主观上属于故意，所以蔡某、贾某的行为构成污染环境罪。

1997 年刑法专门章节的法条设置、2011 年的刑法修订、2013 年最高人民法院、最高人民检察院《关于办理环境污染刑事案件适用法律若干问题的解释》的颁布实施，无论是重大环境污染事故罪还是污染环境罪，都是在不断适应环境恶化的自然状况，从而尽可能地发挥刑法作为人类社会保护的最严厉和最后一道防线的作用，最终惩治犯罪、保护环境，建设资源节约型、环境友好型社会。

（河北省迁安市人民检察院　周文庆　谢爱平）

案例97：非法处置查封、扣押、冻结财产罪的法律适用

一、基本案情

甲公司在北京一法院起诉乙公司，要求给付前期垫付的材料款150万元，北京法院将乙公司的车辆及价值100余万元的一垛石灰粉进行了查封，并在车辆上贴上封条，在石灰粉堆上竖立上了木牌，将查封封条贴于公示木牌之上。后在诉讼过程中，乙公司提出管辖权异议，北京法院将案件移送到河北法院，在移送过程中，乙公司的法人王某将北京法院查封的石灰粉拉走，并出售给其他公司，拉走的石灰粉价值50余万元。为此，甲公司要求查封地所在的公安机关追究王某涉嫌非法处置查封、扣押、冻结的财产罪的刑事责任。

二、分歧意见

关于本案乙公司王某是否涉嫌非法处置查封、扣押、冻结的财产罪的问题：

第一种意见认为，乙公司的行为构成非法处置查封、扣押、冻结的财产罪，理由是：一是非法处置查封、扣押、冻结财产罪侵害的客体系司法机关行使侦查、检察、审判、监管职权的正常秩序，王某作为乙公司的法人在未经北京法院同意的情况下，擅自将北京法院查封的石灰粉拉走出售的行为已侵害了法院的审判过程的正常秩序；二是从情节上来看，拉走的石灰粉价值达50余万元，已构成情节严重程度。

第二种意见认为，乙公司的行为尚不构成非法处置查封、扣押、冻结的财产罪，理由是：甲公司与乙公司的诉讼还未终结，无法确定王某的出售行为是否给甲公司造成损害，不能认为王某的行为构成非法处置查封、扣押、冻结的财产罪。

三、评析意见

笔者同意第二种意见，理由如下：

1. 关于非法处置查封、扣押、冻结的财产罪侵害的客体。本罪的客体是司法机关行使侦查、检察、审判、监管职权的正常秩序。司法机关为了确保侦查、检察、审判、监管活动的顺利进行，防止国家、集体和个人财产损失，必要时对有关财产采取查封、扣押、冻结措施，而行为人对已被司法机关查封、扣押、冻结的财产加以隐藏、转移、变卖、故意毁损，就直接对司法机关侦查、检察、审判、监管职权的正常秩序构成了破坏，达到法定情节，当以犯罪论处。在本案中，北京法院的查封行为是一种诉讼中的财产保全措施，属于人民法院为保证诉讼的顺利进行而采取的措施，其目的是保证甲公司在胜诉后，生效的民事判决顺利执行。在本案中，王某的行为确属未经北京法院的同意擅自将查封的石灰粉部分进行出售，其行为侵害了法院的诉讼活动的正常秩序。

2. 王某的行为是否属于情节严重。王某的出售行为是在诉讼过程中，并非在法院作出生效判决之后，其行为并不必然导致法院的生效判决不能执行。甲公司只是提起了诉讼，但是未经法院作出生效判决，无法确定甲公司与乙公司之间的债权债务关系是否存在及债权债务具体数额。而北京法院的查封行为系诉讼保全措施，既然是保全行为，那么从担保法的角度看来，王某所侵害的债权并不是明确具体的，对于并非明确具体的债权是否有保护的必要性这也需要进一步进行探讨，此处不做深入讨论。

本案中王某的行为发生在尚未有相关生效判决的情况下，笔者认为不属于刑法中所要求的情节严重。但如果甲方起诉的债权得到法院生效裁判的支持，并且王某的行为致使人民法院的生效判决无法执行，那么，王某的行为就触犯了非法处置查封、扣押、冻结的财产罪。从最高人民法院公布的案例及司法实践中来看，认定非法处置查封、扣押、冻结的财产罪的前提是有生效的法律文书。

综上所述，在甲公司的债权未得到生效的判决支持之前，王某的行为不宜认定为非法处置查封、扣押、冻结的财产罪。

（河北省唐山市曹妃甸区人民检察院　杨　光）

案例98：购买偷来账号用以倒卖游戏币的行为如何定性

一、基本案情

犯罪嫌疑人孙某在明知他人系非法获取网络游戏“梦幻西游”账号和密码的情况下，仍购买账号和密码约6.5万余组，并雇用犯罪嫌疑人张某、谢某等人非法登录其购买的游戏账号窃取约50亿个游戏金币，然后将窃得的游戏金币在网上出售，共交易1.1万余次，销售金额50余万元，获得利润约6万元。

二、分歧意见

第一种意见认为，孙某的行为构成盗窃罪。游戏金币属于虚拟财产，具有计算机信息系统数据和财产的法律属性。盗窃“虚拟财产”的行为同时触犯了盗窃罪和非法获取计算机信息系统数据罪两个罪名，根据想象竞合犯从一重罪处罚原则，以盗窃罪定罪处罚。

第二种意见认为，孙某的行为构成掩饰、隐瞒犯罪所得罪。根据最高人民法院、最高人民检察院《关于办理危害计算机信息系统安全刑事案件应用法律若干问题的解释》（以下简称《解释》）第7条规定，明知是非法获取计算机信息系统数据犯罪所获取的数据，而予以转移、收购、代为销售或者以其他方法掩饰、隐瞒，违法所得5000元以上的，应当依照《刑法》第312条第1款的规定，以掩饰、隐瞒犯罪所得罪定罪处罚。

第三种意见认为，孙某的行为构成非法获取计算机信息系统数据罪。游戏金币不具有财产属性，本案属于牵连犯，应以主行为认定犯罪。

三、评析意见

笔者同意第三种意见，理由如下：

从游戏金币的法律属性来看，游戏金币属于虚拟财产，其本质是以电磁记录的方式储存于网络游戏运营服务器上的电子数据，只能在特定的游戏中使用。当游戏金币被盗后，游戏玩家可以通过特定的程序将其恢复。因其具有可复制性、可恢复性等特点，所以，不具备一定的价值比例，不属于我国刑法所保护的财产性权益，不宜以盗窃罪定罪处罚。

从犯罪构成来看，在主观要件上，行为人购买游戏账号的本身并不能带来利益，其目的是盗取他人的游戏金币并通过转卖来获利，而不是单纯地帮助他人转移，或者帮助上线掩饰其破解的梦幻西游游戏账号，因此认定为非法获取计算机信息系统数据罪更符合主观要件。在客观要件上，行为人的客观行为可以分为手段行为和目的行为。手段行为是收购非法获取的账号和密码，是从行为；目的行为是窃取账号中的游戏金币并出售获利，是主行为。其从行为构成掩饰隐瞒犯罪所得罪，主行为构成非法获取计算机信息系统数据罪。主行为的定性应当决定全案性质和罪名。

从司法解释的规定来看，《解释》第1条第2款规定非法获取计算机信息系统数据罪“情节特别严重”的标准是通过实施犯罪行为获违法所得2.5万元以上；获取支付结算、证券交易、期货交易等网络金融服务的身份认证信息以外的身份认证信息2500组以上。第3款规定明知是他人非法控制的计算机信息系统，而对该计算机信息系统控制权加以利用的，依照非法获取计算机信息系统数据罪定罪处罚。本案中被告人明知他人非法获取计算机信息系统数据而加以利用，并符合情节特别严重标准，认定其非法获取计算机信息系统数据罪完全符合司法解释的精神。

（河北省唐山市路北区人民检察院　刘子熙）

案例99：聚众斗殴中驾车撞人如何定性

一、基本案情

被告人姚某某，因涉嫌聚众斗殴罪于2014年12月3日被公安机关刑事拘留；因涉嫌以危险方法危害公共安全罪于2015年1月7日经人民法院批准，次日由公安局执行逮捕。

2014年12月3日凌晨2时许，被告人姚某某、刘某某、杨某某、赵某某、王某某等人酒后在某KTV唱歌过程中因琐事发生矛盾引发双方聚众斗殴。在斗殴过程中，被告人姚某某见同伙赵某某被对方王某某、刘某某等多人围攻殴打，遂驾驶其黑色本田雅阁轿车冲至人群，先后撞倒对方的王某某、李某、高某某等人，后姚某某驾车离开。经鉴定，王某某的伤情属轻伤一级。

二、分歧意见

第一种观点认为，姚某某的行为构成故意伤害罪。理由为：姚某某并非毫无目标的一味开车乱撞，其在撞人过程中有针对性地挑选了对方人员。姚某某故意以驾驶汽车的方式冲撞他人，且伤害了他人的身体健康，造成了轻伤的后果，因此应定故意伤害罪。

第二种观点认为，姚某某的行为构成以危险方法危害公共安全罪。理由为：双方在聚众斗殴过程中，姚某某驾驶汽车冲入人群，在公共场所横冲直撞，以驾车撞人的危险方法，危害了不特定多数人的生命、健康安全，符合以危险方法危害公共安全罪的构成特征。且本案在审查逮捕阶段，检察院侦查监督部门以该罪名对姚某某批准逮捕。

第三种观点认为，姚某某的行为构成聚众斗殴罪。本案中，姚某某一方与刘某某一方在KTV唱歌过程中引发矛盾，双方是出于逞强斗狠、争霸、报复的目的而发生互殴，姚某某是在聚众斗殴过程中使用汽车作为械具，应认定为聚众斗殴罪。

三、评析意见

笔者赞同第三种观点。

聚众斗殴罪，是指为了报复他人、争霸一方或者其他不正当目的，纠集众人成帮结伙地互相进行殴斗，破坏公共秩序的行为。

首先，姚某某的行为不构成故意伤害罪。从本案证据来看，姚某某受杨某某之邀参与斗殴，主观上首先具有斗殴之故意，但当姚某某看到同伙赵某某被对方王某某、刘某某等多人围攻时，自感力量悬殊、寡不敌众时，采取了驾驶汽车撞人的方式将对方人员冲散，达到救出同伙不被殴打的目的，不具有特定的伤害对象。从本案危害后果看，姚某某驾车撞人造成的危害后果为一人轻伤。结合刑法原理，故意伤害致人重伤的，是结果加重犯，但本案中姚某某并未造成致人重伤的后果，不能由聚众斗殴转化为故意伤害，不能以故意伤害罪定罪处罚。

其次，姚某某的行为不构成以危险方法危害公共安全罪。从主观来看，姚某某主观上不具有危害公共安全的动机和目的。姚某某的目的是冲散对方人员以救出同伙，不具有追求危害公共安全后果的主观要件。从客观上看，没有确凿证据证明被告人的行为客观上对公共安全具有现实危险性，案发地点是在某KTV院内，并非在公共的马路上，案发时间是凌晨两点，KTV院内也无其他客人，并且受伤较重的王某某的伤主要是在姚某某倒车时撞伤的，并非冲向人群时撞伤，客观上不具有危险公共安全的现实危险性。从侵害的客体来看，危害公共安全的客体是社会的公共安全，即不特定多数人的生命、健康、重大财产的安全。本案中，姚某某的行为已经明确指向了特定的人身和财产，没有同时危及不特定人的人身、健康和重大财产安全。因此，姚某某的行为不构成以危险方法危害公共安全罪，应定性为聚众斗殴罪为宜。

综上所述，笔者认为，姚某某在聚众斗殴过程中使用汽车作为械具，通过驾驶汽车冲撞他人的手段参与斗殴，构成聚众斗殴罪。

（河北省唐山市曹妃甸区人民检察院　刘翠红）

案例100：聚众斗殴中驾车撞人行为再议

一、基本案情

2014年12月3日凌晨2时许，被告人姚某某、刘某某、杨某某、赵某某、王某某等人酒后在唐山市曹妃甸区某KTV唱歌过程中因琐事发生矛盾引发双方聚众斗殴。在斗殴过程中，被告人姚某某见同伙赵某某被对方王某某、刘某某等多人围攻殴打，遂驾驶其黑色本田雅阁轿车冲至人群，先后撞倒对方的王某某、李某、高某某等人，后姚某某驾车离开。经鉴定，王某某的伤情属轻伤一级。

二、分歧意见

第一种观点认为，姚某某的行为构成故意伤害罪。理由为：姚某某并非毫无目标的一味开车乱撞，其在撞人过程中有针对性的挑选了对方人员。姚某某故意以驾驶汽车的方式冲撞他人，且伤害了他人的身体健康，造成了轻伤的后果，因此应定故意伤害罪。

第二种观点认为，姚某某的行为构成以危险方法危害公共安全罪。理由为：双方在聚众斗殴过程中，姚某某驾驶汽车冲入人群，在公共场所横冲直撞，以驾车撞人的危险方法，危害了不特定多数人的生命、健康安全，符合以危险方法危害公共安全罪的构成特征。且本案在审查逮捕阶段，检察院侦查监督部门以该罪名对姚某某批准逮捕。

第三种观点认为，姚某某的行为构成聚众斗殴罪。本案中姚某某一方与刘某某一方在KTV唱歌过程中引发矛盾。双方是出于逞强斗狠、争霸、报复的目的而发生互殴，姚某某是在聚众斗殴过程中使用汽车作为械具，应定聚众斗殴罪。

三、评析意见

笔者赞同第三种观点。

聚众斗殴罪，是指为了报复他人、争霸一方或者其他不正当目的，纠集众人成帮结伙地互相进行殴斗，破坏公共秩序的行为。

首先，姚某某的行为不构成故意伤害罪。从本案证据来看，姚某某受杨某某之邀参与斗殴，主观上首先具有斗殴之故意，但当姚某某看到同伙赵某某被对方王某某、刘某某等多人围攻时，自感力量悬殊、寡不敌众时，采取了驾驶汽车撞人的方式将对方人员冲散，达到救出同伙不被殴打的目的，不具有特定的伤害对象。从本案危害后果看，姚某某驾车撞人造成的危害后果为一人轻伤。结合刑法原理，故意伤害致人重伤的，是结果加重犯，但本案中姚某某并未造成致人重伤的后果，不能由聚众斗殴转化为故意伤害，不能以故意伤害罪定罪处罚。

其次，姚某某的行为不构成以危险方法危害公共安全罪。从主观来看，姚某某主观上不具有危害公共安全的动机和目的。姚某某的目的是冲散对方人员以救出同伙，不具有追求危害公共安全后果的主观要件。从客观上看，没有确凿证据证明被告人的行为客观上对公共安全具有现实危险性，案发地点是在某KTV院内，并非在公共的马路上，案发时间是凌晨两点，KTV院内也无其他客人，并且受伤较重的王某某的伤主要是在姚某某倒车时撞伤的，并非冲向人群时撞伤，客观上不具有危险公共安全的现实危险性。从侵害的客体来看，危害公共安全的客体是社会的公共安全，即对不特定多数人的生命、健康、重大财产的安全。本案中，姚某某的行为已经明确指定了特定的人身和财产，没有同时危及不特定人的人身、健康和重大财产安全。因此，姚某某的行为不构成以危险方法危害公共安全罪，应定性为聚众斗殴罪为宜。

综上所述，笔者认为，姚某某在聚众斗殴过程中使用汽车作为械具，通过驾驶汽车冲撞他人的手段参与斗殴，构成聚众斗殴罪。

（河北省唐山市曹妃甸区人民检察院　刘翠红）

案例101：李某的行为是否构成寻衅滋事罪

一、基本案情

2015年4月10日15时许，在河北省唐山市丰润区火石营镇某超市内，犯罪嫌疑人李某欲购买特价草莓，因草莓已变质，超市收银员孙某不给其结账，劝其购买质量好的草莓，李某因此与超市收银员孙某发生争吵，争吵过程中草莓被孙某摔在地上。李某见后大怒，拿起超市瓶装矿泉水砸向超市微机室窗户的铝合金，致使超市玻璃被震碎，碎玻璃将正在该微机室办公的石某左手划伤。经司法医学鉴定，石某左手中指近节指尖关节囊、中指总肌腱开放性部分断裂，损伤程度为二级。经价格鉴定，该超市被损毁的玻璃价值10元。

二、分歧意见

关于本案的定性，有两种不同意见：

第一种意见认为，犯罪嫌疑人李某的行为构成寻衅滋事罪。理由是：犯罪嫌疑人李某有在公共场所内任意损毁公私财物，并随意殴打石某，致石某轻伤二级的行为，属于《刑法》第293条规定的随意殴打他人，情节恶劣，李某的行为构成寻衅滋事罪。

第二种意见认为，犯罪嫌疑人李某的行为不构成犯罪。理由是：犯罪嫌疑人李某有任意损毁公私财物的行为，但其所造成的损失为10元，达不到《刑法》第293条规定的情节严重。另外，本案中的石某的伤情为轻伤二级，非犯罪嫌疑人李某直接造成，应属于过失行为。根据我国刑法规定，过失犯罪只有达到致人重伤，才负刑事责任，故李某的行为不构成犯罪。

三、评析意见

笔者同意第二种意见。理由如下：

《刑法》第293条规定的："有下列行为之一，破坏社会秩序，处五年以下有期徒刑、拘役或者管制：（一）随意殴打他人，情节恶劣的；（二）追逐、拦截、辱骂、恐吓他人，情节恶劣的；（三）强拿硬要或者任意损毁、占用公私财物，情节严重的；（四）在公共场所起哄闹事，造成公共场所秩序严重混乱的。纠集他人多次实施前款行为，严重破坏社会秩序的，处五年以下十年以上有期徒刑，可以并处罚金。"

寻衅滋事罪的主体为一般主体，本案犯罪嫌疑人李某为成年自然人，符合寻衅滋事罪的主体特征。寻衅滋事罪的主观方面是直接故意，即明知自己的行为会发生破坏社会秩序的危害后果，并且希望这种结果发生。寻衅滋事罪侵犯的客体是公共秩序。在客观方面表现为无事生非，起哄捣乱、无理取闹、殴打伤害无辜，肆意挑衅，任意损毁公私财物，横行霸道，破坏社会秩序的行为。本案中犯罪嫌疑人李某在客观上有任意损毁超市玻璃的行为，但超市财物损失达不到我国刑法规定的寻衅滋事罪中规定的情节严重的立案标准。犯罪嫌疑人李某因与收银员孙某产生矛盾，一怒损毁超市玻璃，致使碎玻璃将在微机室办公的石某扎伤，致石某轻伤二级。从案卷材料上看，无证据证实犯罪嫌疑人李某有随意殴打他人的主观故意，犯罪嫌疑人李某对被害人石某轻伤二级的损伤结果不是其故意造成的，而是由于其过失造成的，其应当预见碎玻璃可能伤害到他人，但因疏忽大意而未预见，属于过失行为。因被害人石某的伤情达不到过失犯罪应当追究刑事处罚的标准，所以不应当追究李某的刑事责任。综上所述，犯罪嫌疑人李某的行为不构成寻衅滋事罪。

（河北省唐山市丰润区人民检察院　高儒琦）

案例102：强拿硬要型寻衅滋事犯罪与抢劫罪的区别

一、基本案情

金某、徐某某商量从金某某处购买毒品一包（0.5克），但不打算支付毒资。经过电话联系，三人约在某网吧门口交易。因金某曾向金某某购买过毒品，且当时金某未支付毒资，故在本次交易时，金某某随身携带匕首一把，打算如金某不支付此次毒资，则拿刀吓唬金某，让金某今后不要再到其处白拿毒品。三人在约定的网吧门口见面后，金某某主动将毒品交给徐某某，徐某某拿到毒品后转身准备离开时，金某某拉住徐某某，要求徐某某支付毒资。遭到徐某某拒绝后，金某某取出随身携带的匕首，要求金某、徐某某付钱。金某、徐某某见状也取出随身携带的匕首，对金某某说“你怎么这么嚣张，就不给你钱怎么了”并冲向金某某，金某某随即跑往闹市街道。金某、徐某某在追逐金某某的过程中将金某某刺成轻伤，后两人回到住处将上述毒品吸食。

二、分歧意见

对本案如何定性存在两种意见：

第一种意见认为，金某、徐某某的行为构成抢劫罪。金某、徐某某经过事先预谋，以非法占有为目的，使用暴力手段当场从被害人处劫取0.5克毒品，应当以抢劫罪定罪处罚。

第二种意见认为，金某、徐某某的行为构成寻衅滋事罪（强拿硬要型）。金某、徐某某在公共场所随意殴打他人，强拿硬要金某某财物，破坏社会公共秩序，应当以寻衅滋事罪定罪处罚。

三、评析意见

笔者同意第二种观点。理由如下：

抢劫罪与强拿硬要型寻衅滋事罪存在诸多相似之处，要对两罪进行区分，就要依照两罪的构成要件，遵循主客观相一致的原则，正确把握行为特征以界定两罪。

1. 主观目的。主观目的即行为人的犯罪目的和动机。一般来说，强拿硬要型寻衅滋事罪的行为人在强拿硬要他人财物时，多是出于逞强耍威、发泄不满、寻求精神刺激等不健康心理。在这种心态支配下，非法占有公私财物的目的处于从属地位，并非行为人的最主要或最终目的，而是作为其寻求精神刺激、扰乱公共秩序的手段。而抢劫罪的行为人主观上是以非法占有公私财物为目的，具有占有财产的单一性和针对性。

2. 客观行为。第一，就行为的实施方式而言，一般的抢劫罪具有针对性、暴力性，抢劫罪中行为人往往事先预谋或准备作案工具，客观行为一般表现为对公私财物的持有人当场使用暴力、胁迫等方法，使受害人不能反抗或者不敢反抗，以抢走财物或者迫使受害人交出财物；强拿硬要型寻衅滋事罪的行为人一般不预谋分工或是准备作案工具，在强拿硬要公私财物过程中，殴打他人较为随意、实施暴力或胁迫较为轻微，且一般还伴有叫嚣、辱骂、示威等言语刺激，同时，还常常通过滞留在现场炫耀武力、逞强耍威来达到其追求精神刺激的目的。第二，就行为的实施地点而言，抢劫罪一般具有当场性及隐蔽性，抢劫行为人往往经过事先选择，以较为隐蔽的地点作为作案场所，且多进行事先踩点；强拿硬要型寻衅滋事罪的行为地点一般是就近的公共场所，如道路、商场、广场等。第三，对被害人的确定方面，抢劫罪具有随意性，抢劫罪的行为人往往在隐蔽场所，针对不特定的行人实施抢劫；而在寻衅滋事罪中，被害人较为确定，寻衅滋事罪中行为人往往与被害人存在过节、无理由的逞强耍威等先前性原因，而导致随意殴打特定被害人或任意损毁、占用特定被害人的财物。

3. 犯罪后果。在抢劫罪中，行为人具有占有财产的单一性和针对性，其主要侵犯“松散”的公私财物的所有权和公民的人身权利，且抢劫罪的实施地点一般具有隐蔽性，故一般不会对公共秩序造成影响；而在强拿硬要型寻衅滋事罪中，行为人非法占有公私财物的目的处于从属地位，是作为其寻求精神刺激、扰乱公共秩序的手段，故其行为对社会秩序的破坏意义超过对私有财产的侵犯或是对人身利益的侵害，且强拿硬要型寻衅滋事罪的行为地点一般在公共场所，往往会造成公共秩序的混乱。

在本案中，行为人既有以非法占有为目的，使用暴力手段从被害人处得到毒品，并造成了被害人的人身伤害的行为；也有在公共场所随意殴打他人，破坏社会公共秩序的行为，为了对行为人的行为作出正确的法律定性，笔者认为应当对本案分两个阶段进行考察。

第一个阶段是金某某将毒品交给金某、徐某某的阶段。在这个阶段中，金某某出于试探性的目的将毒品交给金某和徐某某，金某、徐某某在拿到毒品的过程中并未使用暴力，因此金某、徐某某在第一个阶段中获取毒品的行为不构成抢劫罪或是寻衅滋事罪。

第二个阶段是在金某、徐某某与金某某发生毒资纠纷后，金某与徐某某拿出匕首在闹市区追赶金某某的阶段。金某与徐某某的行为，一方面是为了显示自己的威风（金某在取出随身携带的匕首时曾称金某某太嚣张），另一方面是想非法占有毒品。因此金某与徐某某在主观上，既有逞强耍威的目的，又有非法占有的目的。行为人具体构成何罪，可以运用排除法进行分析。首先看金某、徐某某是否构成抢劫罪。虽然金某、徐某某在该阶段拿出匕首时有非法占有毒品的意思表示，但该毒品已在第一阶段由金某某主动交由金某、徐某某，金某、徐某某第一阶段中获得毒品的结果与金某、徐某某在第二阶段实施的暴力或胁迫行为无因果联系，故金某、徐某某不构成一般的抢劫罪。此时还应当进行考虑的是，金某、徐某某的行为是否构成转化型抢劫罪？转化型抢劫罪，是指《刑法》第269条规定的，犯盗窃、诈骗、抢夺罪，为窝藏赃物、抗拒抓捕或者毁灭罪证而当场使用暴力或者以暴力相威胁的，按照抢劫罪定罪处罚。在本案中，在第一个阶段中金某某知道金某、徐某某有可能不会付款，其基于试探性的目的将毒品交给金某与徐某某，金某、徐某某不存在盗窃、诈骗或是抢夺的先前行为，故同样不构成转化型抢劫罪。其次看金某、徐某某是否构成强拿硬要型的寻衅滋事罪。金某和徐某某在金某某取出匕首后，随即也取出随身携带的匕首，并称金某某太嚣张，更多地表现出逞强耍威的一面。同时，金某、徐某某在闹市街区上持械追砍金某某，并将金某某砍伤的行为又扰乱了社会公共秩序，直接侵犯了社会生活的安宁或平稳。因此，结合第二阶段行为人的主观动机和客观表现，金某、徐某某的行为更符合寻衅滋事罪的基本特征，应当以寻衅滋事罪追究两人刑事责任。

（河北省唐山市丰南区人民检察院　李彦军）

案例103：理疗在刑事诉讼中的定性

一、基本案情

2012年12月前后，满某某伙同张银生等人在某小区一出租房内私自开设一理疗店，对外出售其自行研制的宣称可以治疗糖尿病、高血压等疾病的“生物菌”，并使用“生物电经络理疗仪”对患者进行推拿、理疗。2013年1月，王某某经人介绍找到满某某，满某某称三四个月即可将王某某的糖尿病治好，随即卖给王某某一瓶“生物菌”，之后即开始为王某某进行理疗。2013年2月3日8时许，满某某在使用理疗仪为王某某理疗过程中致王某某死亡。经公安局物证鉴定所鉴定：王某某符合电击致急性心功能障碍死亡。

二、分歧意见

“理疗”行为是否属于非法行医。第一种观点认为，理疗行为是一种人们生活中常见的保健方法，主要是通过按摩、拔罐、推拿甚至电击等手段作用于人体，从而达到身心健康的一种行为，且该行为具有普通性，与医院、卫生所的医疗行为有着明显的不同，其行为人无须要具备执业资格。第二种观点认为，理疗是利用人工或自然界物理因素作用于人体，使之产生有利的反应，达到预防和治疗疾病目的的方法，是康复治疗的重要内容，其目的是治疗疾病、康复身体，本质是治疗，行为人必须具有执业资格。

三、评析意见

笔者认为，满某某的行为是一种典型的非法行医的行为。《卫生部关于对使用医疗器械开展理疗活动有关定性问题的批复》（卫医发〔2004〕373号）中明确指出，根据《医疗机构管理条例实施细则》（以下简称《实施细则》）第88条规定，“理疗”属于诊疗活动。根据《医疗机构管理条例》第24条规定，任何单位和个人未取得《医疗机构执业许可证》不得开展诊疗活动，否则为非法行医。《刑法》第336条规定，非法行医罪，是指未取得医生执业资格的人擅自从事医疗活动，情节严重的行为；造成就诊人死亡的，处十年以上有期徒刑，并处罚金。

本案中，满某某一再强调自己所从事的活动是“理疗”，潜台词是“理疗只是一种身体保健行为，而不是诊疗行为”，这只是对自己行为的一种混淆的辩解。根据前述《实施细则》规定，“理疗”属于诊疗活动，需要取得医师资格。满某某未取得医师资格从事医疗活动，符合非法行医罪的主体要件。

满某某供述称“我就在外地给别人治病，直到公安把我抓住”，说明其本人非常明确自己的行为是在给别人治病，其在宣传中也明确说出通过自己的行为可以将受害人的多种疾病全部治疗好，其雇用的工作人员及前来治疗的病人也认为满某某的行为是在治疗疾病。结合种种证据，满某某具有非法行医的主观故意和具体行为。

满某某在其不合法的诊疗行为中造成就诊人死亡，侵害了国家对医疗机构的管理制度和公众的生命健康安全，情节严重，符合非法行医罪的客观要件。综上所述，犯罪嫌疑人满某某的行为符合“非法行医罪”的构成要件。

（河北省遵化市人民检察院　郭全晓　刘玉霞）

案例104：冒充警察取得传销人员财物应当如何定性

一、基本案情

2015年1月17日深夜，某职业学校教师姚某身穿警服，手持警官证，与其同伙叫开疑似传销人员租住地的某居室房门，将六名传销人员聚于客厅。姚某挥舞“警官证”和手铐，以打击传销活动为名要求传销人员交出携带的手机，吴某、孙某“制作”扣押笔录扣押手机，张某手持警棍看管传销人员。随后，吴某假意拨打电话寻求支援，让传销人员蹲在客厅不准移动，犯罪嫌疑人携带六部手机逃走。经鉴定，六部手机共计价值人民币4728元。

二、分歧意见

第一种意见认为，犯罪嫌疑人冒充人民警察，以打击传销活动给被害人的心理造成威胁，使他们处于不能反抗、不敢反抗的心理状态中，被迫当场交出财物，其行为构成抢劫罪；第二种意见认为，犯罪嫌疑人为达到获取非法利益的目的，抓住传销人员害怕被处罚的心理，冒充正在执行公务的人民警察进行招摇撞骗，虽然在作案过程中具有挥舞手铐、手持警棍等恐吓被害人的情节，但与抢劫罪中的暴力、胁迫有本质区别，其行为构成招摇撞骗罪。

三、评析意见

笔者同意第二种意见，理由如下：

抢劫罪，是指以非法占有为目的，对财物的所有人、保管人当场使用暴力、胁迫或其他方法，强行抢走公私财物的行为。冒充警察抢劫首先具备抢劫罪的构成要件，并且在作案过程中通过着装、出示假证件、显示玩具手枪或者口头等表明自己是“人民警察”。招摇撞骗罪，是指为谋取非法利益，假冒国家机关工作人员的身份或者职称进行诈骗，损害国家机关的威信及其正常活动的行为。二者的主要区别在于，前者的显著特征是“抢”，后者的显著特征是“骗”。

本案中，犯罪嫌疑人先是预谋冒充警察、利用被害人担心因其传销活动而受到处罚的心理骗取财物，进而实施了身穿警服，手持警官证、手铐、警棍，装模作样地制作扣押笔录，以警察办案的手法要求被害人交出财物的行为。尽管犯罪嫌疑人在作案过程中有使用警棍控制被害人的情节，但是依照相关法律规定，人民警察在执行查处治安案件等具有一定人身危险性的公务时，有权使用警械对查获的违法犯罪嫌疑人进行一定程度的人身控制。就被害人的心理状态而言，被害人在案发当时也信以为真，以为警察正在执行公务，被害人“不敢反抗”的心理不是来源于犯罪嫌疑人的暴力、胁迫，而是违法人员对人民警察的一种畏惧。被害人“自愿服从”地交出财物也不符合抢劫罪中“以当场实施暴力相威胁”的特征。

综上所述，犯罪嫌疑人冒充人民警察扣押传销人员财物，损害了公安机关的形象、威信和正常活动，扰乱了社会公共秩序，其行为构成招摇撞骗罪，依法应当从重处罚。

（河北省唐山市路北区人民检察院　刘树利）

案例105：容留他人吸毒罪中的共犯认定

一、基本案情

2015年1月17日晚7时许，李某某、杨某、张某三人想吸食冰毒，又无隐蔽场所，遂想到宾馆开房吸食。因杨某、张某二人系未成年人，李某某即用自己的身份证在某宾馆内开了一个房间，三人用李某某提供的吸毒工具，共同吸食冰毒。后离开，张某结了房款。

二、分歧意见

对此案例，虽然看似简单，是一起容留他人吸毒案件，但在罪与非罪，是否为共同犯罪的问题上，办案人员对涉案人员如何定性产生了三种分歧意见：

第一种观点认为，犯罪嫌疑人李某某和未成年人共同吸食毒品，虽然用身份证开了房，但仅仅是当时才具备了对房间的支配权，缺乏容留他人吸毒中“留”的行为，即没有对场所事先的提供权，不存在谁容留谁的的问题，故不构成犯罪。

第二种观点认为，犯罪嫌疑人李某某为未成年人吸毒提供场所，依据最高人民检察院、公安部《关于公安机关管辖的刑事案件立案追诉标准的规定(三)》第11条规定，已经构成容留他人吸毒罪，且未成年人张某，明知李某某的上述行为，仍提供资金，结清房款，如果其已满16周岁，则是帮助行为，与李某某构成共同犯罪。

第三种观点认为，犯罪嫌疑人李某某明知张某、杨某为未成年人，仍用自己身份证在宾馆开房，为吸食冰毒提供场所，构成了容留他人吸毒罪。张某虽然在结账时提供了资金，但在“容留”的犯罪要件中并不是必然的帮助行为，不宜以共同犯罪论。

三、评析意见

笔者同意第三种观点。

容留他人吸毒罪，依据法律条文，构成犯罪的重点是“容留”，结合司法解释，可以理解为“提供场所”。其潜在含义是，首先行为人能够使他人合法进入该场所；其次该场所能够与外界相对隔离；最后该容留行为是一个作为的方式，除司法解释单独规定的娱乐场所及其从业人员的“报告义务”外，不作为的被动发现场所内吸毒以及不制止行为不构成该罪。

其一，本案中李某某用自己的身份证在宾馆开了一个房间，就拥有了对这个房间空间的支配权，且其先前就有了吸食毒品的目的，客观上为杨某和张某吸食毒品提供了场所，且杨某和张某系未成年人，故李某某的行为符合容留他人吸毒罪的所有构成要件；至于其是否与二人共同吸毒，以及对该房间支配权拥有时间的长短，都不影响罪名的成立。

其二，涉案人员张某在吸食毒品后结清房款，不代表其对该房间拥有支配权，并能够为吸毒人员提供场所。从常理来看，宾馆服务人员只会将房门钥匙交给开房的人员，而房款会在退房时才支付，在此之前房屋的支配权属于开房人员，故张某的行为不属于“容留他人”。即使其在事后结清房款，对李某某的容留行为客观上起到了帮助的作用，但只是在本案中存在此种特殊情况——李某某的容留是需要付费的，单一此行为不能满足该罪名的所有构成要件。

综上所述，笔者认为，本案中李某某的犯罪事实不因其是否事先具备场所的支配权而有异同，只要其将吸毒者留在了可进入的场所内，即构成犯罪。同理，张某因缺乏这种支配权，且只有事后的支付行为使其不能被认定为共同犯罪。

（河北省唐山市丰南区人民检察院　王向征）

案例106：无事生非时投掷矿泉水瓶造成轻伤害的后果能否认定为寻衅滋事罪

一、基本案情

2015年4月10日15时许，在丰润区火石营镇某超市内，李某不顾超市人员劝阻故意购买已过期食品，并以超市收银员不给结账为由在超市内大声吵闹，肆意用一瓶矿泉水将超市办公室窗户玻璃砸碎，致使超市办公室内的石某左手被碎玻璃划伤，造其左手中指近节指尖关节囊、中指总肌腱开放性部分断裂。2015年6月17日，经鉴定石某损伤程度为轻伤二级。

二、分歧意见

第一种意见认为，犯罪嫌疑人李某涉嫌寻衅滋事罪。理由是：犯罪嫌疑人李某在超市强买过期食品，投掷矿泉水瓶砸碎超市办公室玻璃的行为，是犯罪嫌疑人基于无事生非的主观故意而实施的，且该行为又造成受害人的损伤程度达到轻伤二级的后果。犯罪嫌疑人李某既有寻衅滋事的主观故意，又有客观行为，主客观相统一，符合寻衅滋事罪随意殴打他人，情节恶劣的犯罪构成要件。

第二种意见认为，犯罪嫌疑人李某涉嫌寻衅滋事罪事实不清、证据不足。理由是：虽然犯罪嫌疑人李某投掷矿泉水瓶的行为造成受害人石某损伤程度达到轻伤二级的后果，但犯罪嫌疑人李某与受害人之间无冲突，且事先不知道办公室内有人的事实，证明犯罪嫌疑人李某不具有无事生非随意殴打他人的主观故意。受害人石某的损伤只是李某投掷矿泉水瓶砸碎玻璃时无意造成的，应认定为意外。因此，认定犯罪嫌疑人李某涉嫌寻衅滋事罪事实不清、证据不足。

三、评析意见

笔者同意第二种意见。理由如下：

《刑法》第293条第1款规定："有下列寻衅滋事行为之一，破坏社会秩序的，处五年以下有期徒刑、拘役或管制：（一）随意殴打他人，情节恶劣的；（二）追逐、拦截、辱骂、恐吓他人，情节恶劣的；（三）强拿硬要或者任意毁损、占用公私财物，情节严重的；（四）在公共场所起哄闹事，造成公共场所秩序严重混乱的构成寻衅滋事罪。"

1. 随意殴打他人是指出于耍威风、取乐等不健康动机，无故、无理殴打相识或者素不相识的人。最高人民法院、最高人民检察院《关于办理寻衅滋事刑事案件适用法律若干问题的解释》第2条规定：（1）致一人以上轻伤或者两人以上轻微伤的；（2）引起他人精神失常、自杀等严重后果的；（3）多次随意殴打他人的；（4）持凶器随意殴打他人的；（5）随意殴打精神病人、残疾人、流浪乞讨人员、老年人、孕妇、未成年人，造成恶劣社会影响的；（6）在公共场所随意殴打他人，造成公共场所秩序严重混乱的，属于《刑法》第293条第1款第（一）项规定的"情节恶劣"。本案中犯罪嫌疑人李某强买闹事时投掷矿泉水瓶的行为虽然导致了石某受到轻伤二级的严重后果，但犯罪嫌疑人李某在投掷矿泉水瓶时，事先不知道办公室内有人的事实，不能认定被害人石某所受损伤是犯罪嫌疑人李某基于耍威风、取乐的不健康动机造成的，石某所受损伤应认定为意外。故不应认定犯罪嫌疑人李某具有随意殴打他人的主观故意，犯罪嫌疑人李某的行为不符合《刑法》第293条第1款第（一）项规定的情形。

2. 最高人民法院、最高人民检察院《关于办理寻衅滋事刑事案件适用法律若干问题的解释》第4条规定，任意损毁公私财物价值两千元以上的或者任意毁损公私财物造成恶劣社会影响的，应认定为刑法第二百九十三条第一款第三项规定的"情节严重"。本案中犯罪嫌疑人李某强买闹事时只是打碎了超市办公室的一块玻璃，且该玻璃的价值没有达到两千元的立案标准，故不符合《刑法》第293条第1款第（三）项规定的情形。

3. 在公共场所起哄闹事，是指出于取乐、寻求精神刺激等不健康动机，在公共场所无事生非，制造事端，扰乱公共秩序的。超市虽然是公共场所，但李某在超市强买闹事，砸碎玻璃的行为并没有引起超市秩序的严重混乱，不符合《刑法》第293条第1款第（四）项规定的寻衅滋事罪的情形。

本案的承办人在办理案件时，特意讯问了犯罪嫌疑人李某是否明知办公室内有人的事实，证实李某确实不知办公室内有人。而且根据现场勘查的照片也可以看出办公室的玻璃上有粘贴物，从外面根本不能看清办公室内情形。因此，足以认定犯罪嫌疑人李某没有随意殴打他人的主观故意。

综上所述，李某在超市强买闹事，投掷矿泉水瓶砸碎玻璃的伤人行为，可以认定为寻衅滋事行为，但不构成寻衅滋事罪。

（河北省唐山市丰润区人民检察院　玉　荣）

案例107：以一则案例详解寻衅滋事罪

一、基本案情

徐某在某工地旁边开了一个小卖部。2015年6月3日，徐某在和朋友田某聊天时，工地上的一辆28号搅拌车经过，田某惊呼称搅拌车擦到了自己的脚，徐某追赶搅拌车将车拦下，并将司机拽下车殴打了几下，司机报警后，司机主动向田某道歉，后公安机关对徐某打伤司机一事对双方进行调解，司机单位也参与了调解，然徐某不愿赔偿对方司机钱款，调解未成功，徐某怀恨在心，认为搅拌车司机和司机所在单位欺负人，于2015年6月14日晚上9点，在自家小卖部前截住一辆开往工地的大车，让司机下车后，将大车的前挡风玻璃和前大灯砸毁。6月15日晚11点，又开电动车到工地上先后砸毁一辆泵车和四辆搅拌车，其中三辆正在打灰，另两辆在运输物品出工地，砸毁部位均为前挡风玻璃和前大灯，在此过程中如遇司机在车上均叫下车，并说他和28号车司机及大车单位有仇，被砸毁的六辆车均为28号车司机所在单位的车辆，经鉴定损失为10365元。

二、分歧意见

第一种意见认为徐某系报复，故意砸坏公司大车，为故意毁坏他人财物，数额为10365元，超过5000元，构成故意毁坏财物罪。

第二种意见认为徐某为报复他人，故意砸坏公司正在运输和作业的大车，造成损失10365元，数额超过5000元，其是一行为触犯了两个罪名，即故意毁坏财物罪和破坏生产经营罪，属于想象竞合犯，从一重罪处罚，按破坏生产经营罪定罪量刑。

第三种意见认为徐某有逞强斗狠、得理不饶人的主观态度，随意砸坏大车，损失超过2000元，构成寻衅滋事罪。

三、评析意见

笔者同意第三种意见。理由如下：

对寻衅滋事罪、故意坏坏财物罪、破坏生产经营罪的理解：

寻衅滋事罪是指肆意挑衅，随意殴打、骚扰他人或者任意殴打、损毁、占用公私财物；或者在公共场所起哄闹事、严重破坏社会秩序的行为。客观上有四种表现形式：(1) 随意殴打他人、情节恶劣的；(2) 追逐拦截、辱骂、恐吓他人，情节恶劣的；(3) 强拿硬要或者任意损毁、占用公私财物，情节严重的；(4) 在公共场所起哄闹事，造成公共场所秩序严重混乱的。

故意毁坏财物罪是指故意毁灭或者损坏公私财物，数额较大或者有其他严重情节的行为。行为人可能是出于对财物所有人的打击报复、或者妒忌心理或者其他类似有针对性的心理态度。

故意毁坏生产经营罪是指出于泄愤报复或者其他个人目的，毁坏机器设备、残害耕畜或者以其他方式破坏生产经营。

（一）主观故意的认定

随意，一般意味着即使按照犯罪人的理性，犯罪行为也不具有可以被一般人“理解”、“接受”的原因与动机。犯罪嫌疑人的理性不同于一般人的理性，但一般人也可能站在犯罪人的立场，从犯罪人的角度思考问题。当一般人从犯罪人的角度考虑，也不能接受犯罪人的犯罪行为时，该行为便是随意的。

刑法理论和实践上常常喜欢用是否“事出有因”来判断是否随意，如果事出有因就不是随意；如果事出无因，就是随意。所谓事出有因，是指一般人可以按照犯罪人的理性“理解”或“接受”；所谓事出无因是指一般人按照犯罪人的理性也难以“理解”、“接受”。但是，任何故意犯罪行为都不可能是无缘无故的。换言之，任何故意犯罪行为都有其产生的主观原因或动机，而认定寻衅滋事的主观也不能单纯以行为人的动机作为唯一的判定资料，而应当考虑其他相关要素，结合客观事实作出评判，因此随意的判断具有相对性。例如，殴打或毁坏他人财物的原因是因为行为人提出了良好的建议，该行为不能被一般人按照犯罪人的理性“理解”和“接受”，其为随意；又如，因为小事多次或极端殴打、毁坏行为，虽然殴打或毁坏的原因能够被一般人按照犯罪人的理性“理解”和“接受”，但其次数不能被一般人按照犯罪人的理性“理解”和“接受”，也应当称之为随意。故寻衅滋事罪的主观具有随意行，是该罪区别与其他两罪的一大特征。

而故意毁坏公私财物和破坏生产经营，都是事出有因，一般是出于打击报复，或者排挤竞争等原因，是一般人按照犯罪人的理性可以“理解”和“接受”的。

本案中徐某不是和工地28号车司机一开始就直接发生矛盾，而是徐某在其朋友被28号大车擦到后就得理不饶人，对大车司机进行殴打，因为殴打行为导致28号司机报警，在公安机关介入调解后，其不但不正常赔偿或道歉，还越发认为自己是为朋友出头，是受害者，反而是28号司机和工地领导欺侮他，徐某想法超出了一般人按照犯罪人的思维理解，可以认定为“徐某以自己行为、想法为中心，在自己无理的情况下，不分是非，专横跋扈，肆意妄为”。此外，其第一次在自家门口砸毁工地车辆后，又在第二天准备逃跑工具前后砸毁工地多辆大车，其行为和砸毁车辆次数严重与他和工地产生的矛盾不相符，超出了一般人按照犯罪人角度可以理解的报复程度，一般犯罪人为解气砸坏一次或一辆即可，而徐某则是多次、对多辆进行砸毁，且是在自己没有道理的情况下，其行为属于逞强斗狠，随意而为，远超过了故意毁坏公私财物和破坏生产经营罪中规定的故意程度，综合多方面因素结合客观事实考虑，徐某的行为在主观上符合寻衅滋事罪的主观构成“随意性故意”。

（二）犯罪对象的认定

破坏生产经营罪和故意毁坏公私财物罪的对象都是特定对象，即报复对象是特定的，而寻衅滋事罪针对的都是不特定对象。该案中徐某多次砸毁车辆，在工地上遇见大车就砸，也不问属于谁，是否和28号司机认识或有关系，是否是工地上的大车，因此，徐某的行为所针对的车辆即对象是不特定的，符合寻衅滋事罪针对的犯罪对象。

（三）犯罪客体的认定

故意毁坏公私财物罪侵犯的客体是公私财物的所有权，破坏生产经营罪侵害的客体是他人的生产经营权利，两者都是单一客体；而寻衅滋事罪侵害的客体包括他人的身体健康权、公私财物的所有权还有社会公共秩序，所谓公共秩序包括公共场所秩序和生活中人们应当遵守的公共准则。徐某多次肆意砸坏了工地上的车辆，且其是在无道理情况下肆意砸毁，扰乱了工地上工作的安定气氛，使大车司机人人自危，对自己车辆和自身的安全处于焦虑状态，徐某的行为侵犯了他人财产权，同时让他人对自己的身体健康产生了担忧，严重搅乱了公共秩序，使整个工地及工地外围的人员及车辆生活、工作受到严重影响。徐某的行为虽然表面上看是破坏了工地的生产经营，破坏了财物所有权，但是深层次上，他打扰了人们共同遵守的公共道德准则与和谐稳定的社会秩序，让大车司机对以后的处事方式产生疑虑，即便及时道歉、寻求警察处理也可能产生财物损毁的结果，且可能因为他人正常行为造成自己车辆损毁，工作及生活安全感骤然下滑，危机意识上升，因此徐某行为侵犯了财产权的同时也扰乱了公共秩序，符合寻衅滋事罪侵犯的客体。

综上分析，笔者认为，该案中徐某触犯的是寻衅滋事罪而不是故意毁坏财物罪或破坏生产经营罪。

（河北省唐山市路南区人民检察院　杨　阳）

案例108：掩饰、隐瞒“犯罪所得”的认定

一、基本案情

2015年8月25日23时许，王小某（未满16周岁）偷偷潜入某小区的一住宅中，秘密窃取人民币1万元，其父王某得知后，将1万元挥霍。

二、分歧意见

第一种意见认为，王某的行为不构成掩饰、隐瞒犯罪所得罪，理由是：王小某未达到刑事责任年龄，其行为不构成盗窃罪。“犯罪所得”是指已经触犯刑法、并构成犯罪的犯罪所得及其产生的收益，即构成本罪应以上游行为构成犯罪为前提条件。如果行为人掩饰、隐瞒的是“非犯罪”所得，则不构成本罪。

第二种意见认为，王某的行为构成掩饰、隐瞒犯罪所得罪，理由是：为了保障司法机关依法追究刑事犯罪、避免放纵一些罪当惩处的犯罪分子，应将《刑法》第312条规定中的“犯罪所得”扩大解释为“违法犯罪所得”。这样即使上游行为是违法行为，亦可构成本罪。

三、评析意见

笔者同意第二种意见，认为掩饰、隐瞒犯罪所得、犯罪所得收益罪的上游行为并不要求必须构成犯罪，理由如下：

从立法本意来看，立法修改以加大对赃物犯罪的打击力度。《刑法修正案（六）》第19条对刑法第312条的窝藏、转移、收购、代为销售赃物罪作出修改。将犯罪对象由过去犯罪所得的赃物扩大为犯罪所得及其产生的收益，增加了以其他方法掩饰、隐瞒犯罪所得的行为方式，扩展了“情节严重”的法定刑。立法者加大打击此类犯罪力度的初衷显而易见，如果司法实践中将“犯

罪所得”狭隘地理解为“构成犯罪行为之所得”，那么执法后果则与立法本意背道而驰。

从行为的社会危险性方面来看，我国刑法中，掩饰、隐瞒犯罪所得罪位于妨害司法罪一类中，属于妨害社会管理秩序罪之一，而妨害社会管理秩序罪又是一种危害社会法益的犯罪。一方面，该罪使犯罪所违法形成的财产状态得以维持、存续，妨碍了司法机关利用赃物证明犯罪嫌疑人的犯罪事实，从而妨害了刑事侦查、起诉、审判等的正常活动。另一方面，国家的司法作用包括追缴赃物，将其中一部分没收、一部分退还被害人。就后者而言，该罪侵犯了被害人对自己财产的追求权，扰乱了社会管理秩序。因此，不能因行为主体欠缺刑事责任能力，就放任这种危害社会的行为。另外，掩饰、隐瞒赃物行为的社会危害性虽在一定程度上受上游行为的制约，但是作为独立的犯罪行为，其危害性又具有相对的独立性，因为掩饰、隐瞒的对象和次数并不总与上游行为相关。

从社会现实看，确实有一些人专门从事经常性的掩饰、隐瞒赃物活动，不论各次取得赃物的行为能否成立犯罪，其上游行为是否构成犯罪，这种经常性的掩饰、隐瞒赃物行为的危害性却能足以达到犯罪的程度。从这个意义上讲，将赃物理解为“违法犯罪所得”会使法律规定更加合乎社会实际，才能契合罪责相适应的原则。

从刑法用语惯例来看，犯罪概念在不同情况下具有不同含义。犯罪本身大致可以划分为客观方面和主观方面。有的情况下犯罪概念是指主客观相一致的整个犯罪，有的情况下犯罪概念意味着只需具备犯罪客观方面即可。刑事立法上，可以找到刑法把犯罪概念相对化或者把犯罪划分为客观方面和主观方面的例证。例如，《刑法》第 269 条规定，“犯盗窃、诈骗、抢夺罪，为窝藏赃物、抗拒抓捕或者毁灭罪证而当场使用暴力或者以暴力相威胁的，依照本法第 263 条的规定定罪处罚”，这里所谓的“犯盗窃、诈骗、抢夺罪”的，通说认为并不要求必须构成盗窃、诈骗、抢夺犯罪，即并不要求具备上述犯罪的所有要件。司法实务也坚持了这种立场，最高人民法院 2005 年 6 月 8 日发布的《关于审理抢劫、抢夺刑事案件适用法律若干问题的意见》的司法解释表明了这种态度。因此，《刑法》第 312 条掩饰、隐瞒犯罪所得及其收益罪中的“犯罪”完全可以指具备犯罪客观方面的行为，但未必构成犯罪。因此，将赃物理解为“违法犯罪所得”并不违背罪刑法定原则，且能够更好地实现立法目的，有力打击违法犯罪行为。

将“犯罪所得”理解为违法犯罪所得，能够增强执法实践中的可操作性。在证据审查判断中，只要能证明行为人主观上明知是违法所得及其收益，客观上以窝藏、转移、收购、代为销售或者以其他方法掩饰、隐瞒违法所得及其收益，达到了一定的数额标准或有其他危害情节，则可综合考虑其他因素来定罪量刑。这样既保障了司法机关对刑事犯罪的追究，又减少了执法中的任意性。

综上所述，王某的行为构成掩饰、隐瞒犯罪所得罪。

（河北省唐山市路北区人民检察院 张 伟）

案例109：在自然保护区内欲捕而未捕获猎物的行为如何定性

一、基本案情

2014年11月，犯罪嫌疑人王某在曹妃甸区湿地和鸟类省级自然保护区内，利用树枝和细绳自制捕鸟工具预谋捕鸟，正当其放置捕鸟工具时，被保护区管理处工作人员和公安民警发现并带到公安机关。后公安机关利用家禽做侦查实验，证明王某自制的捕鸟工具可以捕获家禽。于是公安机关以涉嫌非法猎捕、杀害濒危野生动物罪将王某移送审查起诉。

二、分歧意见

第一种意见认为，王某的行为构成非法猎捕、杀害珍贵、濒危野生动物罪。非法猎捕、杀害珍贵、濒危野生动物罪是指违反野生动物保护法规，猎捕、杀害国家重点保护的珍贵、濒危野生动物的行为。本罪属行为犯，无论行为人是否猎捕到珍贵、濒危野生动物，只要行为人实施猎捕、杀害行为即可构成犯罪，所以本案中即使王某没有捕获到猎物，同样构成非法猎捕、杀害珍贵、濒危野生动物罪，但处理时可以从轻处罚。

第二种意见认为，王某的行为不构成非法猎捕、杀害珍贵、濒危野生动物罪。非法猎捕、杀害珍贵、濒危野生动物罪的犯罪对象明确，就是国家重点保护的珍贵、濒危野生动物，即列入《国家重点保护野生动物名录》中258种国家重点保护的野生动物。如果行为人猎捕、杀害的是国家重点保护野生动物名录所列对象之外的其他动物，则不构成本罪。本案中，王某没有捕获任何猎物，他的捕猎行为所造成的后果存在诸多可能性和不确定性，所以不能得出唯一的排他性结论，因此不能以非法猎捕、杀害濒危野生动物罪对王某定罪处罚。

三、评析意见

笔者同意第二种意见。理由如下:

1. 从非法猎捕、杀害珍贵、濒危野生动物罪的犯罪构成看，该罪客观方面表现为行为人实施了猎取珍贵、濒危的陆生野生动物，捕捞珍贵、濒危的水生野生动物，杀害珍贵、濒危的陆生或水生野生动物的行为，实施手段即猎取、捕捞、杀害三者之一。犯罪对象为珍贵、濒危野生动物，即列入《国家重点保护野生动物名录》的国家一、二级保护野生动物。该罪的主观方面表现为行为人明知是国家重点保护的珍贵、濒危野生动物而捕杀的。本案中，王某客观上仅是实施了狩猎（放置工具）的行为，而没有取得猎物;主观上也没有供认其狩猎对象的特定性（针对某种特定的珍贵鸟类猎捕），所以，不能以非法猎捕、杀害珍贵、濒危野生动物罪对王某定罪处罚。

2. 王某犯罪的地点是在曹妃甸湿地和鸟类自然保护内的实验区内，该区域具有开放性特点，除了有珍贵的、国家重点保护的野生鸟类通过，也有一般的、普通野生动物栖息，周围又是农户的鱼塘和田地，存在人类活动的痕迹。在这样的区域内，王某实施捕猎行为的结果是，其可能会捕获珍贵、濒危野生鸟类，也可能捕获其他一般的野生陆生动物，如果其只是捕获了一般野生陆生动物的话，王某的行为就不构成非法猎捕、杀害珍贵、濒危野生动物罪。

3. 王某在自然保护区内放置了捕鸟工具，实施狩猎行为，不管其猎捕到还没有猎捕到珍贵、濒危野生动物，其行为都触犯了我国《野生动物保护法》及《陆生野生动物保护实施条例》的规定，都应当受到法律的处罚。《陆生野生动物保护实施条例》第34条规定，未取得狩猎证或者未按照狩猎证规定猎捕非国家重点保护野生动物，有猎获物的，处以相当于猎获物价值5倍以下的罚款;没有猎获物的，处1000元以下罚款。就本案而言，应当由相关的行政管理部门对王某依法作出行政处罚。

（河北省唐山市曹妃甸区人民检察院　李保华　郑雪娇）

刑法分则适用

七、渎职罪

案例110：如何认定村委会等基层组织人员属于“从事公务的人员”

一、基本案情

某区检察室在走访中收到反映该区甲村土地资本运营资金管理混乱的举报。经调查，2007年，该区对未利用土地实施土地资本运营，甲村7201亩。依据相关文件，甲村土地参加土地资本运营后，由乙公司（国有资产管理公司）以区域综合地价中的土地补偿款即30800元/亩×60%为基数，按年息1分2厘分月支付利息，此收益提取5%用于村内公益事业开支，其余款项平均分配给符合领取条件的村民。其发放方式为：由乙公司将土地收益款拨付给镇经管站，再由镇经管站协调各村将土地收益款发放给农民。检察室共核查出不符合领取条件人员40余人，涉案资金46万余元。

二、分歧意见

依据相关文件，某区管委会、镇政府及乙公司均不负责对村土地资本运营资金的直接管理和发放，且无权最终决定哪些村民具有领取资格，因此不能认定上述单位人员对收益的发放存在渎职犯罪行为，那么村委会等基层组织人员能否成为渎职罪的犯罪主体，构成渎职罪呢？主要有以下两种观点：

第一种观点认为，构成渎职罪。该观点认为，村委会等基层组织人员协助镇政府从事行政管理工作，实际上是“受国家机关委托代表国家机关行使职权的组织中从事公务的人员”，并给国家、人民利益造成经济损失40余万元，属于渎职罪的犯罪主体，应依照刑法关于渎职罪的规定追究刑事责任。

第二种观点认为，不构成渎职罪。分配给村民的土地资本运营收益，其发放由村集体向村民发放，属于村民自治范围，村干部是在履行自治行为，不具备渎职罪主体资格，不构成渎职犯罪。

三、评析意见

笔者同意第二种观点。依据全国人民代表大会常务委员会《关于〈中华人民共和国刑法〉第九章渎职罪主体适用问题的解释》，村民委员会等村基层组织人员协助人民政府从事下列行政管理工作，属于《刑法》第93条第2款规定的“其他依照法律从事公务的人员”：(1)救灾、抢险、防汛、优抚、扶贫、移民、救济款物的管理；(2)社会捐助公益事业款物的管理；(3)国有土地的经营和管理；(4)土地征用补偿费用的管理；(5)代征、代缴税款；(6)有关计划生育、户籍、征兵工作；(7)协助人民政府从事的其他行政管理工作。根据这一规定，在受国家机关委托代表国家机关行使职权的组织中从事公务的人员可认定为渎职犯罪的主体。但结合本区域规定，分配给村民的土地资本运营收益，其来源为区域综合地价中的土地补偿款即30800元/亩×村运营土地总亩数的60%，其发放由村集体向村民发放，村民的领取资格最终由村集体决定，该土地资本运营收益属于土地补偿性质，依照《土地管理法实施条例》第26条的规定，土地补偿费归农村集体经济组织所有，由农村集体经济组织或村民委员会管理。因此，其管理与分配发放属于村民自治范围，村干部是在履行自治行为，不具备渎职罪主体资格，不构成渎职犯罪。

（河北省唐山市曹妃甸区人民检察院　孙喜霞）

民法适用

案例111：国家机关工作人员驾驶公车发生交通事故的法律适用

一、基本案情

甲某系某市国土资源局办公室工作人员，甲某于2013年7月12日驾驶单位车辆到某市区国土分局办事。在甲某将车辆行驶至道口右转弯时将骑自行车的李某撞倒，致李某受伤，经公安交警部门认定，由甲某负事故全部责任，李某经鉴定为十级伤残。

二、分歧意见

关于本案的法律适用存在两种争议：

第一种意见认为，甲某系国家机关工作人员，对于甲某在执行公务过程中造成的损害应按《国家赔偿法》第2条“国家机关和国家工作人员违法行使职权侵犯公民、法人和其他组织的合法权益造成损害的，受害人有依照本法取得赔偿的权利”的规定，启动国家赔偿程序，对李某的损害进行赔偿。

第二种意见认为，甲某的行为系民事侵权行为，应适用《民法通则》第121条“国家机关或者国家机关工作人员在执行职务中，侵害公民、法人的合法权益造成损害的，应当承担民事责任”之规定，对李某的损害进行赔偿。

三、评析意见

笔者同意第二种意见，理由如下：

1. 关于《国家赔偿法》第2条的理解。《国家赔偿法》第2条规定：“国家机关和国家机关工作人员违法行使职权侵犯公民、法人和其他组织的合法权益造成损害的，受害人有依照本法取得国家赔偿的权利。”对于“行使职权”的理解，应理解为行使公共管理的职权，属于行使公权力的范围。即只有在行使公共管理职权过程中，或者是在与行使公共管理职权有直接关系的情况下，造成受害人人身损害的，受害人才能依据《国家赔偿法》的规定请求国家赔偿。

2. 关于《民法通则》第121条的理解。《民法通则》第121条规定："国家机关或者国家机关工作人员在执行职务中，侵害公民、法人的合法权益造成损害的，应当承担民事责任"中对于"执行职务"的理解，应理解为除国家机关工作人员行使公共管理职权之外的执行职务行为。因此，《民法通则》第121条中的执行职务并不包括行使公共管理职权。

综上所述，结合本案，甲某系市国土资源局办公室的工作人员，在驾驶车辆到市区国土分局办事过程中发生交通事故，显然甲某并没有行使公共管理的职权，属于私权范围，应认为属于民事侵权损害。因此，李某只能依据《民法通则》第121条及相关司法解释的规定，通过民事诉讼程序获得赔偿损失的救济。

（河北省唐山市曹妃甸区人民检察院　李树胜）

案例112：买卖合同纠纷中无书面授权代理行为的效力认定与处理

一、基本案情

2011年3月15日，甲汽车贸易公司与乙运业有限公司签订《产品购销合同》，甲汽车贸易公司按照约定向乙运业公司交付三台吊车，乙运业公司通过银行转账方式支付货款150万元，尚欠33.1万元，甲汽车贸易公司向乙运业有限公司多次催要欠款，乙运业有限公司均称：其未与甲汽车贸易公司签订过《产品购销合同》，也没有收到过三台吊车，《产品购销合同》中虽然列明购方为乙运业有限公司，但是未加盖其单位公章，代理人为贾某，但是贾某签订合同时单位并未给其授权凭证。贾某与其只是业务合作关系，其虽然向甲汽车贸易公司付款，但其仅仅是付款人，绝非是合同义务人。甲汽车贸易公司则认为，其已经按照约定向乙运业有限公司交付了三台吊车，其有义务偿还所欠货款，且提供了本案所涉的吊车的行驶证复印件，证实本案所涉吊车均在乙运业有限公司名下，而乙运业有限公司却称该吊车为贾某挂靠在其公司名下的车辆，其公司并无甲汽车贸易公司所交付的车辆。因多次催要未果，甲汽车贸易公司无奈将乙运业公司诉至法院，诉请其支付余下货款及相应逾期利息。

二、分歧意见

关于本案贾某未出示授权凭证而以乙运业有限公司的名义签订未经乙运业有限公司盖章确认的合同效力，能否及于乙运业有限公司，存在不同的观点：

第一种观点认为，谁主张谁举证，甲汽车贸易公司向乙运业有限公司主张余下欠款，就应承担证明与其签订合同的贾某与乙运业有限公司之间存在代理关系，若不能证明，就应该承担举证不能的风险。

第二种观点认为，举证责任应当从保障市场交易安全的角度出发，相对人即甲汽车贸易公司已经履行了相应的交付吊车的义务，不应当将被代理人与代理人关系的举证责任全部分配给甲汽车贸易公司，应结合个案具体情况，合理分配举证责任。

三、评析意见

笔者同意第二种观点，理由如下：

买卖合同中书面委托代理、表见代理的效力显而易见，由被代理人承担民事责任。而口头委托代理的交易行为，因交易双方均明知代理关系客观存在，相对人未要求代理人出示并存留相关授权凭证，事后被代理人拒不履行应尽义务并否认代理关系时，相对人的利益应否支持？举证责任应如何分配？市场交易安全如何保障？都是必须要综合考量的问题。结合本案：

第一，认定一方是否为合同相对方，除考察必要形式要件外，还应从实质上考量其是否因此获利。在本案中，双方所签订的《产品购销合同》仅列明了购方为乙运业有限公司、代理人为贾某，且乙运业有限公司未加盖公章，贾某亦未提交授权凭证。但是经查证所涉吊车均在乙运业有限公司名下，且车架号、发动机号均具有唯一性，乙运业有限公司不能解释其合理来源，可以认定其为合同相对人。

第二，认定代理关系是否存在，除考察必要的授权凭证外，还要从因果关系上考量并分析认定。乙运业有限公司否认其与贾某之间的代理关系，并提交贾某的书面证言来证明双方不存在代理关系。但乙运业有限公司未能证明其与甲汽车贸易有限责任公司转账付款系受贾某之委托，以及其与贾某之间存在相对应的债权债务关系，据此二审认定其与贾某之间存在代理关系。

第三，就本案而言，涉案吊车即甲汽车贸易公司所交付的三台吊车均在乙运业有限公司名下，车辆自身信息与甲汽车贸易公司向其出具的《机动车销售统一发票》上载明的内容一致，且所涉案的吊车的发动机号具有唯一性，而乙运业有限公司未能就本案所涉且在其名下的吊车的正当来源作出合理解释。

结合上述分析，笔者认为，如果被代理人因相对人的行为获利且未能就其利益来源作出合理解释，就可以据此认定代理关系存在，并且判令其承担相应的民事责任。就本案而言，笔者认为《产品购销合同》系甲汽车贸易公司与乙运业有限公司双方自愿达成，内容合法，应予确认。甲汽车贸易公司按照约定向乙运业有限公司交付三台吊车，乙运业有限公司有义务按照约定支付相应货款，但经甲汽车贸易公司多次催要，乙运业有限公司仍然拒绝支付剩余货款，其行为已经构成违约。因此，对于本案甲汽车贸易公司要求乙运业有限公司支付余下货款的诉请应予以支持。

（河北省遵化市人民检察院　张明玉）

案例113：刑事附带民事诉讼中被告人能否要求追加民事赔偿的被告

一、基本案情

王某与刘某共同受雇于张某从事农村建房活动。2015年2月24日20时许，雇员王某和刘某接到雇主张某的通知去装模板。在去装模板的途中，雇员王某骑摩托车和骑电动车的刘某相撞，导致刘某受伤，后入院抢救无效死亡。王某因涉嫌交通肇事罪被依法提起公诉，刘某的家属随即提起了刑事附带民事诉讼，但只把王某列为了民事赔偿被告。王某认为，交通事故发生在雇用活动中，且致害人与受害人均为雇员，因此申请法院追加雇主张某为附带民事诉讼被告。

二、分歧意见

附带民事诉讼中能否追加共同被告？对此有三种不同意见：

第一种意见认为，刑事案件的被告人王某在附带民事赔偿诉讼中，因雇主张某与其刑事交通肇事案件没有关联性，故王某不享有申请追加雇主张某为民事赔偿被告的权利，法院对被告人王某的申请不予理会。

第二种意见认为，刑事案件的被告人在审理附带民事案件时有申请追加民事赔偿被告的权利，追加其为民事赔偿共同被告，也便于对案件进行全面审理。王某与刘某共同受雇于张某，形成雇用关系。根据《关于审理人身损害赔偿案件适用法律若干问题的解释》第9条、第11条规定，雇主张某应当承担连带赔偿责任。法院应同意被告人王某追加张某为民事赔偿被告人的申请，原告对追加无异议的，可以一同审理；原告不同意追加的，视为放弃对张某的诉请，被告人王某对放弃部分不负赔偿责任。故法院是否追加取决于原告是否同意。

第三种意见认为，刑事案件的被告人在附带民事诉讼案件审理过程中，可以申请追加共同侵权被告。但附带民事诉讼原告对连带责任人履行债务有选择权，当事人可以单独选择王某承担民事赔偿责任。王某赔偿后可以依据其与张某的雇用劳动关系提出诉讼，依法向张某要求赔偿。故法院应驳回被告人王某的诉请，继续审理。

三、评析意见

笔者同意第三种意见。

首先，要解决的是附带民事诉讼被告人是否享有申请追加民事赔偿共同被告的权利。最高人民法院《关于执行〈中华人民共和国刑事诉讼法〉若干问题的解释》第163条规定，法院审理刑事附带民事案件，除适用刑法、刑事诉讼法外，还应适用民法通则、民事诉讼法有关规定。而最高人民法院《关于适用〈中华人民共和国民事诉讼法〉若干问题的意见》第73条规定："必要共同诉讼的当事人没有参加诉讼的，人民法院应当依照民事诉讼法第一百三十二条的规定，通知其参加；当事人也可以向人民法院申请追加……"据此，人民法院追加当事人有两种途径：一是依职权追加；二是依当事人申请追加。王某在附带民事诉讼中是民事被告的角色，通过民事部分的审查可以确定王某和张某为雇用关系，构成共同侵权，应该承担连带责任，故王某依法可以申请追加张某为共同被告。

其次，此案法院是否必须追加张某为共同被告呢？本案中张某与王某、刘某为雇用关系。根据最高人民法院《关于审理人身损害赔偿案件适用法律若干问题的解释》第11条第1款规定："雇员在从事雇佣活动中遭受人身损害，雇主应当承担赔偿责任。雇佣关系以外的第三人造成雇员人身损害的，赔偿权利人可以请求雇主承担赔偿责任。雇主承担赔偿责任后，可以向第三人追偿。"《民法通则》第130条规定："二人以上共同侵权造成他人损害的，应当承担连带责任。"共同侵权行为的连带责任，实质上是连带债务，应该遵循连带债务的基本规则。《民法通则》第87条规定："……负有连带义务的每个债务人，都负有清偿全部债务的义务，履行了义务的人，有权要求其他负有连带义务的人偿付他应当承担的份额。"就是说，承担连带责任的任何一个共同侵权人都有义务向受害人负全部的赔偿责任，而受害人也有权向共同侵权人中的任何一个人或数个人请求赔偿全部损失，这是连带责任的基本原理。因此，本案原告刘某家属只起诉王某要求其赔偿全部损失符合连带责任原理及《民事诉讼法》第13条第2款"当事人有权在法律规定的范围内处分自己的民事权利和诉讼权利"的规定。

综上所述，法院不应追加张某为共同被告而由被告王某承担全部赔偿责任，并且王某的民事赔偿可作为其刑事交通肇事罪从轻处罚的情节。王某赔偿原告全部损失之后，有权依据雇用关系向张某追偿其应当承担的赔偿份额。

（河北省迁西县人民检察院　蔡玉玫　李春芳）

案例114：孙某购买房屋的行为是否合法有效

一、基本案情

某市居民王某于2009年初将自己继承的房屋租给刘某某使用；次年5月，王某因母亲生病住院向好友孙某借款5万元；2011年，王某母亲因病再次住院，王某因无力支付医药费，遂决定将租给刘某某的房屋卖给孙某。双方协商中，王某提出因其经常得到孙某的帮助，特别是在母亲第一次住院时，孙某借款5万元给王某，并未要求利息，因此决定将房屋以低于市价的价格卖给孙某，同年9月，孙某与王某办理了过户登记手续，5天后，孙某找到刘某某，要求其搬出所租房屋，刘某某不同意，并提出自己愿意以相同的价格购买该房屋。双方发生争执，孙某遂向法院起诉，要求刘某某搬出房屋，而刘某某认为，孙某和王某侵害其优先购买权，其买卖行为无效。

二、分歧意见

第一种意见认为，王某已将房屋卖给孙某，孙某作为房屋的所有人，有权要求刘某某搬出其租用房屋。

第二种意见认为，王某在将房屋卖给孙某时，应当首先征求刘某某意见，询问其是否愿意购买。由于王某并未事先通知刘某某，其转让行为确已侵害刘某某的优先购买权，但若在合理期限内，刘某某无法按同等条件购买该房屋，则王某与孙某的房屋买卖关系成立。

三、评析意见

笔者同意第二种观点。

首先，案件焦点在于对优先购买权的理解。承租人的优先购买权是指在出租人转让房屋时，承租人在同等条件下有优先于其他人购买该房屋的权利。根据《合同法》第230条规定："出租人出卖租赁房屋的，应当在出卖之前的合理期限内通知承租人，承租人享有以同等条件优先购买的权利。"此权利依法产生并具有一定专属性，本案中，刘某某承租了王某的房屋，作为承租人，在王某转让该房屋时，应当享有优先购买权。王某转让该房屋时并未事先通知刘某某，未征求刘某某意见，因此其行为构成了对刘某某优先购买权的侵害。

其次，关于对同等条件的认识。笔者认为，同等条件首先应当指价格条件，优先购买权支付的价格应当与其他买受人支付的价格条件相同，并不要求先买人和出卖人订立的合同与出卖人和他人订立的合同条款完全相同。除价格条件外，支付方式也能从根本上影响出卖人基于合同所应得的利益。本案中，王某之所以以低于市价的价格将房屋转让给孙某，至少考虑了两个因素：一是王某在平常的生活中经常受到孙某的帮助；二是在其母亲住院期间，孙某为王某筹措了5万元医药费并未要求利息。因此，王某才以低于市价的价格将房屋转让给孙某。而这两个因素，刘某某都不具备，因此不能认为所谓的同等条件便是用同样的价格购买该房屋。笔者认为，应当采用"市价计算法"确认同等条件。如果刘某某不愿以市价购买该房屋，则不能行使优先购买权。

最后，关于王某和孙某签订的房屋买卖合同是否有效。由于承租人的优先购买权是法律赋予承租人的权利，实际上构成了对所有权的限制，因此，作为房屋所有人的王某在准备买卖出租的房屋时，应当在15日内通知承租人，其间承租人未作出放弃优先购买权表示的，则出租人不得将房屋出卖他人。尊重承租人的优先购买权是出租人必须负有的法律义务，如果出租人未能履行该义务而将房屋出卖他人，承租人可以以出租人转让该房屋违背法律规定，要求法院确认该转让行为无效。

综上所述，笔者认为，在本案中，由于王某转让房屋的行为已侵害到刘某某的优先购买权，刘某某有权主张该合同无效，但同时必须按市价提出优先购买，否则不具备优先购买权行使条件，应继续维持王某和孙某之间买卖合同的效力。

（河北省唐山市丰南区人民检察院　赵建利）

图书在版编目（CIP）数据

检察实务典型疑难案例参考．第二辑/周春林主编．—北京：中国检察出版社，2016.9
ISBN 978－7－5102－1724－1

Ⅰ.①检…　Ⅱ.①周…　Ⅲ.①检察机关－工作－案例－中国　Ⅳ.①D926.3

中国版本图书馆 CIP 数据核字（2016）第 222059 号

检察实务典型疑难案例参考（第二辑）

周春林　主　编

出版发行：中国检察出版社
社　　址：北京市石景山区香山南路 111 号（100144）
网　　址：中国检察出版社（www.zgjccbs.com）
编辑电话：（010）68658769
发行电话：（010）88954291　88953175　68686531
（010）68650015　68650016
经　　销：新华书店
印　　刷：北京朝阳印刷厂有限责任公司
开　　本：710 mm×960 mm　16 开
印　　张：19.75
字　　数：360 千字
版　　次：2016 年 9 月第一版　　2016 年 9 月第一次印刷
书　　号：ISBN 978－7－5102－1724－1
定　　价：59.00 元